As Ondas Renovatórias do Acesso à Justiça no Processo do Trabalho

Michelle Pires Bandeira Pombo

Juíza Federal do Trabalho da 5ª Região, mestre em Direito e Processo do Trabalho pela PUC de São Paulo, especialista em Processo Civil pela UNAMA, graduada em Direito pela Universidade Estadual de Santa Cruz da Bahia.

As Ondas Renovatórias do Acesso à Justiça no Processo do Trabalho

LTr 80

EDITORA LTDA.

Rua Jaguaribe, 571
CEP 01224-003
São Paulo, SP — Brasil
Fone (11) 2167-1101
www.ltr.com.br
Julho, 2016

Produção Gráfica e Editoração Eletrônica: R. P. TIEZZI
Projeto de Capa: FABIO GIGLIO
Impressão: PAYM

Versão impressa — LTr 5472.4 — ISBN 978-85-361-8932-1
Versão digital — LTr 8990.7 — ISBN 978-85-361-8942-0

Dados Internacionais de Catalogação na Publicação (CIP)
(Câmara Brasileira do Livro, SP, Brasil)

Pombo, Michelle Pires Bandeira

As ondas renovatórias do acesso à justiça no processo do trabalho / Michelle Pires Bandeira Pombo. — São Paulo : LTr, 2016.

Bibliografia.

1. Acesso à justiça — Brasil 2. Direito processual do trabalho 3. Direito processual do trabalho — Brasil 4. Garantias constitucionais I. Título.

16-02860 CDU-347.9:331(81)

Índices para catálogo sistemático:

1. Brasil : Direito processual do trabalho 347.9:331(81)
2. Brasil : Processo do trabalho : Direito do trabalho 347.9:331(81)

Agradecimentos

Esta obra não seria possível sem a confluência harmônica de diversos fatores propícios, concedidos pela generosidade Divina, através das boas ações da espiritualidade superior, sempre tão atuante na minha trajetória de vida.

Dentre as condições favoráveis, o apoio incondicional de amigos e colegas foi imprescindível para o nascimento desse projeto, os quais destaco o coleguismo do magistrado Sebastião Martins Lopes, o apoio do estimado Desembargador Paulino César Martins Ribeiro do Couto, bem como a amizade leal das queridas amigas Joseane Josele Matos e Evelin Zoraide Sampaio.

Outro aspecto determinante para a continuidade deste projeto ocorreu no meio acadêmico, quando fui agraciada pelas preciosas e frutíferas aulas dos estimados e competentes professores Renato Rua de Almeida, Pedro Paulo Teixeira Manus, Maria Celeste Cordeiro Leite Santos e Silvio Luís Ferreira da Rocha, Adriana Calvo, Fabíola Marques e Túlio Massoni. Agradeço também a colaboração dos amigos para a vida toda, adquiridos durante o mestrado, representados nas pessoas de Adriana Jardim Alexandre Supioni, Caroline Zangerolami Garcia Paes de Almeida, Cristiane Maria Freitas de Mello e Juliana Sícoli.

Destaco, contudo, a contribuição da minha querida professora e orientadora de mestrado, a professora Carla Teresa Martins Romar que, acreditando em meu projeto de pesquisa, viabilizou a realização deste sonho. Muito obrigada pela confiança em mim depositada.

No âmbito familiar, agradeço aos meus queridos irmãos Danielle, Júnior e Francielle, pelo apoio fraternal sempre prestado, bem como aos meus amados pais Rosana e Marcos, pelos exemplos morais e profissionais que inspiraram toda a minha trajetória de vida.

Agradeço ao meu marido Kim Viana Pombo, luz de amor que enche meus dias de alegria e paz, por não ter desistido de mim, mesmo diante das minhas frequentes ausências durante a elaboração deste projeto. Muito obrigada por dividir comigo as minhas dúvidas, angústias, expectativas, e, sobretudo, pelo apoio incondicional durante a trajetória construtiva desta obra.

Dedico esta obra, contudo, ao meu amado filho Gabriel, a minha superdosagem diária de inspiração e plenitude que, através de seu sorriso largo e seus beijos estalados cria em mim a esperança inabalável no ser humano e na sua capacidade de evoluir. Nesse sentido, por você meu filho, espero ter deixado, por meio desta obra, um modesto, mas confiável caminho em busca de dias melhores na perspectiva da efetividade do acesso à justiça.

Sumário

Prefácio

Há situações na vida que lhe surpreende, mesmo quando você já experimentou quase tudo nela e já viveu mais tempo do que o devir. Estou me referindo ao convite feito pela autora para prefaciar esta obra. Razões sobraram para nem esperar tal deferência, no entanto destaco dois pontos. Em primeiro lugar sou pai da autora e, por isso mesmo, o risco é muito grande em misturar a emoção do amor filial com a exigência de apresentar a obra referenciada de forma imparcial; em segundo lugar, em face da magnitude da obra, certamente juristas consagrados da área poderiam dar conta da empreitada de forma completa. Todavia, como bom sertanejo que não foge à luta, aceitei o desafio.

Identifiquei-me com a abordagem constitucional e dos direitos humanos feita pela autora, na linha do pensamento de Mauro Cappelletti e Bryan Garth, Norberto Bobbio e Paulo Bonavides, fazendo um interessante entrelaçamento entre as ondas renovatórias do acesso à justiça e a dimensão dos direitos humanos.

A metáfora utilizada pela autora traduz o movimento dinâmico, contínuo e incessantes das ondas, o que me remete a obra de Alvin Toffler intitulada "a terceira onda", na qual o referido autor, numa capacidade extraordinária de síntese, identifica as mudanças da realidade social. Sustenta Toffler que na primeira onda a civilização experimentou a ideologia, o estilo de vida da fase agrícola; a segunda onda está identificada com a fase industrial; e agora, o que se apresenta é a terceira onda, que o autor descreve, após a derrocada da fase industrial, o nascimento de uma civilização revolucionária e que "está emergindo rapidamente do choque de novos valores e tecnologias, novas relações geopolíticas, novos estilos de vida e novos modos de comunicação, exige ideias e analogias novas, novas classificações e novos conceitos".

A autora Michelle Bandeira vem trilhando precisamente nos meandros dessa nova onda, ampliando conceitos, apresentando ideias inovadoras do processo judiciário eletrônico na Justiça do Trabalho, sugerindo novos mecanismos e mudanças comportamentais, enfim, propõe-se uma nova forma de pensar e aplicar o direito.

O acesso à justiça parece ser a maior angústia da autora. Com efeito, tem como ponto de partida para sustentar a sua argumentação o disposto no inc. LXXVIII do art. 5º da Constituição Federal, que para compreendê-lo no momento atual não basta se limitar ao conceito de facilitação do ingresso em juízo das pessoas hipossuficientes, mas sobretudo pela possibilidade de que os conflitos sejam dirimidos em tempo razoável, mediante os meios processuais adequados para resolução de conflitos, contemplando os interesses metaindividuais, resultando, assim, na efetividade da entrega da prestação jurisdicional. Importante ressaltar que a autora não vislumbra as diversas ondas renovatórias de acesso à justiça sob o aspecto da superação, mas da complementariedade.

Durante a narrativa do entrelaçamento das ondas renovatórias de acesso com as dimensões de direitos fundamentais, chamou-me atenção a constatação científica da autora de que a terceira onda renovatória, diferente das demais onda renovatórias de acesso, não se identifica com qualquer dimensão dos direitos fundamentais reconhecidos pela doutrina. A autora, bebendo na fonte de Norberto Bobbio, traz à reflexão o entrelaçamento da terceira onda com uma quarta dimensão dos direitos humanos, alicerçada nos valores da dignidade humana, ainda não reconhecida pela doutrina, que compreende os novos direitos decorrentes da informatização, avanço tecnológico e científico, bem como pela internacionalização da pacificação social. Destarte, sustenta que a litigância judicial deve ser a *ultima ratio*, devendo priorizar-se a prevenção e os meios extrajudiciais de resolução de conflitos, como arbitragem, acordos extrajudiciais, termos de ajustamento de conduta, dentre outros. Assinala ainda, que a terceira onda deve estimular o aperfeiçoamento da máquina judiciária, com a simplificação de procedimentos, utilizando-se para tanto dos avanços tecnológicos e científicos no processo judicial, otimizando-se, assim, a prestação jurisdicional e a prevenção dos conflitos no âmbito da Justiça do Trabalho.

A autora, de forma sábia, busca precipuamente resgatar a singularidade do ser humano em meio a tempestade das investigações científicas e tecnológicas que generalizam as individualidades e faz esmaecer a figura individual do sujeito de direitos fundamentais. Na linha de Bobbio, sugere a imposição de limites éticos para o resgate do ser humano. A mensagem da autora é sobretudo humanista, cuja concretude está no acesso à justiça contemporânea do processo judicial eletrônico da Justiça do Trabalho. Enfatiza a autora: "O homem não deve servir de instrumento à tecnologia, mas sim o contrário, a tecnologia ser instrumento do progresso humano".

O olhar lançado pela autora nesta obra é inovador, humanista e constitui um verdadeiro convite para todos os operadores do direito do trabalho. Assim, abstraindo o fato da autora ser minha filha, pela racionalidade e pela riqueza da pesquisa científica desenvolvida, recomendo a obra e felicito a editora pela iniciativa, ante a possibilidade de socialização do conhecimento pela comunidade jurídica, pois se trata de uma obra útil e necessária para a compreensão acerca das transformações do acesso à justiça no processo do trabalho. Após ler toda a obra e vislumbrar o olhar inovador da autora, lembrei-me do pensamento de Marcel Proust: "A verdadeira viagem de descobrimento não consiste em procurar paisagens novas, mas sim ter novos olhos".

Marcos Bandeira
Juiz de Direito aposentado, professor de Direito da UESC (Universidade Estadual de Santa Cruz-BA), mestre em segurança pública pela Universidade Federal da Bahia, membro e ex-presidente da Academia de Letras de Itabuna e autor de diversos livros jurídicos.

1

INTRODUÇÃO

Esse trabalho tem o objetivo de estudar as ondas renovatórias de acesso à justiça, descritas por Mauro Cappelletti e Bryant Garth em sua clássica obra *Acesso à Justiça*, contextualizando com a realidade da Justiça do Trabalho, sem perder de vista a evolução do reconhecimento dos direitos fundamentais – arcabouço fundamentador das implementações do acesso à justiça.

A obra *Acesso à Justiça* possui suma importância para o estudo do processo contemporâneo, pois aborda a evolução do conceito teórico do acesso à justiça e destaca a sua importância como direito social fundamental e ponto central da moderna processualística.

A completa "igualdade de armas" no processo, ou seja, a garantia de que a conclusão final dependesse apenas dos méritos jurídicos relativos das partes antagônicas, sem relação com diferenças que sejam estranhas ao direito, constitui a perfeita efetividade do acesso à justiça, segundo a obra *Acesso à Justiça*. Em busca desse ideal utópico, a obra relata os obstáculos a serem transpostos, bem como as tendências e algumas soluções aplicadas para se afastarem as diferenças estranhas ao direito que possam interferir direta ou indiretamente no resultado final do litígio.

Para retratar o trajeto evolutivo do conceito teórico do acesso à justiça, a obra *Acesso à Justiça* utiliza-se da expressão *ondas*, para contextualizar a cronologia das implementações das mudanças em prol da efetividade do acesso à justiça.

São três ondas renovatórias de acesso à justiça descritas na referida obra. A primeira onda decorre da verificação de que as partes processuais, na realidade, não possuem as mesmas condições financeiras de arcar com as despesas processuais, como também não possuem o mesmo grau de conhecimento para o reconhecimento de seus direitos, obstáculos estes que interferem diretamente na tão buscada "paridade de armas" no combate jurídico. Essa primeira onda, contextualizada com a realidade atual da Justiça do Trabalho, aborda a efetividade desse acesso à justiça no que tange às despesas processuais provocadas pelas custas processuais, depósito recursal, honorários advocatícios e perícia judicial.

As implementações do acesso à justiça propostas pela primeira onda renovatória estão diretamente conectadas com o reconhecimento dos direitos fundamentais de segunda dimensão, direitos esses que contemplavam o direito à igualdade material entre os cidadãos. Não bastava mais o direito previsto formalmente, se não houvesse instrumentos que possibilitassem o efetivo acesso a ele. Um símbolo desse período, que foi caracterizado pela ascensão dos direitos sociais e pela busca da igualdade material, foi o Estado do Bem-Estar Social ou *Welfare State* no início do século XX.

A segunda onda renovatória de acesso à justiça está relacionada com o reconhecimento dos direitos fundamentais de terceira dimensão ou direitos de fraternidade, que predominaram a partir do final do século XX. Essa terceira geração de direitos fundamentais foi fruto de um período de grande transformação social, especialmente na área da comunicação e informação, da globalização econômica e política, e do consumismo em massa. Observou-se nesse contexto de mutação social a criação de blocos de interesses anônimos ou no máximo determináveis na sociedade, que até então se encontravam sem a devida instrumentalização processual adequada, como, por exemplo, os interesses do consumidor, os interesses pelo meio ambiente saudável, os interesses dos trabalhadores, entre outros. Percebeu-se, assim, a necessidade de se afastar, por um momento, a visão individualista do conflito para se criar instrumentos processuais adequados para a tutela coletiva. Em razão dessa mudança alguns institutos processuais tradicionais foram adaptados para que pudessem se harmonizar com as características dos direitos metaindividuais, direitos esses que não se encaixam na seara de direito privado, nem tampouco no direito público. Em razão dessa natureza híbrida criou-se um grande desafio para a segunda onda renovatória do acesso à justiça, qual seja, a questão da sua representação e legitimidade dos direitos metaindividuais.

A Justiça do Trabalho, por possuir genuinamente a potencialidade da pulverização de conflitos e coletivização de demandas, constitui terreno fértil para análise da efetividade do acesso à justiça dos interesses metaindividuais proposta pela segunda onda renovatória. Em razão da referida característica, o presente trabalho analisa a questão da legitimidade dos interesses metaindividuais, a atuação dos corpos intermediários e o microssistema processual coletivo na Justiça do Trabalho, como também analisa os instrumentos processuais coletivos disponibilizados no processo do trabalho, voltada essa análise sempre para a questão da efetividade do acesso à justiça.

Por fim, a terceira onda renovatória de acesso à justiça não se encaixa, em sua essência, em nenhuma das três dimensões de direitos fundamentais, classicamente reconhecidas pela doutrina. No entanto, sustenta-se a interligação dessa terceira onda renovatória do acesso à justiça com uma quarta dimensão de direitos fundamentais, ainda pendente de reconhecimento doutrinário consolidado, que compreenda os novos direitos decorrentes da mudança cultural advinda da informatização, do avanço tecnológico e científico, bem como direitos decorrentes da busca pela internacionalização da pacificação social.

Essa terceira onda renovatória nasce da constatação de que a cultura da judicialização não constitui o meio mais adequado para a resolução de conflitos. A litigância judicial deveria ser usada apenas como a última alternativa para a pacificação social, dando-se preferência a meios extrajudiciais, como a arbitragem, acordos extrajudiciais, termo de ajustamento de conduta, entre tantos instrumentos aptos à pacificação social. Isso porque pelo caráter permanente de alguns vínculos, a justiça conciliatória possui potencialidade de constituir uma melhor opção do que o litígio judicial para a resolução do litígio, pois a conciliação, além de ser o veículo mais rápido e menos custoso para a pacificação do conflito, tem a possibilidade de preservar ou restaurar a relação entre as partes em conflito, o que dificilmente servirá uma sentença judicial.

Além da incitação ao desenvolvimento de meios mais adequados para a resolução do conflito, essa terceira onda de acesso estimula o aperfeiçoamento da máquina judiciária, por meio da especialização de procedimentos e Tribunais, simplificação de leis e do próprio direito, ou por meio da otimização da prestação jurisdicional, utilizando-se, para isso, dos avanços tecnológicos e científicos no processo judicial. Em razão dessa multiplicidade de objetivos a serem perseguidos, a terceira onda renovatória é ampla e seu conceito engloba um conjunto geral de instituições e mecanismos, pessoas e procedimentos utilizados para o aperfeiçoamento da prestação jurisdicional e a prevenção de conflitos.

No presente trabalho essa terceira onda renovatória será estudada contextualizada para a realidade da Justiça do Trabalho contemporânea, observando-se os obstáculos, avanços e o desenvolvimento dos instrumentos de aperfeiçoamento da prestação jurisdicional, como a informatização do processo judicial, como também os meios adequados de resolução de conflito postos à disponibilização.

O estudo dos obstáculos, do desenvolvimento e dos avanços na efetivação das ondas renovatórias de acesso à justiça constitui o caminho mais longo, no entanto o mais certeiro para se chegar mais próximo da concretização da *justiça social*, que compreende o conceito contemporâneo mais amplo do acesso à justiça, onde se pretende atingir a garantia da dignidade mínima existencial a todos cidadãos, indistintamente, inclusive por meio de uma prestação jurisdicional célere, efetiva e com a maior eficácia social possível.

2

Acesso à Justiça

O tema *acesso à justiça*, embora esteja tão presente no estudo da processualística contemporânea, historicamente, sempre se fez presente no estudo do processo judicial. Desde o período histórico mais incipiente de construção processual até os dias atuais, por meio do processo judicial eletrônico, a preocupação pela efetividade do acesso à justiça se mantém relevante. Ronaldo Lima dos Santos destaca a presença histórica do tema *acesso à justiça* desde a época do Código de Hamurabi:

> "Na Babilônia, o código de Hamurabi já continha importantes garantias para impedir a opressão do mais fraco pelo mais forte. Assegurava-se, por exemplo, proteção às viúvas e aos órfãos e incentivava-se o homem oprimido a procurar a instância judicial — o soberano. Havia também preocupação geral com o acesso do hipossuficiente à Justiça, bem como com o direito de informação e o meio de persegui-lo."[1]

O referido autor relata também que mesmo na idade média, período dos julgamentos por meio dos famosos ordálios, o acesso à justiça também se encontrava presente nesses processos caracterizados pela forte influência religiosa. A referência ao acesso à justiça ficou registrada na Magna Carta da Liberdade ao rei João Sem Terra em 1212. Vejamos:

> "O marco mais importante dessa época foi a imposição, em 1212, da Magna Carta da Liberdade ao rei João Sem Terra, da Inglaterra, que

(1) SANTOS, Ronaldo Lima dos. *Sindicatos e ações coletivas*. 4. ed. São Paulo: LTr, 2014. p. 236.

em seus §§ 39 e 40 dispunha: 'Nenhum homem livre será capturado ou aprisionado, ou despido de seus direi da Inglaterratos ou posses, ou posto fora da lei, ou exilado ou privado de sua posição por qualquer meio. Nem procederemos à força contra ele ou enviaremos outros para fazê-lo, senão pelo legítimo julgamento de seus iguais ou pela lei da terra. A ninguém venderemos nem negaremos o direito ou a justiça'. O acesso universal à Justiça aparece prescrito em seu art. 48: 'Nós não venderemos, não recusaremos nem atrasaremos a justiça a ninguém'. Já se percebia uma preocupação com a celeridade da Justiça como uma vertente do acesso à justiça."[2]

Por ser o acesso à justiça um direito basilar e garantidor dos demais direitos, a relevância do tema se torna sempre presente na trajetória da história da construção jurídica.

Em nosso ordenamento jurídico contemporâneo, o acesso à justiça *é* um direito social fundamental, previsto no art. 5º, incisos XXXV e LXXIV, da Constituição Federal de 1988, onde se declara que a lei não excluirá da apreciação do Poder Judiciário lesão ou ameaça a direito, bem como de que o Estado prestará assistência jurídica integral e gratuita aos que comprovarem insuficiência de recursos. Esses comandos constitucionais não devem ser interpretados de forma isolada e literal, forma hermenêutica esta mais pobre de interpretação e que não poucas vezes fundamenta injustiças. Ao contrário, essas disposições constitucionais devem ser interpretadas sistematicamente, inclusive com absorção do fundamento pluralista e democrático da nossa Carta Magna, bem como em sintonia com o conceito contemporâneo de acesso à justiça proclamada pelos diplomas internacionais, dentre os quais destaca-se a Convenção Americana sobre Direitos Humanos.

Ocorre que o acesso à justiça não possui um alcance exclusivamente jurídico. Ao contrário, a efetividade do acesso à justiça sofre interferência de forma direta e indiretamente da política, economia, sociologia, entre outros fatores extrajurídicos, o que permite afirmar que o sucesso na implementação do acesso à justiça dependerá de fatores jurídicos e extrajurídicos de cada sociedade. Ronaldo Lima dos Santos destaca esse aspecto da multidisciplinariedade da matéria:

> "Em face de toda essa complexidade, a resolução do problema do acesso à justiça não pode ser alcançada somente com instrumentos jurídicos. A multidisciplinariedade da matéria há muito demonstra a insuficiência de um estudo estritamente jurídico para a resolução da questão. A imersão pelos campos da Economia, Sociologia, Psi-

(2) SANTOS, Ronaldo Lima dos. *Sindicatos e ações coletivas*. 4. ed. São Paulo: LTr, 2014. p. 237.

cologia, Arquitetura urbana etc. é tão necessária quanto o estudo jurídico".[3]

No que tange ao aspecto conceitual e o seu alcance, em uma interpretação apressada e literal se depreenderia que essa garantia de acesso à justiça seria a mera facilitação do ingresso em juízo para qualquer pessoa que se sinta lesada ou ameaçada de lesão em seus direitos. Ocorre que o conceito de acesso à justiça tem sofrido uma robusta transformação conceitual durante o passar dos tempos, conforme já alertavam Mauro Cappelletti e Bryant Garth em 1978, época da publicação da primeira edição de sua notável obra[4]. Nesse mesmo sentido alerta Ada Pellegrini Grinover:

> "O espírito geral da regra está informado pelo princípio do acesso à justiça, que no sistema norte-americano se desdobra em duas vertentes: a de facilitar o tratamento processual de causas pulverizadas, que seriam individualmente muito pequenas, e a de obter a maior eficácia possível das decisões judiciárias. E, ainda, mantém-se aderente aos objetivos de resguardar a economia de tempo, esforços e despesas e de assegurar a uniformidade das decisões."[5]

Após a introdução do inc. LXXVIII[6] no art. 5º da Constituição Federal, por meio da Emenda Constitucional n. 45/2004, o conceito de acesso à justiça em nosso ordenamento jurídico está estritamente relacionado também com o direito à duração razoável do processo. A ampliação do acesso à justiça, por meio da facilitação do ingresso em juízo, não estaria prejudicando a razoável duração do processo, como se poderia concluir apressadamente. Salvo melhor juízo, os dois direitos fundamentais acima possuem caráter complementar e não antagônico, já que a efetividade do acesso à justiça não se restringe à facilitação do ingresso em juízo, mas também a disponibilização de todos os meios processuais adequados para a prevenção e a resolução do conflito em tempo razoável, bem como a economia processual por meio da representatividade de interesses metaindividuais, evitando, assim, ações repetitivas.

Assim, se a prestação jurisdicional não se finaliza ou se prorroga no tempo de forma desproporcional, o efetivo acesso à justiça não foi contemplado, pois a entrega da prestação jurisdicional não foi realizada de forma efetiva.

---

(3) SANTOS, Ronaldo Lima dos. *Sindicatos e ações coletivas*. 4. ed. São Paulo: LTr, 2014. p. 242.

(4) CAPPELLETTI, Mauro; GARTH, Bryant. *Acesso à justiça*. Tradução de Ellen Gracie Northfleet. reimpr. 2012. Porto Alegre: Fabris, 1988.

(5) GRINOVER, Ada Pellegrini. Da *class action for damages* à ação de classe brasileira: os requisitos de admissibilidade. In: GRINOVER, Ada Pellegrini *et al.* (coords.). *Processo coletivo*: do surgimento à atualidade. São Paulo: Revista dos Tribunais, 2014. p. 174-175.

(6) Inciso LXXVIII: a todos, no âmbito judicial e administrativo, são assegurados a razoável duração do processo e os meios que garantam a celeridade de sua tramitação.

Nos tempos atuais, por meio da incorporação de novas tecnologias de informação e adoção de novas culturas de comunicação, bem como em razão da conflitualidade de massas, o conceito de *acesso à justiça* também possui uma conotação mais abrangente e profunda, relacionada à habilitação da parte no reconhecimento de seus direitos, antes mesmo do litígio; aos meios alternativos e preventivos de conflitos judiciais, à celeridade e efetividade da máquina estatal para cumprir a função jurisdicional, bem como a maior participação social na gestão do coletivo, entre outras características. Dentro deste conceito, destaca Antônio Herman V. Benjamin:

> "No que tange ao seu campo de aplicação, a expressão *acesso à justiça* dá ensejo a três enfoques básicos. Em sentido restrito, refere-se apenas à acesso à tutela jurisdicional, ou seja, à composição de litígios pela via judicial. Insere-se e opera, por princípio, no universo do processo. Já em sentido mais amplo, embora ainda insuficiente, quer significar *acesso à tutela de direitos ou interesses violados,* por meio de mecanismos variados, judiciais ou não. Num e noutro caso, os instrumentos de acesso à justiça podem ter natureza preventiva, repressiva ou reparatória. Finalmente, numa acepção integral, é *acesso ao Direito,* vale dizer, a uma ordem jurídica justa (inimiga dos desequilíbrios e destituída de presunção de igualdade), conhecida (social e individualmente reconhecida) e implementável (efetiva), contemplando e combinando, a um só tempo, um rol apropriado de direitos, acesso aos tribunais, acesso a mecanismos alternativos (principalmente os preventivos), estando os sujeitos titulares plenamente conscientes de seus direitos e habilitados, material e psicologicamente a exercê-los, mediante a superação das barreiras objetivas e subjetivas adiante analisadas; é nessa última acepção dilatada que o acesso à justiça significa acesso ao poder."(7)

A transformação conceitual de *acesso à justiça* está relacionado com as mudanças ideológicas e sociais, desembocando na progressão da assimilação dos direitos fundamentais pela sociedade. Ou seja, o conceito de *acesso à justiça* acompanha a evolução dos direitos fundamentais na sociedade, haja vista ser um direito social fundamental de primeira importância, pois garantidor dos demais direitos fundamentais. Destacam esse aspecto Mauro Cappelletti e Bryant Garth: "O acesso à justiça pode, portanto, ser encarado como o requisito fundamental — o mais básico dos direitos humanos — de um sistema

---

(7) BENJAMIN, Antônio Herman V. A insurreição da aldeia global contra o processo civil clássico: apontamentos sobre a opressão e a libertação judiciais do meio ambiente e do consumidor. In: GRINOVER, Ada Pellegrini *et al.* (coords.). *Processo coletivo*: do surgimento à atualidade. São Paulo: Revista dos Tribunais, 2014. p. 306-307.

jurídico moderno e igualitário que pretenda garantir, e não apenas proclamar os direitos de todos".[8]

Assim, o acesso à justiça de forma efetiva e plena é um conceito bem próximo da tão buscada justiça social, garantidora de um mínimo existencial da dignidade humana para todos, conforme bem descreve Flávia Piovesan:

> "Habitualmente, a expressão *acesso à justiça* é utilizada como a possibilidade de acesso ao órgão judicial. O conceito, entretanto, vem evoluindo e se ampliando, incorporando aspectos da justiça social, expressando, desta forma, a possibilidade de viver em uma ordem social que garanta a cada pessoa um mínimo necessário a sua dignidade."[9]

Não por outra razão, se faz necessário regressar e de forma não exaustiva, situar a transformação conceitual e substancial do direito fundamental de acesso à justiça dentro das dimensões dos direitos fundamentais.

---

(8) CAPPELLETTI, Mauro; GARTH, Bryant. *Acesso à justiça*. Tradução de Ellen Gracie Northfleet. reimpr. 2012. Porto Alegre: Fabris, 1988. p. 12.

(9) PIOVESAN, Flávia. *Temas de direitos humanos*. 7. ed. São Paulo: Saraiva, 2014. p. 481.

3

Direitos Fundamentais

3.1. CONCEITO E DIFERENCIAÇÃO

Necessária se faz a prévia distinção entre *direitos naturais*, *direitos humanos* e *direitos fundamentais*.

A distinção entre direitos naturais, direitos humanos e direitos fundamentais não constitui ponto pacífico na doutrina, no entanto, neste estudo utilizar-se-á da classificação advogada pelo professor Ingo Wolfgang Sarlet[(10)], que entende que *direitos naturais* ou *direitos do homem* são todos aqueles outorgados a todos os homens (universalidade) pela sua mera condição humana em qualquer tempo, inclusive em período pré-estatal (perene).

Assim, entende-se que o direito natural seria um conjunto de princípios (não positivados), que nasceu com o próprio homem e derivou-se da conjugação da experiência e da razão, cuja titularidade é exclusiva do ser humano, sendo, portanto, imutável, universal e eterno. Os adeptos desta teoria são denominados de jusnaturalistas.

Para Norberto Bobbio os direitos do homem ou naturais não são decorrentes pura e simplesmente da natureza humana. Ao contrário, os direitos naturais são decorrentes de lutas, sendo produto cultural e histórico da humanidade, podendo ser utilizado como indicador do progresso histórico. Vejamos:

---

(10) SARLET, Ingo Wolfgang. *A eficácia dos diretos fundamentais*: uma teoria geral dos direitos fundamentais na perspectiva constitucional. 11. ed. rev. atual. Porto Alegre: Livraria do Advogado, 2012. p. 29.

"os direitos do homem, por mais fundamentais que sejam, são direitos históricos, ou seja, nascidos em certas circunstâncias, caracterizadas por lutas em defesa de novas liberdades contra velhos poderes, e nascidos de modo gradual, não todos de uma vez e nem de uma vez por todas."[11]

Para Ingo Wolfgang Sarlet[12] a distinção entre direitos fundamentais e direitos humanos constitui no fato de que o segundo são direitos naturais positivados em um plano internacional ou ultraestatal. Já os direitos fundamentais são direitos naturais positivados em âmbito constitucional de um determinado Estado.

Em razão dessa ligação entre direitos fundamentais e a Constituição pode-se afirmar que a presença de direitos fundamentais em uma Constituição constitui seu núcleo finalístico maior e pressupõe a existência de um Estado de Direito, com a devida separação de poderes. Nesse sentido o art. 16 da Declaração Francesa dos Direitos do Homem e do Cidadão, de 26 de agosto de 1789, segundo o qual "toda sociedade na qual a garantia dos direitos não é assegurada, nem a separação dos poderes determinada não possui Constituição".

Diante das premissas acima expostas, conceituamos direitos fundamentais como normas principiológicas nucleares de uma Constituição de um Estado de Direito, tendo o princípio da dignidade humana o seu alicerce fundamental. Nesse sentido José Afonso da Silva (2008): "A dignidade da pessoa humana é um valor supremo que atrai o conteúdo de todos os direitos fundamentais do homem, desde o direito à vida". Ressalta-se que a nossa Constituição Federal de 1988 destacou o princípio da dignidade humana não apenas como um direito fundamental, mas também como um dos fundamentos da República Federativa do Brasil, conforme se depreende do inciso IV do art. 1º da Carta Magna, razão pela qual esse princípio deve se irradiar seus efeitos por todo o corpo da Constituição. Flávia Piovesan enfatiza o poder unificador e centralizador do sistema jurídico que o princípio da dignidade exerce:

"Assim, deitando seus próprios fundamentos no ser humano em si mesmo, como ente final, e não como meio, em reação à sucessão de horrores praticados pelo próprio ser humano, lastreado no próprio direito positivo, é esse princípio, imperante nos documentos constitucionais democráticos, que unifica e centraliza todo o sistema; e

---

(11) BOBBIO, Norberto. *A era dos direitos*. Tradução de Carlos Nelson Coutinho; apresentação de Celso Lafer. Nova edição. Rio de Janeiro: Elsevier, 2004. p. 5.

(12) SARLET, Ingo Wolfgang. *A eficácia dos diretos fundamentais*: uma teoria geral dos direitos fundamentais na perspectiva constitucional. 11. ed. rev. atual. Porto Alegre: Livraria do Advogado, 2012. p. 29-30.

que, com prioridade, reforça a necessária doutrina da força normativa dos princípios constitucionais fundamentais.

A dignidade humana simboliza, deste modo, um verdadeiro superprincípio constitucional, a norma maior a orientar o constitucionalismo contemporâneo, dotando-lhe especial racionalidade, unidade e sentido."[13]

3.2. *FASES HISTÓRICAS DOS DIREITOS FUNDAMENTAIS*

A evolução histórica dos direitos fundamentais e seus reflexos no conceito e na aplicação do direito ao acesso à justiça na sociedade moderna e pós-moderna, estão situados espacialmente pelo direito europeu e americano. Não se pretende aqui esmiuçar a história dos direitos fundamentais, mas tão somente condensar de forma precisa pontos importantes para melhor contextualizar o assunto.

Dentro deste contexto destaca-se a divisão realizada por K. Stern, citado por Ingo Wolfgang Sarlet, que o devir histórico dos direitos fundamentais até o seu reconhecimento nas primeiras Constituições escritas pode ser dividido em três fases:

> "a) uma pré-história, que se estende até o século XVI;
>
> b) uma fase intermediária, que corresponde ao período de elaboração da doutrina Jusnaturalista e da afirmação dos direitos naturais do homem;
>
> c) a fase da constitucionalização, iniciada em 1776, com as sucessivas declarações de direitos dos novos Estados americanos."[14]

Neste trabalho nos deteremos na terceira fase, no entanto não poderíamos deixar de citar de forma pontual alguns fatos relevantes da primeira e da segunda fase que influenciaram a fundamentação teórica da positivação dos direitos fundamentais.

Acerca da fase pré-história dos direitos fundamentais, Ingo Wolfgang Sarlet afirma a importância da religião e da filosofia para a formação da ideologia jusnaturalista, senão vejamos:

---

(13) PIOVESAN, Flávia. *Temas de direitos humanos*. 7. ed. São Paulo: Saraiva, 2014. p. 539.

(14) SARLET, Ingo Wolfgang. *A eficácia dos diretos fundamentais*: uma teoria geral dos direitos fundamentais na perspectiva constitucional. 11. ed. rev. atual. Porto Alegre: Livraria do Advogado, 2012. p. 37.

"De modo especial, os valores de da dignidade pessoal humana, da liberdade e da igualdade dos homens encontram suas raízes na filosofia clássica, especialmente na greco-romana, e no pensamento cristão. Saliente-se aqui, a circunstância de que a democracia ateniense constituía um modelo político fundado na figura do homem livre e dotado de individualidade. Do antigo testamento, herdamos a ideia de que o ser humano representa o ponto culminante da criação divina, tendo sido feito à imagem e semelhança de Deus. Da doutrina estoica greco-romana e do cristianismo, advieram, por sua vez, a tese da unidade da humanidade e da igualdade de todos os homens em dignidade (para os cristãos, perante Deus)."(15)

Sobre a fase intermediária, Ingo Wolfgang Sarlet destaca que o desenvolvimento da doutrina jusnaturalista iniciou-se a partir do século XVI, tendo seu apogeu no início do século XVIII, por meio da colaboração doutrinária das teorias contratualistas, iniciada por Thomas Hobbes (1588-1679) e desenvolvida por Jonh Locke (1632-1704). Movidos e contagiados pelos ideais jusnaturalistas, surgiram diversas declarações antecedentes aos denominados *direitos fundamentais*, que previam direitos, liberdades e deveres individuais, tais como as declarações inglesas *Petition of Rights* (1628), o *Habeas Corpus Act* (1679) e o *Bill of Rights* (1689), o *Establishment Act* (1701). Ressalta-se que bem antes, durante o século XIII, especificamente em 1215, já despontava na Inglaterra a *Magna Charta Libertatum*, uma declaração que se tornou referência para alguns direitos civis clássicos, tais como o *habeas corpus*, o devido processo legal e a garantia da propriedade(16). Ingo Wolfgang Sarlet ainda destaca:

"Em que pese a sua importância para a evolução no âmbito da afirmação dos direitos, inclusive como fonte de inspiração para outras declarações, esta positivação de direitos e liberdades civis na Inglaterra, apesar de conduzir a limitações do poder real em favor da liberdade individual, não pode, ainda, ser considerada como o marco inicial, isto é, como o nascimento dos direitos fundamentais no sentido que hoje se atribui ao termo."(17)

(15) SARLET, Ingo Wolfgang. *A eficácia dos diretos fundamentais*: uma teoria geral dos direitos fundamentais na perspectiva constitucional. 11. ed. rev. atual. Porto Alegre: Livraria do Advogado, 2012. p. 38.

(16) No entanto alerta Ingo Sarlet (*Ibidem*, p. 41) que a *Magna Carta*, embora a sua notável importância histórica, não foi o único e o primeiro documento a prever direitos individuais clássicos, haja vista que nos séculos XII e XIII já existiam cartas de franquia e os forais outorgados pelos reis portugueses e espanhóis.

(17) *Ibidem*, p. 43.

3.3. *POSITIVAÇÃO DOS DIREITOS FUNDAMENTAIS*

O terreno fértil para a proclamação dos primeiros direitos fundamentais tinha como adubo os abusos e as arbitrariedades desmedidas dos Estados Absolutistas e da Igreja, que começaram a incomodar a crescente classe burguesa na Europa do século XVIII. A sociedade burguesa precisava de instrumentos hábeis a resguardar sua liberdade e propriedade diante do autoritarismo da Coroa e dos abusos do Clero, encontrando na doutrina iluminista e jusnaturalista dos séculos XVII e XVIII a sua força de argumentação teórica. A doutrina não é pacífica acerca da paternidade dos direitos fundamentais, dividindo-se entre a Declaração de Direitos do Povo da Virgínia (1776) e a Declaração Francesa (1789), esta última decorrente da célebre revolução burguesa na França. No entanto, o que mais nos interessa neste ponto é o fato de que ambas declarações reconheciam a existência de direitos naturais do homem, direitos estes inalienáveis, invioláveis e universais (não restrito a apenas uma casta estatal), como o direito à vida, à liberdade e à igualdade formal.

3.4. *DIMENSÕES DOS DIREITOS FUNDAMENTAIS*

A moderna doutrina classifica em três dimensões os direitos fundamentais, sendo que a primeira dimensão trata desse apogeu burguês-iluminista acima descrito, que marcou o início do constitucionalismo ocidental (final do século XVIII). Essa fase foi marcada pelo cunho individualista e formalista, que se caracterizava pela finalidade precípua de proteger o indivíduo frente ao Estado. Em razão disso os direitos nessa fase exaltados são chamados de direito de defesa ou de resistência, denotando uma necessidade de uma conduta negativa/omissiva do Estado (*Laissez-faire*), o que se justificava diante das circunstâncias sociais acima relatadas (arbitrariedades estatais). A palavra-chave desse período era o direito à *liberdade,* que se desdobrava em direitos civis e políticos. Nessa primeira dimensão de direitos fundamentais não havia preocupação com a efetividade do acesso à justiça, haja vista que a mentalidade formalista e individualista predominava. Para esse período bastava a declaração formal do direito, não obstante muitas vezes o acesso à justiça para o pleito do referido direito ficasse prejudicado para determinadas pessoas, como o pobre, por exemplo. Resume bem essa fase histórica o Ingo Wolfgang Sarlet:

> "os direitos fundamentais de primeira dimensão encontram suas raízes especialmente na doutrina iluminista e jusnaturalista dos séculos XVII e XVIII (nomes como Hobbes, Locke, Rousseau e Kant), segundo a qual, a finalidade precípua do Estado consiste na realização da liberdade do indivíduo, bem como nas revoluções políticas

do final do século XVIII, que marcaram o início da positivação das reivindicações burguesas nas primeiras Constituições escritas do mundo ocidental."[18]

No final do século XIX a sociedade[19] sofreu os efeitos maléficos da industrialização, em especial a grande desigualdade social entre classes, inclusive da classe operária. Esse período foi marcado por reivindicações operárias por melhorias de condições de trabalho e sociais. Percebeu-se falhas de efetividade dos direitos proclamados pelo Estado abstencionista. A igualdade formal proclamada nos Estados liberais não estava satisfazendo os mínimos anseios desta nova sociedade industrializada e urbana. Necessitava-se de uma igualdade material e concreta, sendo a busca por esta igualdade material uma das marcas do Estado do Bem-Estar Social ou *Welfare State* no início do século XX. Percebeu-se que para a fruição plena dos direitos de primeira dimensão (civis e políticos) se fazia necessária a intervenção estatal na economia e na sociedade, por meio de direitos de caráter prestacional, como, por exemplo, o direito ao salário mínimo, à educação, à saúde, à habitação, e assim por diante. Tais direitos são denominados pela doutrina de *direitos fundamentais de segunda dimensão,* que se tipificam em direitos sociais, econômicos e culturais. Dentro dessa atmosfera de direitos fundamentais desejosa de uma igualdade material nasce a preocupação processual pelo efetivo acesso à justiça e, consequentemente, surgem as implementações processuais visando a sua facilitação, por meio da *primeira onda renovatória* de acesso à justiça referida por Mauro Cappelletti e Bryant Garth[20], que será a seguir aprofundada em tópico específico.

Não se pode perder de vista que os direitos típicos e característicos de cada dimensão não possuem caráter absoluto e inflexível, sempre passível de atualização e adaptação ante as mudanças sociais. Há direitos de cunho negativo, que determina uma abstenção estatal, mas pelo seu cunho social são enquadrados como de segunda dimensão, como, por exemplo, as chamadas liberdades sociais — exemplo a liberdade de sindicalização e de greve. Neste sentido, Carlos Henrique Bezerra Leite para quem a "positivação desses direitos deu origem ao que se convencionou chamar de 'constitucionalismo social', a demonstrar que os direitos humanos de primeira geração, quando do seu exercício, têm que cumprir uma função social".[21]

---

(18) SARLET, Ingo Wolfgang. *A eficácia dos diretos fundamentais*: uma teoria geral dos direitos fundamentais na perspectiva constitucional. 11. ed. rev. atual. Porto Alegre: Livraria do Advogado, 2012. p. 46.

(19) Quando neste estudo nos referimos genericamente à sociedade queremos tratar como um todo da sociedade Europeia e da sociedade americana.

(20) CAPPELLETTI, Mauro; GARTH, Bryant. *Acesso à justiça*. Tradução de Ellen Gracie Northfleet. reimpr. 2012. Porto Alegre: Fabris, 1988.

(21) LEITE, Carlos Henrique Bezerra. *Ação civil pública na perspectiva dos direitos humanos*. 2. ed. São Paulo: LTr, 2008. p. 34.

Não obstante a positivação dos direitos sociais, por algum tempo havia a ideia de que os referidos direitos tinham caráter meramente programático, haja vista a necessidade da atuação estatal para a sua completa concretização, conforme observou Norberto Bobbio:

> "Deve-se recordar que o mais forte argumento adotado pelos reacionários de todos os países contra os direitos do homem, particularmente contra os direitos sociais, não é a sua falta de fundamento, mas a sua inexequibilidade. Quando se trata de enunciá-los, o acordo é obtido com relativa facilidade, independentemente do maior ou menor poder de convicção de seu fundamento absoluto; quando se trata de passar à ação, ainda que o fundamento seja inquestionável, começam as reservas e as oposições."[(22)]

Essa argumentação está sendo cada vez mais rebatida em razão do comando de aplicabilidade imediata dos direitos fundamentais em várias Constituições recentes, inclusive no Brasil. Alerta nesse sentido Paulo Bonavides: "Com efeito, até então, em quase todos os sistemas jurídicos, prevalecia a noção de que apenas os direitos de liberdade eram de aplicabilidade imediata, ao passo que os direitos sociais tinham aplicabilidade, por via do legislador".[(23)]

Da mesma forma Flávia Piovesan preconiza que:

> "Sob a ótica normativa internacional, está definitivamente superada a concepção de que os direitos sociais, econômicos e culturais não são direitos legais. A ideia da não acionabilidade dos direitos sociais é meramente ideológica e não científica. São eles autênticos e verdadeiros direitos fundamentais, acionáveis, exigíveis e demandam séria e responsável observância. Por isso, devem ser reivindicados como direitos e não como caridade, generosidade ou compaixão."[(24)]

O reconhecimento dos direitos fundamentais de *terceira dimensão* surge no final do século XX, quando se tornou mais evidente a pulverização de interesses pela sociedade e a coletivização de conflitos. As inovações tecnológicas, a globalização econômica e o consumismo desenfreado tornaram mais complexas as relações sociais, criando blocos de interesses anônimos ou no máximo determináveis na sociedade. Percebeu-se a necessidade de se afastar, por um momento, a visão individualista do conflito e criar instrumentos processuais de proteção dessa massa de interesses pulverizados na sociedade que

---

(22) BOBBIO, Norberto. *A era dos direitos*. Tradução de Carlos Nelson Coutinho; apresentação de Celso Lafer. Nova ed. Rio de Janeiro: Elsevier, 2004.p. 23.

(23) BONAVIDES, Paulo. *Curso de direito constitucional*. 30. ed. São Paulo: Malheiros, 2015. p. 579.

(24) PIOVESAN, Flávia. *Temas de direitos humanos*. 7. ed. São Paulo: Saraiva, 2014. p. 173.

frequentemente são lesados em seus direitos fundamentais. Dentre os *direitos de fraternidade*, destacam-se o direito ao meio ambiente, ao patrimônio comum da humanidade, o direito do consumidor, o direito do contribuinte, e assim por diante. Nesse sentido Carlos Henrique Bezerra Leite:

> "A teoria dos interesses metaindividuais surge, assim, em decorrência da preocupação da sociedade ocidental com a chamada "questão social", fruto da "sociedade de massa", na qual se verifica a coexistirem inúmeras relações sociais, econômicas e políticas marcadas pelo desaparecimento da individualidade do ser humano, diante da padronização dos comportamentos e das regras correspondentes."[(25)]

Paulo Bonavides destaca o caráter de humanismo e universalidade dos direitos da terceira dimensão, bem como a sua titularidade humana. Vejamos:

> "Dotados de altíssimo teor de humanismo e universalidade, os direitos de terceira geração tendem a cristalizar-se no fim do século XX enquanto direitos que não se destinam especificamente à proteção dos interesses de um indivíduo, de um grupo ou de um determinado Estado. Têm por destinatário o gênero humano mesmo, num momento expressivo de sua afirmação como valor supremo em termos de existencialidade concreta."[(26)]

Já na visão de Ingo Wolfgang Sarlet[(27)], a distinção dos direitos de terceira dimensão reside na sua titularidade coletiva, muitas vezes indefinida e indeterminável, como, por exemplo, o direito ao meio ambiente e à qualidade de vida, direitos que reclamam novas técnicas de garantia e proteção.

Segundo Fredie Didier Junior. "As ações coletivas têm, em geral, duas justificativas atuais de ordem sociológica e política: a primeira, mais abrangente, revela-se no princípio do acesso à justiça; a segunda, de política judiciária, no princípio da economia processual."[(28)]

No ordenamento jurídico brasileiro positivou-se a tutela processual dos interesses metaindividuais, por meio do art. 81 do Código de Defesa do Con-

---

(25) LEITE, Carlos Henrique Bezerra. *Ação civil pública na perspectiva dos direitos humanos*, cit., p. 46-47.

(26) BONAVIDES, Paulo. *Curso de direito constitucional*. 30. ed. São Paulo: Malheiros, 2015. p. 583-584.

(27) SARLET, Ingo Wolfgang. *A eficácia dos diretos fundamentais*: uma teoria geral dos direitos fundamentais na perspectiva constitucional. 11. ed. rev. atual. Porto Alegre: Livraria do Advogado, 2012.

(28) DIDIER JR., Fredie. *Curso de direito processual civil*: processo coletivo. 7. ed. Salvador: Juspodivm, 2012. p. 35.

sumidor (Lei n. 8.078/90)[29]. Nesse artigo o legislador contemplou os interesses coletivos *lato sensu*, como os difusos, os interesses coletivos e o interesse individual homogêneo (único que não possui natureza típica coletiva).

Para a configuração dos direitos difusos o legislador considerou como característica principal a pulverização da titularidade, cujos sujeitos são indeterminados e o objeto da tutela não pode ser divisível para os sujeitos que possuem essa titularidade.

> "reputam-se direitos difusos (art. 81, parágrafo único, I, do CDC) aqueles transindividuais (metaindividuais, supraindividuais, pertencentes a uma coletividade), de natureza indivisível (só podem ser considerados como um todo), e cujos sujeitos sejam pessoas indeterminadas (ou seja, indeterminabilidade dos sujeitos, não havendo individuação), ligadas por circunstâncias de fato, não existindo um vínculo comum de natureza jurídica."[30]

Já os direitos coletivos *stricto sensu*, nos termos da codificação consumerista, são os transindividuais, de natureza indivisível de que seja titular grupo, categoria ou classe de pessoas ligadas entre si ou com a parte contrária por uma relação jurídica base.

Por fim, o legislador brasileiro inovou na criação dos interesses ou direitos individuais homogêneos, que são assim entendidos como os decorrentes de origem comum. São direitos genuinamente individuais, mas tratados de forma coletiva em face da sua origem comum. Em razão disso a doutrina os denominam também como acidentalmente coletivos, conforme esclarece Fredie Didier Junior:

> "O legislador foi além da definição de direitos difusos e coletivos *stricto sensu* e criou uma nova categoria de direitos coletivos (coletivamente tratados), que denominou direitos individuais

(29) Art. 81. A defesa dos interesses e direitos dos consumidores e das vítimas poderá ser exercida em juízo individualmente, ou a título coletivo.

Parágrafo único. A defesa coletiva será exercida quando se tratar de:

I — interesses ou direitos difusos, assim entendidos, para efeitos deste código, os transindividuais, de natureza indivisível, de que sejam titulares pessoas indeterminadas e ligadas por circunstâncias de fato;

II — interesses ou direitos coletivos, assim entendidos, para efeitos deste código, os transindividuais, de natureza indivisível de que seja titular grupo, categoria ou classe de pessoas ligadas entre si ou com a parte contrária por uma relação jurídica base;

III — interesses ou direitos individuais homogêneos, assim entendidos os decorrentes de origem comum.

(30) DIDIER JR., Fredie. *Curso de direito processual civil*: processo coletivo. 7. ed. Salvador: Juspodivm, 2012. p. 76.

homogêneos (art. 81, parágrafo único, III, do CDC). A gênese dessa proteção/garantia coletiva tem origem nas *class actions for damages*, ações de reparação de danos à coletividade do direito norte-americano."[31]

Assim, percebe-se que os direitos fundamentais de terceira dimensão formaram a argamassa ideológica necessária para as implementações de acesso à justiça da segunda onda renovatória, que desenvolveu, principalmente, a adequada representação dos interesses metaindividuais em juízo.

Diante da cronologia tradicional das dimensões dos direitos fundamentais, a doutrina percebeu que a Revolução Francesa, por pura coincidência ou por intuição profética, tem como lema ou *slogan* de sua revolução os direitos que marcaram as dimensões dos direitos fundamentais: *Liberté, Egalité et Fraternité* (Liberdade, Igualdade, Fraternidade), reconstituindo, assim, os direitos característicos de cada dimensão dos direitos fundamentais. A liberdade foi o marco da primeira dimensão dos direitos fundamentais, a busca pela igualdade (material) marcou a segunda dimensão de direitos fundamentais, a fraternidade e a solidariedade são a base de fundamentação teórica da terceira dimensão de direitos fundamentais. Nesse sentido Carlos Henrique Bezerra Leite:

> "A concepção contemporânea dos direitos humanos imbrica, portanto, a liberdade (direitos civis e políticos), a igualdade (direitos sociais, econômicos e culturais) e a fraternidade ou solidariedade (direitos ou interesses meta individuais) como valores indissociáveis, o que implica, por consequência, as características da universalidade, indivisibilidade, interdependência e complementariedade, que esses direitos assumem no âmbito do nosso ordenamento jurídico e do direito internacional."[32]

Faz-se necessário conhecer a posição do notável jurista Paulo Bonavides, que defende a existência de uma quarta dimensão de direitos fundamentais, decorrente da globalização política e econômica, correspondendo à derradeira fase de institucionalização do Estado social. São exemplos desses direitos o direito à democracia, o direito à informação e o direito ao pluralismo. O referido autor afirma que a concretização da sociedade aberta do futuro dependeria do reconhecimento e efetivação desses direitos de quarta geração (dimensão máxima da universalidade). A quinta dimensão, para o referido autor, consistiria no reconhecimento da paz como direito fundamental independente dos direitos

(31) DIDIER JR., Fredie. *Curso de direito processual civil*: processo coletivo. 7. ed. Salvador: Juspodivm, 2012. p. 77-78.

(32) LEITE, Carlos Henrique Bezerra. *Ação civil pública na perspectiva dos direitos humanos*, cit., p. 37.

fundamentais da terceira dimensão. Essa abertura de uma nova dimensão e a inclusão da paz nessa esfera tinha como anseio destacar a importância jurídica do reconhecimento ao direito de paz. Senão vejamos:

> "A dignidade jurídica da paz deriva do reconhecimento universal que se lhe deve enquanto pressuposto qualitativo da convivência humana, elemento de conservação da espécie, reino de segurança dos direitos. Tal dignidade unicamente se logra, em termos constitucionais, mediante a elevação autônoma e paradigmática da paz a direito da quinta geração."[33]

Acerca da importância da paz no Estado Democrático de Direito, Norberto Bobbio já destacava:

> "Hoje, estamos cada vez mais convencidos de que o ideal da paz perpétua só pode ser perseguido por meio de uma democratização progressiva do sistema internacional e que essa democratização não pode ser separada da gradual e cada vez mais efetiva proteção dos direitos do homem acima de cada um dos Estados. Direitos do homem, democracia e paz são três momentos necessários do mesmo movimento histórico: sem direitos do homem reconhecidos e efetivamente protegidos não existe democracia, sem democracia não existem as condições mínimas para a solução pacífica de conflitos que surgem entre os indivíduos, entre grupos e entre as grandes coletividades tradicionalmente indóceis e tendencialmente autocráticas que são os Estados, apesar de serem democráticas com os próprios cidadãos."[34]

O citado autor, embora tenha ressaltado o valor democrático da paz, não o erigiu a quinta dimensão como proposta atualmente por Paulo Bonavides. No entanto, Norberto Bobbio previu sim a quarta dimensão de direitos, só que direcionada ao avanço científico e tecnológica, especialmente das biotecnologias, como as manipulações genéticas e seus efeitos.

> "Mas já se apresentam novas exigências que só poderiam chamar-se de direitos de quarta geração, referentes aos efeitos cada vez mais traumáticos da pesquisa biológica, que permitirá manipulações do patrimônio genético de cada indivíduo. Quais são os limites dessa possível (e cada vez mais certa no futuro) manipulação? Mais

---

(33) BONAVIDES, Paulo. *Curso de direito constitucional*. 30. ed. São Paulo: Malheiros, 2015. p. 598.

(34) BOBBIO, Norberto. *A era dos direitos*. Tradução de Carlos Nelson Coutinho; apresentação de Celso Lafer. Nova ed. Rio de Janeiro: Elsevier, 2004. p. 203.

> uma prova, se isso ainda fosse necessário, de que os direitos não nascem todos de uma vez. Nascem quando devem ou podem nascer. Nascem quando o aumento do poder do homem sobre o homem — que acompanha inevitavelmente o progresso técnico, isto é, o progresso da capacidade do homem de dominar a natureza e os outros homens."[35]

Destaca-se, contudo, que a doutrina dominante não reconhece a existência de quarta e quinta dimensões de direitos fundamentais, pois, segundo a referida corrente os direitos à informação, à paz, à democracia, entre outros decorrentes das novas tecnologias e necessidades sociais, estariam incluídos nos direitos da terceira dimensão.

Partindo-se da ideia inicial proposta por Norberto Bobbio[36] acerca da quarta dimensão dos direitos fundamentais acima transcritos, compreende-se que os direitos humanos decorrentes do desenvolvimento tecnológico e científico devem ser erigidos a uma dimensão própria de direitos fundamentais, pois a sua característica principal não se relaciona com a titularidade metaindividual, mas sim com os valores basilares da dignidade humana. Ressalta-se, contudo, que os referidos direitos elencados para a quarta dimensão, assim como os demais direitos de caráter individual, têm a possibilidade de serem tutelados coletivamente, a depender da situação concreta, como ocorre com os direitos individuais homogêneos.

A problemática dos efeitos das novas tecnologias no ser humano, inclusive biotecnologias e tecnologia de informação, não se encerra na titularidade coletiva, mas sim na própria individualidade humana, aprofundando em seu valor mais íntimo de ser humano. Não se pode ceifar o progresso científico, haja vista a sua imprescindibilidade para a própria manutenção da vida humana na Terra, no entanto esse avanço científico e tecnológico muitas vezes acaba por massificar pessoas, generalizar individualidades, tentando retirar do ser humano a sua singularidade e em algumas circunstâncias chegam a ferir o direito à própria vida, seja humana ou animal, merecendo, portanto, limitações morais e éticas. Neste ponto, Norberto Bobbio conceitua liberdade científica como sendo o direito a não sofrer empecilhos no processo de investigação científica. Vejamos a transcrição:

> "Reflita-se sobre a profunda diferença que existe entre o direito à liberdade religiosa e o direito à liberdade científica. O direito à liberdade religiosa consiste no direito de professar qualquer religião ou a

---

(35) BOBBIO, Norberto. *A era dos direitos*. Tradução de Carlos Nelson Coutinho; apresentação de Celso Lafer. Nova ed. Rio de Janeiro: Elsevier, 2004. p. 5-6.

(36) *Idem*.

não professar nenhuma. O direito à liberdade científica consiste não no direito a professar qualquer verdade científica ou a não professar nenhuma, mas essencialmente no direito a não sofrer empecilhos no processo de investigação científica."[37]

Alerta-se, entretanto, que essa nova dimensão de direito consiste em uma de suas faces, essencialmente, na imposição de limites morais e éticos exatamente no processo de investigação científica, bem como nos reflexos dessas novas tecnologias na sociedade, como, por exemplo, no processo judicial eletrônico. A tecnologia e a ciência, portanto, não podem ter caráter absoluto, pois deve estar limitada aos contornos trazidos pelo princípio da dignidade humana e da dignidade da vida. O homem não deve servir de instrumento à tecnologia, mas sim o contrário, a tecnologia ser instrumento de progresso humano. Contextualizando para o processo judicial eletrônico, a tecnologia de informação.

A quarta dimensão de direitos fundamentais busca o resgate dessa individualidade humana, dos valores mais primários do ser humano, como o direito de ser único, de ser diferente (biodiversidade), da dignidade da vida e não apenas a dignidade humana, esteja a vida em estado intrauterino ou *in vitro*, seja a vida humana ou animal, bem como resgata o respeito à imagem, à honra, à intimidade e à verdade diante dos novos meios tecnológicos de informação e comunicação, que nas últimas décadas tiveram papel central na massificação de pessoas, padronização de comportamentos e na exposição do ser humano coisificado. Essa quarta dimensão também retoma a valorização da liberdade, direito tão mitigado contemporaneamente, especialmente no viés da autonomia da vontade, que por óbvio não retoma o caráter absoluto que já obteve no início do século XVIII, no entanto a sua relativização deve possuir limites mais estreitos à luz do princípio da dignidade humana. Defende-se, nesse trabalho, que esse novo modelo de autonomia da vontade proposto na quarta dimensão de direitos fundamentais é denominado de liberdade qualificada, haja vista a relativização da autonomia da vontade diante do direito fundamental da dignidade humana.

A quarta geração de direitos fundamentais possui como característica principal: a busca dos valores mais caros da vida diante dos avanços tecnológicos, preservando a vida em sua singularidade, biodiversidade, liberdade qualificada e a sua integridade física e moral.

Desta feita, ressalta-se que a classificação em dimensões dos direitos fundamentais não possui a capacidade de explicar, por si só, a complexidade

(37) BOBBIO, Norberto. *A era dos direitos*. Tradução de Carlos Nelson Coutinho; apresentação de Celso Lafer. Nova ed. Rio de Janeiro: Elsevier, 2004. p. 19.

da formação e assimilação dos direitos fundamentais pela sociedade. São, na verdade, direitos históricos, nascidos de forma gradual e decorrentes de novas necessidades sociais. Como ressalta Norberto Bobbio:

> "Do ponto de vista teórico, sempre defendi — e continuo a defender, fortalecido por novos argumentos — que os direitos do homem, por mais fundamentais que sejam, são direitos históricos, ou seja, nascidos em certas circunstâncias, caracterizados por lutas em defesa de novas liberdades contra velhos poderes, e nascidos de modo gradual, não todos de uma vez e nem de uma vez por todas."[38]

Muito sangue e suor foram derramados e muitas revoltas e reivindicações sociais eclodiram ante agressões à dignidade humana para que ocorressem as transformações do Estado Absolutista para o Estado Liberal e deste para o Estado Democrático Social. Dentro deste contexto complexo e dinâmico desenvolveu-se e continuará a se desenvolver o reconhecimento e a proteção dos direitos fundamentais pela sociedade, sempre acompanhando as mutações sociais e as novas necessidades advindas.

Destaca-se que a tipologia em dimensões de direitos fundamentais não possui caráter absoluto, haja vista que o conceito dos direitos fundamentais de cada dimensão possui conceito mutável, complementar e progressivo. O direito à propriedade, por mera exemplificação, conforme inicialmente exposto na primeira dimensão, possui outra conotação no Estado Social (função social), como também exerce outra função diante da terceira dimensão dos direitos fundamentais (preocupação ambiental). Acerca da mutabilidade e a progressividade dos direitos fundamentais destaca Norberto Bobbio:

> "O elenco dos direitos do homem se modificou, e continua a se modificar, com a mudança das condições históricas, ou seja, dos carecimentos e dos interesses, das classes no poder, dos meios disponíveis para a realização dos mesmos, das transformações técnicas, etc. direitos que foram declarados absolutos no final do século XVIII, como a propriedade *sacre et inviolable*, foram submetidos a radicais limitações nas declarações contemporâneas. (...) Não é difícil prever que, no futuro, poderão emergir novas pretensões que no momento nem sequer podemos imaginar, como o direito a não portar armas contra a própria vontade, ou o direito de respeitar a vida também dos animais e não só dos homens. O que prova que não existem direitos fundamentais por natureza. O que parece fundamental numa

---

(38) BOBBIO, Norberto. *A era dos direitos*. Tradução de Carlos Nelson Coutinho; apresentação de Celso Lafer. Nova ed. Rio de Janeiro: Elsevier, 2004. p. 5.

época histórica e numa determinada civilização não é fundamental em outra s épocas e em outras culturas."[39]

Percebe-se uma trajetória circular dos direitos fundamentais, que inicialmente foi reconhecido de forma individual, tendo o homem, em abstrato, como núcleo finalístico dos direitos da primeira dimensão. Já a segunda dimensão dos direitos fundamentais abre os horizontes em prol de uma visão da sociedade como um todo, enxergando as desigualdades materiais entre as pessoas. Após a aproximação aos direitos sociais e culturais, a terceira dimensão de direitos fundamentais reconhece a necessidade de tutelar interesse pulverizados na sociedade, tutelando interesses que não se encaixavam no conceito genuíno de direito privado e nem de direito público, que são os direitos metaindividuais ou coletivos. Por fim, por meio da quarta dimensão de direitos fundamentais ora proposto, retomam-se os valores intrínsecos à singularidade, à individualidade e à liberdade humana, não da mesma forma que foi reconhecido os direitos fundamentais de primeira dimensão, mas com uma nova roupagem trazida pelo avanço tecnológico e as mudanças culturais, sem perder de vista o avanço histórico e jurídico trazido com o reconhecimento progressivo dos direitos fundamentais em todas as suas dimensões.

Após o fim da segunda guerra mundial e a Declaração Universal dos Direitos do Homem de 1948, fortaleceu-se o caráter universal e indivisível dos direitos humanos, que possui como titularidade o homem, independente da sua nacionalidade, raça ou qualquer outra distinção. Percebeu-se que as dimensões de direitos fundamentais se complementam e não se esgotam entre si, sendo que a violação a um direito de uma dimensão interfere na concretização dos demais direitos de outras dimensões, sendo necessária para a completude da dignidade humana a garantia e efetividade de todos os direitos fundamentais em todas as suas dimensões. Apenas dessa forma, a sociedade estará apta a resolver as intrigantes questões que se apresentam contemporaneamente. Acerca da universalidade e indivisibilidade dos direitos fundamentais, explicita Flávia Piovesan:

> "Universalidade porque clama pela extensão universal dos direitos humanos, sob a crença de que a condição de pessoa é o requisito único para a titularidade de direitos, considerando o ser humano como um ser essencialmente moral, dotado de unicidade existencial e dignidade, esta como valor intrínseco à condição humana. Indivisibilidade porque a garantia dos direitos civis e políticos é condição

(39) BOBBIO, Norberto. *A era dos direitos*. Tradução de Carlos Nelson Coutinho; apresentação de Celso Lafer. Nova ed. Rio de Janeiro: Elsevier, 2004. p. 18.

> para a observância dos direitos sociais, econômicos e culturais e vice-versa."(40)

Acerca das dimensões como um todo dos Direitos fundamentais, Carlos Henrique Bezerra Leite adverte que:

> "Os direitos nascidos em uma geração, quando surgem em um dado ordenamento jurídico, assumem uma outra dimensão, pois os direitos da geração mais recentes tornam-se um pressuposto para entendê-los de forma mais adequada, o que propicia a sua melhor realização."(41)

---

(40) PIOVESAN, Flávia. *Temas de direitos humanos*. 7. ed. São Paulo: Saraiva, 2014. p. 169.

(41) LEITE, Carlos Henrique Bezerra. *Ação civil pública na perspectiva dos direitos humanos*. 2. ed. São Paulo: LTr, 2008. p. 36.

4

Movimento de Acesso à Justiça

Mauro Cappelletti e Bryant Garth, em sua clássica obra denominada *Acesso à Justiça,* abordam a evolução do conceito teórico do acesso à justiça e destaca a sua importância como direito social fundamental e ponto central da moderna processualística. Quando se acompanha a evolução do conceito do acesso à justiça verifica-se uma ligação direta com a evolução histórica dos direitos fundamentais acima descritos e sob tal entrelaçamento que se desenvolverá esse tópico, sem perder de vista a questão da efetividade também abordada na referida obra.

Mauro Cappelletti e Bryant Garth[42] reconhece como a "efetividade perfeita do acesso à justiça", no contexto de um dado direito substantivo, a completa "igualdade de armas", ou seja, a garantia de que a conclusão final dependa apenas dos méritos jurídicos das partes processuais, sem relação com diferenças que sejam estranhas ao direito. Nessa luta por esse ideal, os referidos autores relatam os problemas e os obstáculos a serem transpostos e as tendências e algumas soluções aplicadas para que sejam afastadas as diferenças estranhas ao direito que interfiram direta ou indiretamente no resultado final do litígio.

Para retratar a evolução histórica do conceito teórico do acesso à justiça, o referido autor utiliza-se da expressão *ondas*, para contextualizar a cronologia das implementações das mudanças em prol da efetividade do acesso à justiça. O autor relata três ondas renovatórias de acesso, sendo a *primeira onda* decorrente da verificação de que as partes na realidade não possuem as mesmas

(42) CAPPELLETTI, Mauro; GARTH, Bryant. *Acesso à justiça*. Tradução de Ellen Gracie Northfleet. reimpr. 2012. Porto Alegre: Fabris, 1988.

condições financeiras de arcar com as despesas processuais, o que interferiria na efetividade da paridade de armas no combate jurídico; a *segunda onda renovatória* relata o esforço na solução do problema da representação dos interesses difusos e coletivos, decorrentes da pulverização de interesses da sociedade de massa contemporânea, como os interesses do consumidor, do meio ambiente, dos trabalhadores, e assim por diante. Por fim, a *terceira onda renovatória* engloba um conjunto geral de instituições e mecanismos, pessoas e procedimentos utilizados para processar e mesmo prevenir disputas nas sociedades modernas.

Sobre as referidas três ondas renovatórias de acesso à justiça que se aprofundará o presente trabalho, sempre a observar a correspondência com a evolução dos direitos fundamentais e a contextualização com o processo trabalhista.

5

A Primeira Onda de Acesso à Justiça

Durante o Estado Liberal de ideologia iluminista não havia qualquer preocupação com a efetividade de acesso à justiça. Em razão da ideologia individualista e formalista vigente, o direito ao acesso à justiça consistia pura e justamente no direito abstrato do indivíduo de pleitear em juízo sua pretensão jurídica. Isso bastava para a ideologia jusnaturalista e iluminista da época, haja vista que para a existência dos direitos naturais não necessitava sequer da existência estatal na sociedade. Ao contrário, o direito natural era pré-estatal ou até supraestatal. No máximo o Estado deveria proteger esse direito frente a outros indivíduos.

> "A Justiça, como outros bens, no sistema do *laissez-faire*, só podia ser obtida por aqueles que pudessem enfrentar seus custos; aqueles que não pudessem fazê-lo eram considerados os únicos responsáveis por sua sorte. O acesso formal, mas não efetivo à justiça, correspondia à igualdade, apenas formal, mas não efetiva."[43]

A primeira onda de implementação processual em busca do acesso à justiça apenas obteve terreno fértil para florescer com a transformação do Estado Liberal para o Estado Social. Isso porque os direitos fundamentais de segunda dimensão enaltecem a busca pela igualdade material, o que no plano processual consiste no reconhecimento de diferenças materiais entre os litigantes capazes de interferir no resultado da solução da lide.

---

(43) CAPPELLETTI, Mauro; GARTH, Bryant. *Acesso à justiça*. Tradução de Ellen Gracie Northfleet. reimpr. 2012. Porto Alegre: Fabris, 1988. p. 9.

Essa primeira fase de busca pela efetividade do acesso à justiça é denominada de *primeira onda renovatória*, que se caracteriza pela preocupação de conceder assistência judiciária para os pobres, englobando neste conceito as custas judiciais, os honorários advocatícios e demais despesas processuais. Parte-se da premissa de que o alto custo de uma ação judicial coloca em condições desiguais no combate jurídico os litigantes, desembocando na inefetividade das garantias de direitos.

As custas referidas na obra de Cappelletti e Garth[(44)] correspondem a despesas judiciais que englobam as custas processuais e os honorários advocatícios, sendo uma importante barreira de acesso à justiça. Dentro deste contexto, o referido autor destaca obstáculos que essas despesas no processo criam.

A primeira delas é o valor alto das despesas com custas judiciais em países que penalizam o vencido com as custas de sucumbência, onde o vencido se responsabiliza com o pagamento das custas de ambas as partes, como, por exemplo, ocorre na Inglaterra. Também se enfatiza o elevado valor dos honorários advocatícios como a mais importante despesa judicial em razão do complexo trabalho intelectual prestado por advogado.

O segundo obstáculo apontado pelos referidos autores seriam as causas judiciais que envolvem somas relativamente pequenas, haja vista que o custo com as despesas com honorários advocatícios e custas poderiam exceder o montante da controvérsia, podendo criar uma falsa impressão de que a referida demanda seria uma mera futilidade.

O terceiro obstáculo apontado foi o tempo do processo, que em muitos países poderiam perdurar por mais de três anos. Os efeitos dessa demora da conclusão e concretização da tutela jurisdicional é devastadora para a parte economicamente frágil, que muitas vezes abandona a causa ou aceita acordo com valores muito inferiores ao que teriam direito.

Concluiu-se assim, que os obstáculos criados por nossos sistemas jurídicos beneficiam os litigantes organizacionais, habituais e financeiramente favorecidos em detrimento dos litigantes de pequenas causas e dos autores eventuais e pobres.

Inicialmente a reforma da primeira onda renovatória em busca de soluções dos problemas acima relatados concentrou-se nos países ocidentais em proporcionar serviços jurídicos aos pobres, no entanto de forma inadequada, já que na maioria dos países a assistência judiciária era prestada por advoga-

(44) CAPPELLETTI, Mauro; GARTH, Bryant. *Acesso à justiça*. Tradução de Ellen Gracie Northfleet. reimpr. 2012. Porto Alegre: Fabris, 1988.

dos particulares, sem contraprestação, como um dever imposto pelo Estado (*munus honorificum*). No entanto, essa onda renovatória foi sendo aprimorada, ganhando força e eficiência advinda da década de sessenta, momento em que a assistência judiciária era posta como a meta primordial das reformas judiciárias. Mauro Cappelletti e Bryant Garth resumem bem essa fase de implementações de assistência judiciária:

> "A reforma começou em 1965 nos Estados Unidos, com o *Office of Economic Opportunity* (OEO) e continuou por meio do mundo no início da década de 1970. Em janeiro de 1972, a França substituiu seu esquema de assistência judiciária do século dezenove, baseado em serviço gratuito prestado pelos advogados, por um enfoque moderno de *securité sociale*, no qual o custo dos honorários é suportado pelo Estado. Em maio de 1972, o novo e inovador programa da Suécia tornou-se lei. Dois meses mais tarde a Lei de Aconselhamento e Assistência Judiciária da Inglaterra aumentou grandemente o alcance do sistema implantado em 1949, especialmente na área de aconselhamento jurídico, e a Província Canadense de Quebec estabeleceu seu primeiro programa de assistência judiciária financiado pelo governo. Em outubro de 1972, a República Federal da Alemanha aperfeiçoou seu sistema, aumentando a remuneração paga aos advogados particulares por serviços jurídicos prestados aos pobres. E em julho de 1974, foi estabelecida nos Estados Unidos a longamente esperada *Legal Services Corporation* — um esforço para preservar e ampliar os progressos do programa do OEO, já agora dissolvido."[45]

Dentre inúmeros sistemas jurídicos de assistência judiciária, Mauro Cappelletti e Bryant Garth[46] destacam dois sistemas: o sistema *judicare* e o sistema em que o advogado é remunerado pelos cofres públicos.

O sistema *judicare* foi aplicado na Áustria, Inglaterra, Holanda, França e Alemanha Ocidental e consistia em um sistema de assistência judiciária que era prestado por advogados particulares, mas que eram remunerados pelos serviços prestados pelo Estado. A finalidade desse sistema era proporcionar aos litigantes de baixa renda a mesma representação que teriam se tivesse condições financeiras. Esse direito à assistência era estendido a todas as pessoas que se enquadrassem nos termos da lei.

A crítica do sistema *judicare* consiste no fato de que esse sistema confia aos pobres as tarefas de reconhecer as causas e procurar ajuda, haja vista que

---

(45) CAPPELLETTI, Mauro; GARTH, Bryant. *Acesso à justiça*. Tradução de Ellen Gracie Northfleet. reimpr. 2012. Porto Alegre: Fabris, 1988. p. 34.
(46) *Idem*.

o sistema não disponibiliza aos pobres a consultoria jurídica. Outra crítica desse sistema se faz na medida em que esse sistema foi formatado apenas para ações individuais, não promovendo ações coletivas e de classe que porventura o pobre assistido esteja incluído.

O sistema de assistência judiciária com advogados públicos tem sua origem no sistema americano denominado de *Office of Economic Opportunity*. Nesse sistema os serviços jurídicos deveriam ser prestados por "escritórios de vizinhança", atendidos por advogados pagos pelo governo e encarregados de promover os interesses dos pobres, enquanto classe. Uma importante característica desse sistema era que os advogados alocavam seus escritórios em bairros de subúrbio, indo ao encontro dos pobres para auxiliá-los no reconhecimento e na postulação de seus direitos, fato que ampliava consideravelmente o acesso com o pobre e suas reinvindicações. Esse sistema muito contribuiu na medida em que esses advogados tentavam sempre estender o direito de um assistido aos demais da mesma classe, por meio de casos-testes e de lobby junto ao legislativo para criar ou resguardar direitos de classes.

A desvantagem do sistema americano consiste no fato de que os advogados de vizinhança se interessam mais por causas maiores e de classe, em razão da notoriedade dos casos-testes, acabando por negligenciar em causas particulares e de menor repercussão social. O segundo ponto desvantajoso desse sistema, e talvez o mais relevante, é o fato de que esse sistema depende financeiramente do apoio governamental para atividades de natureza política, o que muitas vezes vai de encontro ao interesse estatal.

Muitos países acabaram por fazer combinações dos principais sistemas de assistência jurídica acima estudada, formando um sistema peculiar adaptada a cada realidade estatal. No Brasil, percebe-se que sofreu mais influência do sistema americano, haja vista que a defensoria pública é composta por advogados públicos e não advogados particulares, no entanto não possuem as mesmas características do modelo americano. Já na Justiça do Trabalho, a assistência judiciária tem uma característica muito própria que será em momento oportuno devidamente analisada e criticada, no entanto, pode-se adiantar que foi delegada aos sindicatos a função de conceder assistência jurídica aos trabalhadores. Ressalta-se, contudo, que os trabalhadores possuem capacidade postulatória frente a Justiça de Trabalho diante de qualquer tipo de ação, inclusive em segundo grau de jurisdição.

Diante do exposto, percebe-se que houve uma conscientização internacional acerca da necessidade da concessão da assistência judiciária gratuita aos litigantes de baixa renda ou que não se encontrem em condições de arcar com as custas e honorários advocatícios, como forma de não apenas ampliar o acesso à justiça, mas também de efetivar esse acesso.

5.1. DAS CUSTAS NA JUSTIÇA DO TRABALHO

Mauro Cappelletti e Bryant Garth(47) enfatizam que as custas judiciais constituem uma importante barreira de acesso à justiça, tanto no sistema americano, que não obriga o vencido a reembolsar o ônus da sucumbência, e ainda mais nos países europeus, que em sua maioria possui a tradição de exigir do vencido o reembolso das custas de sucumbência, como ocorre na Inglaterra, França, Alemanha. No processo civil brasileiro foi herdada a tradição europeia, que penaliza o vencido com o pagamento das custas de ambas as partes.

Essa barreira das custas judiciais fica mais visível em demandas de pequeno valor, haja vista que a depender do valor das custas judiciais de determinado sistema esse valor pode englobar o valor total da demanda, inclusive.

O processo judicial brasileiro provoca diversas despesas judicias (emolumentos, honorários advocatícios, periciais, etc.), sendo as custas uma importante espécie desse gênero, haja vista a sua natureza tributária e sua função processual.

A natureza tributária das custas é de taxa, uma vez que possui a finalidade de remunerar o serviço público da prestação jurisdicional prestada, conforme inteligência do art. 145, II, da Constituição Federal e art. 77 do Código Tributário Nacional.

No aspecto processual, as custas judiciais possuem duas funções diversas. A primeira, já mencionada pelos referidos autores(48), constituindo uma barreira financeira de acesso à justiça. A segunda função processual das custas é de ser requisito extrínseco de admissibilidade de recurso, o que na prática forense se denomina de preparo (art. 789, § 1º, CLT).

Na Justiça do Trabalho, as custas processuais são pagas sempre ao final do processo, depois do trânsito em julgado da decisão, exceto em caso de recurso, quando então o recorrente tem o prazo recursal para efetuar o pagamento das custas e realizar o depósito recursal, conforme estabelecido no § 1º do art. 789 da CLT.

Assim, caso o recorrente não realize o preparo, o seu recurso será declarado deserto e não será conhecido. Ressalta-se, contudo, que o preparo recursal na Justiça do Trabalho, diferente do que ocorre na Justiça Comum, é composto pelo pagamento das custas e pelo depósito recursal, este tratado mais a seguir.

---

(47) CAPPELLETTI, Mauro; GARTH, Bryant. *Acesso à justiça*. Tradução de Ellen Gracie Northfleet. reimpr. 2012. Porto Alegre: Fabris, 1988. p. 34.

(48) *Idem*.

5.1.1. Momento do pagamento das custas judiciais

O pagamento das custas ao final no processo de cognição constitui uma medida lógica e condizente com o direito fundamental e princípio constitucional de acesso à justiça, nos termos dos incisos XXXV e LXXIV do art. 5º da Constituição Federal. Diante da premissa de que houve a movimentação da máquina pública e, portanto, houve gastos do Estado com a demanda judicial, faz-se razoável que o custo pela movimentação do judiciário deva ser arcado para quem deu causa à lesão ou ameaça de lesão discutida em juízo. Assim, o Estado como monopolizador da jurisdição tem o dever de prestar o serviço público da prestação jurisdicional e, por esta razão, tem o dever de prorrogar ao final da lide o pagamento pelo serviço da prestação jurisdicional (custas processuais), momento em que se tem ciência do vencido processual. Constitui, portanto, medida acertada e razoável de distribuição do ônus financeiro de se ter acionado de forma direta (quando o autor for o vencido) ou de forma indireta (quando o réu for o vencido) o aparelho judiciário. Essa lógica do pagamento ao final das custas, salvo melhor juízo, não deveria servir de modelo apenas para a Justiça Especializada, como a Justiça do Trabalho e os Juizados Especiais, mas para todo processo judicial em nosso ordenamento jurídico, independentemente da existência de hipossuficiência de qualquer das partes da relação processual. Infelizmente o novo Código de Processo Civil — Lei n. 13.105/15, por meio de seu art. 82, não aproveitou a oportunidade para implantar na jurisdição comum civil o pagamento ao final das custas, como já ocorre no processo do trabalho. Vejamos a transcrição do referido artigo, a seguir:

> Art. 82. Salvo as disposições concernentes à gratuidade da justiça, incumbe às partes prover as despesas dos atos que realizarem ou requererem no processo, antecipando-lhes o pagamento, desde o início até a sentença final ou, na execução, até a plena satisfação do direito reconhecido no título. (grifo nosso)
>
> Art. 84. As despesas abrangem às custas dos atos do processo, a indenização de viagem, a remuneração do assistente técnico e a diária de testemunha. (grifo nosso)

O Código de Defesa do Consumidor, Lei n. 9.099/96, que integra o microssistema processual coletivo brasileiro, contempla também o pagamento das custas ao final em ações coletivas, nos termos do art. 87[(49)] do CDC. Essa

(49) Art. 87. Nas ações coletivas de que trata este código não haverá adiantamento de custas, emolumentos, honorários periciais e quaisquer outras despesas, nem condenação da associação autora, salvo comprovada má-fé, em honorários de advogados, custas e despesas processuais.

medida se impõe no processo coletivo exatamente por ampliar o acesso à justiça, estimulando a proposituras de ações em defesa de interesses difusos, coletivos e individuais homogêneos. Essa prorrogação do tempo para o pagamento ao final das custas do processo coletivo foi dispositivo derivado do instituto da ação popular, regulamentada por meio da Lei n. 4.717/65, o que por sua vez foi exportada para a ação civil pública — Lei n. 7.347/85. Por fim, o Código de Defesa do Consumidor, conforme se perceberá no tópico referente a demandas coletivas, repetiu a regra, contemplando a prorrogação ao final do processo de custas como instrumento de facilitação ao acesso à justiça no processo coletivo.

5.1.2. O valor das custas

No processo de conhecimento trabalhista no Brasil o valor das custas é constituído pelo percentual de 2%, observado o mínimo de R$ 10,64 (dez reais e sessenta e quatro centavos), atualizado pela Lei n. 10.537/02, que poderá incidir sobre o valor da causa, o valor da condenação, o valor do acordo ou ser arbitrado pelo juiz, a depender das hipóteses de ocorrências descritas nos incisos I, II, III e IV do art. 789 da CLT. Destaca-se que na Justiça do Trabalho as custas judiciais não possuem limites, podendo chegar a montantes vultosos a depender do valor da condenação, do acordo ou do valor da causa, conforme o caso. Apenas para efeito exemplificativo, na Justiça Federal, por exemplo, o valor máximo de custas é de R$ 1.915,00 (hum mil, novecentos e quinze reais), segundo a Lei n. 9.289/1996. Não possui amparo constitucional uma diferença de tratamento ao contribuinte que se utiliza da Justiça Federal do Trabalho para o contribuinte que se utiliza da Justiça Federal Comum. Fere o princípio isonômico tributário previsto no inciso II do art. 150 da Constituição Federal, que veda tratamento desigual entre contribuintes que se encontrem em situação equivalente, proibida qualquer distinção em razão da ocupação profissional ou função por ele exercida. A ausência de limite do valor das custas fere também o direito fundamental de acesso à justiça, nos termos do art. 5º, XXXV, da Constituição Federal. A depender do valor da causa fica por demais dispendioso acionar o Poder Judiciário, o que se torna, neste caso, um obstáculo ao acesso à Justiça do Trabalho. Assim, se faz imperioso instituir, por meio de lei (princípio da legalidade tributária), limites de custas no âmbito trabalhista, como medida implementadora da primeira onda de acesso à justiça.

Parágrafo único. Em caso de litigância de má-fé, a associação autora e os diretores responsáveis pela propositura da ação serão solidariamente condenados em honorários advocatícios e ao décuplo das custas, sem prejuízo da responsabilidade por perdas e danos.

O Supremo Tribunal Federal, fundamentado na observância ao direito fundamental de acesso à justiça, editou no dia 29 de abril de 2004 a súmula n. 667, que ora transcrevo: *"Viola a garantia constitucional de acesso à jurisdição a taxa judiciária calculada sem limite sobre o valor da causa"*. Assim, considerando que a Lei n. 10.537/02, que alterou o art. 789 da CLT, foi publicada antes da súmula, alguns estudiosos defendem a determinação da limitação de custas realizadas pelo juiz casuisticamente. Neste sentido, vejamos a fundamentação de Antônio Carlos Facioli Chedid:

> "Parece também que a inaplicabilidade da lei em questão (art. 789) poderia ser rejeitada para atendimento da súmula da jurisprudência do STF e para a preservação indene e incólume do princípio maior de acesso à jurisdição em combinação com o da Isonomia e igualdade tributária. No julgamento das ADIns 948 (RTJ 152/466), 1.378 (RTJ 168/95), 1926 (RTJ 171/428), 1651 (RTJ 168/106) e 1772 (RTJ 175/35) a Suprema Corte, em longas e memoráveis discussões, assentou que o valor cobrado pelos serviços (taxa judiciária) deve manter proporcionalidade com o custo real e efetivamente temperado pela razoabilidade do dispêndio, sendo que afronta o acesso à jurisdição a ausência de limitação que pode gerar encargo desnecessário e superior aos custos dos serviços."(50)

5.1.3. Isenção das custas

A natureza tributária das custas é de tributo, mais especificamente de taxa judiciária, uma vez que possui a finalidade de remunerar o serviço público de prestação jurisdicional, conforme inteligência do art. 145, II, da Constituição Federal e art. 77 do CTN. Em razão disso, qualquer isenção deve ser realizada mediante lei, conforme princípio constitucional da legalidade tributária, nos termos do art. 150, I, da Constituição Federal.

A Consolidação das Leis do Trabalho (CLT), por meio do art. 790-A, prevê a concessão de isenção de custas processuais somente aos entes estatais da federação (União, Estados, Municípios e Distrito Federal), ao Ministério Público do Trabalho, bem como às autarquias e às fundações públicas que não explorem atividade econômica. Ressalta-se que a isenção de custas aos entes estatais não possui fundamentação no princípio do acesso à

---

(50) CHEDID, Antônio Carlos Facioli. Custas processuais — valoração histórica — legislativa — ausência de limitação — garantia constitucional de acesso à jurisdição — princípio da isonomia e da igualdade tributária. *Revista LTr*, São Paulo, ano 75, n. 1, p. 45, jan. 2011.

justiça, mas sim no princípio da imunidade tributária, conforme teor do art. 150, VI, *a*, da CF/88, onde se prevê a referida prerrogativa da fazenda pública. Tanto é assim, que as demais despesas judiciais como honorários advocatícios, emolumentos e honorários periciais, que não possuem natureza tributária, os entes estatais têm a obrigação de reembolsar ao vencedor processual as referidas despesas.

Não se pode falar tecnicamente em isenção de custas para o caso de inexigibilidade de preparo recursal trabalhista para a massa falida, conforme redação dada pela Súmula n. 86 do Tribunal Superior do Trabalho.(51) Isso porque o referido enunciado apenas inexigiu para o conhecimento do recurso da massa falida o recolhimento das custas e do depósito recursal, em razão da presunção de impossibilidade financeira decorrente da quebra empresarial. Esse benefício, contudo, não pode ser denominado de isenção, pois como já foi explicado acima, as custas processuais, em razão da sua natureza de tributo, só pode ser objeto de isenção mediante autorização legal. Nesse sentido acertou o Tribunal Superior do Trabalho ao redigir a redação da Súmula n. 86, pois em nenhum momento foi mencionada a palavra isenção, mas tão somente foi concedida à massa falida a dispensa da exigibilidade do preparo do recurso trabalhista (custas e depósito recursal), ou seja, tornou-se inexigível um pressuposto de admissibilidade recursal extrínseco, tão somente.

Assim, depreende-se que as custas processuais, tecnicamente, não foram isentadas para processos em face de massas falidas, pois na realidade são incluídas nas contas de liquidação da sentença trabalhistas e arroladas como crédito no juízo falimentar, conforme previsão do art. 5º da Lei n. 11.101/2005.(52)

5.1.4. Benefício da justiça gratuita

Também ficam desobrigados de recolherem as custas processuais, nos termos do §3º do art. 790 da CLT, os beneficiários da justiça gratuita, que são

(51) SÚMULA N. 86. DESERÇÃO. MASSA FALIDA. EMPRESA EM LIQUIDAÇÃO EXTRAJUDICIAL. Não ocorre deserção de recurso da massa falida por falta de pagamento de custas ou de depósito do valor da condenação. Esse privilégio, todavia, não se aplica à empresa em liquidação extrajudicial.

(52) Art. 5º Não são exigíveis do devedor, na recuperação judicial ou na falência:

I — as obrigações a título gratuito;

II — as despesas que os credores fizerem para tomar parte na recuperação judicial ou na falência, salvo às custas judiciais decorrentes de litígio com o devedor.

aqueles que perceberem salário igual ou inferior ao dobro do mínimo legal, ou declararem, sob as penas da lei, que não estão em condições de pagar as custas processuais sem prejuízo do sustento próprio ou de sua família. Vejamos a transcrição da redação do referido benefício da justiça gratuita:

> § 3º do art. 790 da CLT. É facultado aos juízes, órgãos julgadores e presidentes dos tribunais do trabalho de qualquer instância conceder, a requerimento ou de ofício, o benefício da justiça gratuita, inclusive quanto a traslados e instrumentos, àqueles que perceberem salário igual ou inferior ao dobro do mínimo legal, ou declararem, sob as penas da lei, que não estão em condições de pagar às custas do processo sem prejuízo do sustento próprio ou de sua família. *(Redação dada pela Lei n. 10.537, de 27.8.2002)*

O citado benefício da justiça gratuita possui amparo constitucional, como uma garantia fundamental, prevista em nossa Constituição no inciso LXXIV do art. 5º, que por sua vez tem seu fundamento maior no direito social fundamental do acesso à justiça. No plano infraconstitucional, a Lei n. 1.060/50 estabelece as regras gerais para a aplicação da assistência judiciária aos necessitados no âmbito das Justiças Penal, Civil, Militar ou do Trabalho. Recentemente o Novo Código de Processo Civil disciplinou em seus arts. 98 a 102 acerca da gratuidade da justiça, inclusive revogando expressamente os arts. 2º, 3º, 4º, 6º, 7º, 11, 12 e 17 da Lei n. 1.060/50.

A consagração desse direito fundamental está inserto entre as implementações processuais da primeira onda renovatória de acesso, que tem o objetivo de alargar o acesso jurisdicional, tentando minimizar as interferências de diferenças financeiras entre litigantes para a resolução do conflito.

Não obstante a redação do texto legal do benefício da justiça gratuita mencione a palavra "faculdade" do juiz na concessão do citado benefício, entendemos que a concessão do benefício não constitui ato discricionário do juiz, haja vista que o preenchimento dos requisitos legais pelo jurisdicionado cria um direito subjetivo amparado por um direito fundamental.

Na Justiça do Trabalho, o reclamante tem a seu favor a presunção da impossibilidade de arcar com as custas processuais, razão pela qual a mera declaração de hipossuficiência econômica constitui fundamento suficiente para a concessão do benefício de justiça gratuita, salvo prova robusta em sentido contrário. Essa presunção age como facilitador do acesso à justiça, estando de acordo com os princípios protetivos da Justiça do Trabalho, bem como condizente com a realidade da Justiça do Trabalho brasileira, que historicamente tem a cultura do empregado apenas reclamar seus direitos na Justiça depois da sua dispensa, por receio de retaliações patronal, fato que por muito tempo apelidou a Justiça do Trabalho como a *Justiça dos desempregados.*

Ressalta-se que essa declaração de hipossuficiência econômica não possui presunção absoluta, pois cabe prova em contrário da parte *ex adversa.* Entretanto, a mera existência de bens do requerente do benefício não basta como prova da suficiência econômica, não fundamentando, por si só, o indeferimento do benefício de justiça gratuita ao reclamante. A prova da suficiência econômica deve ser apurada casuisticamente pelo magistrado, devendo ficar claro que o pagamento das custas não irá comprometer o orçamento familiar do reclamante.

No que tange à possibilidade de concessão do referido benefício para o empregador, entendo que tanto a previsão constitucional como as previsões infraconstitucionais acima citadas não excluem a possibilidade de concessão do benefício ao empregador quando este for pessoa física ou empresário individual. O empresário individual não possui personalidade jurídica própria de pessoa jurídica, mas sim de pessoa física, possuindo CNPJ, por mera ficção jurídica, apenas para efeitos tributários. Tanto não é pessoa jurídica que essa espécie não possui dupla personalidade jurídica, que seria a existência de uma personalidade da pessoa natural e uma personalidade decorrente da atividade empresarial. Ressalta-se, inclusive, que não tem procedência preliminar de ilegitimidade quando essa pessoa acionar ou for acionada em seu nome pessoal em juízo. No entanto, ainda há jurisprudências que persistem em denegar a concessão do benefício para empresário individual, desconsiderando a sua natureza jurídica peculiar acima relatada. Vejamos o entendimento abaixo transcrito:

> "Mandado de Segurança — Denegação: a legislação ordinária (Lei n. 10.60/50) somente prevê a possibilidade de isenção de pagamento de custas a pessoa física, não se estendendo, via de consequência à pessoa jurídica. Tampouco o empregador, titular de firma individual, ou sócio de empresa, responsabilizado pela despersonalização desta, pode ser beneficiário da justiça gratuita, vez que o § 3º do art. 790 da CLT, com a redação que lhe outorgou a Lei n. 10.537/02, limita a vantagem a quem receba salário." (TRT 2ªR. — MS11076 — (2003009289) — SDI — Relª Juíza Dora Vaz Treviño — DOESP 3.6.2003)

Desta feita, se a doutrina e jurisprudência aceitam a concessão da gratuidade da justiça para empregador pessoa física, necessariamente tem que reconhecer tal direito ao empresário individual ou firma individual, haja vista que a *pejotização* é apenas uma ficção jurídica, tratando-se, portanto, de pessoa física em sua natureza. Como as previsões constitucional e legal que concedem o benefício de justiça gratuita não restringem a concessão para quem está em determinado polo da relação processual — reclamante ou reclamado, defende-se, portanto, a viabilidade da concessão do benefício desde que o empresário individual demonstre a sua impossibilidade financeira. Não obstante a natureza jurídica peculiar do empresário individual, ante a mistura ou confusão de personalidades entre a pessoa física e a jurídica (para fins tributários), a mera declaração de hipossuficiência não é suficiente para fundamentar o deferimento do benefício de justiça gratuita, haja vista a presunção de lucratividade advinda da atividade econômica por ele exercida, fato que o diferencia do requerente do benefício quando este for empregado.

No que tange à concessão do benefício de justiça gratuita a entidades sem fins lucrativos, a jurisprudência inicialmente entendia que não se fazia necessária a comprovação da impossibilidade financeira, conforme se verifica no agravo regimental do STJ, relatado pelo ministro Luiz Fux de n. 1.297.627/RS 2010/0068530-5, que foi a sua ementa transcrita integralmente no tópico referente à gratuidade da justiça de Sindicato logo abaixo. No entanto, esse entendimento foi modificando, passando a prevalecer o entendimento de que a pessoa jurídica sem fins lucrativos tem a obrigação de comprovar nos autos a sua impossibilidade financeira como requisito para a concessão do benefício da justiça gratuita. Nesse sentido a Súmula n. 481 do STJ publicada em 2012, que dispõe: "Faz jus ao benefício da justiça gratuita a pessoa jurídica com ou sem fins lucrativos que demonstrar sua impossibilidade de arcar com os encargos processuais". O Tribunal Superior do Trabalho acolheu o referido entendimento, pacificando o tema na seara trabalhista. Senão vejamos a jurisprudência colacionada a seguir.

> "AGRAVO DE INSTRUMENTO. RECURSO DE REVISTA. BENEFÍCIOS DA JUSTIÇA GRATUITA. ENTIDADE SEM FINS LUCRATIVOS. DIFICULDADE FINANCEIRA NÃO COMPROVADA. DESERÇÃO. Com efeito, o entendimento desta Corte é no sentido de que, para fazer jus ao benefício da Justiça Gratuita, a pessoa jurídica deve fazer prova robusta da sua impossibilidade de arcar com aquelas despesas sem prejuízo do seu equilíbrio econômico, mesmo que se trate, como no caso, de entidade privada sem fins lucrativos. Nesse contexto, não provada a miserabilidade econômica da recorrente, que não comprovou que se encontrava em estado de hipossuficiência econômica que a impedia de arcar com às custas processuais, não existe nos autos nenhuma comprovação da realização de depósito recursal. Óbice para conhecimento e processa-

mento do recurso de revista no art. 896, § 4º, da CLT e da Súmula n. 333 do TST. Agravo de instrumento conhecido e não provido." (TST — AIRR: 3008220125040202, Relator: Paulo Américo Maia de Vasconcelos Filho, Data de Julgamento: 3.9.2014, 6ª Turma, Data de Publicação: DEJT 5.9.2014)

Antes da publicação do Novo Código de Processo Civil a divergência jurisprudencial e doutrinária perdurava acerca da possibilidade ou não de concessão do benefício da justiça gratuita para sociedade empresária (com finalidade lucrativa). Na análise do art. 2º da Lei n. 1.060/50(53), que trata das normas para concessão de assistência judiciária aos necessitados, na seara penal, civil, militar ou trabalhista, percebe-se que o conceito de necessitado para fins de reconhecimento ao benefício de justiça gratuita é bem mais amplo e inclusivo do que se infere da literalidade da Consolidação das Leis do Trabalho. Entende-se que a Consolidação das Leis Trabalhista teve a finalidade de limitar a concessão do benefício para a figura de pessoa física, conforme se depreende da literalidade do § 3º do art. 790 da CLT(54). A inclusão da palavra "salário", no lugar de "rendimentos", que possui sentido mais amplo, demonstra o referido intuito restritivo de interpretação gramatical, excludente da concessão do benefício para pessoa jurídica.

Salvo melhor juízo, essa interpretação meramente gramatical e de conotação restritiva ao direito ao benefício de justiça gratuita à pessoa jurídica fere o direito fundamental de acesso à justiça, criando uma desigualdade jurídica entre pessoa física e jurídica, quando as duas estiverem em idêntica situação de necessidade financeira. Esse entendimento fere as regras básicas de hermenêutica jurídica que orienta no sentido de que não cabe a exegeta distinguir quando a lei não o faz. Nesse sentido Mauro Vasni Paroski:

> "O direito objetivo ou direito positivo não faz distinção entre pessoas naturais e pessoas jurídicas na imposição de obrigações e atribuições de direitos, notadamente quando se trata de garantias constitucionais

---

(53) Art. 2º Gozarão dos benefícios desta Lei os nacionais ou estrangeiros residentes no país, que necessitarem recorrer à Justiça penal, civil, militar ou do trabalho.

Parágrafo único. Considera-se necessitado, para os fins legais, todo aquele cuja situação econômica não lhe permita pagar as custas do processo e os honorários de advogado, sem prejuízo do sustento próprio ou da família.

(54) § 3º do art. 790 da CLT. *É facultado aos juízes, órgãos julgadores e presidentes dos tribunais do trabalho de qualquer instância conceder, a requerimento ou de ofício, o benefício da justiça gratuita, inclusive quanto a traslados e instrumentos, àqueles que perceberem salário igual ou inferior ao dobro do mínimo legal, ou declararem, sob as penas da lei, que não estão em condições de pagar às custas do processo sem prejuízo do sustento próprio ou de sua família.* (Redação dada pela Lei n. 10.537, de 27.8.2002).

com o caráter de direitos fundamentais, exceto, por evidente, quando o diga expressamente."[55]

Por óbvio que não haveria uma presunção de miserabilidade, acolhendo como prova da miserabilidade empresarial a mera declaração de insuficiência financeira, haja vista que a empresa, como regra, possui uma atividade econômica lucrativa. Assim, a empresa para poder ter direito ao benefício teria que comprovar robustamente nos autos a sua condição de miserabilidade. Não se torna difícil exemplificar tal situação. Imagine-se uma microempresa, como uma mercearia de vizinhança, que possui um lucro médio de R$ 3.000,00 (três mil reais), sendo acionado em uma ação que foi arbitrado o valor da causa em R$ 500.000,00 (quinhentos mil reais), por mera má-fé do acionante. Suponha-se que a citação judicial da empresa teria sido nula, no entanto o juiz não percebeu essa nulidade. Assim, para se recorrer e evitar o trânsito em julgado dessa decisão, a referida empresa deveria recolher as custas no valor de R$ 10.000,00 (dez mil reais). Nessa situação hipotética, a comprovação da pequena lucratividade empresarial, acrescida do valor vultoso das custas, restaria comprovada robustamente a insuficiência financeira empresarial para o pagamento das despesas processuais.

Deve-se levar em conta que a empresa possui uma importante função social e o seu desfalque financeiro reflete diretamente na renda de seus empregados, e indiretamente na sociedade como um todo, razão pela qual a empresa não pode ter o seu direito fundamental ao acesso à justiça lesado quando efetivamente não tiver condições de arcar com as custas processuais. Ressalta-se que a insuficiência financeira da empresa não é presumida pela empresa em recuperação judicial ou extrajudicial. Da mesma forma que a empresa sadia tem que comprovar sua insuficiência financeira para arcar com as despesas processuais, a empresa em recuperação também tem que fazer, haja vista que ainda não foi declarada a quebra da empresa pelo Poder Judiciário.

Ocorre que o Novo Código de Processo Civil espancou de vez a controvérsia acerca da possibilidade de concessão do benefício de gratuidade à pessoa jurídica. O art. 98 do CPC/15 reconhece expressamente o direito da gratuidade de justiça à pessoa física ou jurídica.[56] Essa foi uma interesse inovação legislativa trazida pela nova codificação, refletindo o entendimento doutrinário

---

(55) PAROSKI, Mauro Vasni. *Gratuidade e honorários de advogado na justiça do trabalho*: elementos teóricos e práticos para uma reflexão crítica da perspectiva do acesso à justiça. São Paulo: LTr, 2010. p. 95.

(56) Art. 98. A pessoa natural ou jurídica, brasileira ou estrangeira, com insuficiência de recursos para pagar as custas, as despesas processuais e os honorários advocatícios tem direito à gratuidade da justiça, na forma da lei.

e jurisprudencial dominante sobre o tema construída nesses últimos anos, conforme exposto acima.

Outra inovação legislativa consiste na possibilidade de se conceder parcialmente o benefício da gratuidade, em relação a alguns atos processuais, bem como a possibilidade do juiz deferir o parcelamento no pagamento das despesas processuais pelo beneficiário, conforme se verifica nos §§ 4º, 5º e 6º do art. 98 do CPC/15.

A nova codificação, através dos §§ 2º e 3º do art. 98 do CPC, também esclareceu que o beneficiário de justiça gratuita é responsável pelas despesas processuais e pelos honorários advocatícios decorrentes de sua sucumbência, no entanto essa obrigação ficará sob condição suspensiva de exigibilidade e somente poderá ser executada se nos cinco anos subsequentes ao trânsito em julgado da decisão que as certificou, o credor demonstrar que deixou de existir a situação de insuficiência de recursos que justificou a concessão de gratuidade. Após o referido prazo a obrigação é extinta.

No que tange aos requisitos para a concessão do benefício de justiça gratuita para a pessoa jurídica, verifica-se, através do § 3º do art. 99 do CPC/15, que apenas se presume a alegação de insuficiência quando for deduzida por pessoa natural. Assim, para a concessão do referido benefício para a pessoa jurídica faz-se necessário que conste nos autos elementos probatórios da insuficiência financeira da pessoa jurídica, o que mais uma vez, reflete a jurisprudência dominante atual, conforme acima descrito e fundamentado.

Já a falência empresarial possui uma situação diferente, uma vez que a insuficiência financeira para arcar com as custas processuais é uma situação presumida, em razão da quebra empresarial declarada em processo judicial. Em razão dessa presunção, o Tribunal Superior do Trabalho[57], por meio da Súmula n. 86, inexigiu para o conhecimento do recurso da massa falida o recolhimento das custas e do depósito recursal, em razão da presunção de impossibilidade financeira decorrente da quebra empresarial.

Assim, o recurso da massa falida não é considerado deserto caso o preparo trabalhista não seja efetuado, no entanto o valor das custas processuais será incluído nas contas de liquidação no juízo trabalhista, que remeterá a sentença líquida para ser executada no juízo falimentar. O mesmo não acontece com a inexigência de recolhimento do depósito recursal. Nas referidas contas de liquidação de processo movido contra a massa falida no juízo trabalhista

(57) SÚMULA N. 86 — DESERÇÃO. MASSA FALIDA. EMPRESA EM LIQUIDAÇÃO EXTRAJUDICIAL. Não ocorre deserção de recurso da massa falida por falta de pagamento de custas ou de depósito do valor da condenação. Esse privilégio, todavia, não se aplica à empresa em liquidação extrajudicial.

não será incluído o valor do depósito recursal, ante a natureza assecuratória do depósito, que constitui mera garantia de futura execução. Como a massa falida não tem bens suficientes para pagar todos seus credores, a exigência do depósito perde sentido e utilidade, haja vista a necessidade de observância de uma ordem de pagamento dos credores pelo juízo falimentar. Portanto, apenas o depósito recursal fica dispensado de recolhimento durante todas as fases processuais tanto no processo trabalhista como no processo falimentar. Já as custas serão arroladas como créditos no juízo falimentar. Ressalta-se que a jurisprudência não estendeu esse benefício à empresa em liquidação extrajudicial, haja vista que para essas empresas em dificuldades financeiras não existe a presunção de miserabilidade ou impossibilidade financeira grave como existe na declaração judicial de falência.

O benefício jurisprudencial de inexigibilidade de preparo para a massa falida está amparado no direito fundamental de acesso à justiça, haja vista que a diferença financeira entre as partes não pode interferir no exercício da ampla defesa, por meio da interposição de recursos. No entanto, o direito ao acesso no presente caso, salvo melhor juízo, não foi pleno, pois não contemplou de forma integral o direito fundamental à assistência judicial ao necessitado previsto no inciso LXXIV do art. 5º da Constituição Federal. Isso porque, não obstante a necessidade financeira da empresa falida seja presumida, a massa falida não fica isenta do pagamento das custas, mas tão somente prorroga no tempo o seu pagamento.

Assim, o correto e coerente seria a concessão da isenção de custas para a massa falida, mediante autorização legislativa, e não a mera inexigência de preparo para a interposição de recurso. No entanto, enquanto não exista lei prevendo a concessão da isenção para a massa falida, entendo como coerente e acertada a posição do Tribunal Superior do Trabalho, mediante orientação da Súmula n. 86, pois facilitadora do acesso à justiça, por meio da possibilidade de manejo de recurso pela massa falida sem a realização do preparo trabalhista.

No que tange à possibilidade de isenção de custas para sindicatos, não há uniformidade de entendimento acerca do tema.

Não obstante exista previsão legal no art. 87 do CDC[(58)] e no art. 18 da lei de Ação Civil Pública, que compõem o microssistema processual coletivo de

---

(58) Art. 87. Nas ações coletivas de que trata este código não haverá adiantamento de custas, emolumentos, honorários periciais e quaisquer outras despesas, nem condenação da associação autora, salvo comprovada má-fé, em honorários de advogados, custas e despesas processuais.

nosso ordenamento jurídico, onde se confere isenção de custas à associação civil autora, onde se incluiria o sindicato, a nossa jurisprudência é persistente em denegar o referido pleito, sob o argumento de que o sindicato possui renda advinda de contribuição obrigatória de seus associados para arcar com as referidas despesas, aplicando-se a referida isenção exclusivamente na relação consumerista. Vejamos o posicionamento jurisprudencial majoritário do Superior Tribunal de Justiça:

> "PROCESSUAL CIVIL. AGRAVO REGIMENTAL. ASSISTÊNCIA JUDICIÁRIA GRATUITA. PESSOA JURÍDICA SEM FINS LUCRATIVOS. DESNECESSIDADE DE COMPROVAÇÃO DA NECESSIDADE DOS BENEFÍCIOS. SINDICATO. RECEBIMENTO DE RECURSOS DOS ASSOCIADOS. FUNÇÃO DE PRESTAR ASSISTÊNCIA JUDICIÁRIA AOS SEUS SINDICALIZADOS. DEVER DE DEMONSTRAR A NECESSIDADE DA AJG. NÃO COMPROVADA PERANTE O TRIBUNAL *A QUO*. IMPOSSIBILIDADE DE VERIFICAÇÃO EM SEDE DE RECURSO ESPECIAL (SÚMULA N. 7 DO STJ). ISENÇÃO DE CUSTAS DO SINDICATO. INCIDÊNCIA DAS LEIS NS. 8.078/90 E 7.347/85. INAPLICÁVEIS AO CASO. DIRECIONADAS ÀS RELAÇÕES DE CONSUMO. OFENSA AO ART. 535 DO CPC. INOCORRÊNCIA. 1. Os sindicatos ostentam *legitimatio ad causam* extraordinária, na qualidade de substitutos processuais (art. 6º do CPC) para a defesa dos direitos e interesses coletivos ou individuais da categoria que representa, como dispõe o art. 8º, III, da CF. 2. A Lei n. 7.788/89 estabelece em seu art. 8º que as entidades sindicais poderão atuar como substitutas processuais da categoria que representam por isso que, assente a autorização legal, revela-se desnecessária a autorização expressa do titular do direito subjetivo. 3. Os sindicatos têm legitimidade para propor a liquidação e a execução de sentença proferida em ação condenatória na qual atuaram como substitutos processuais, caso não promovidas pelos interessados, hipótese em que as referidas entidades atuam em regime de representação processual. Precedentes: AgRg no REsp n. 763.889/RS, Rel. Ministro Humberto Martins, Segunda Turma, julgado em 9.10.2007, DJ 26.10.2007, p. 346; REsp n. 701.588/DF, Rel. Ministro Castro Meira, Segunda Turma, julgado em 12.6.2007, DJ 6.8.2007, p. 475, REPDJ 27.11.2007, p. 291; REsp n. 478.990/MG, Rel. Ministro João Otávio de Noronha, Segunda Turma, julgado em 6.6.2006, DJ 4.8.2006, p. 297; REsp n. 710.388/GO, Rel. Ministro Luiz Fux, Primeira Turma, julgado em 6.12.2005, DJ 20.2.2006, p. 222;

AgRg nos EREsp n. 497.600/RS, Rel. Ministro Humberto Gomes de Barros, Corte Especial, julgado em 1º.2.2007, DJ 16.4.2007, p. 151; REsp n. 253.607/AL, Segunda Turma, Rel. Min. Francisco Peçanha ao Martins, DJ 9.9.2002; MS n. 4.256/DF, Corte Especial, Rel Min. Sálvio de Figueiredo Teixeira, DJ 1º.12.1997). 4. O benefício da assistência judiciária gratuita pode ser deferido às pessoas jurídicas, sendo mister, contudo, distinguir duas situações: (i) em se tratando de pessoa jurídica sem fins lucrativos (entidades filantrópicas ou de assistência social, sindicatos, etc.), basta o mero requerimento, cuja negativa condiciona-se à comprovação da ausência de estado de miserabilidade jurídica pelo *ex adverso;* (ii) no caso de pessoa jurídica com fins lucrativos, incumbe-lhe o *onus probandi* da impossibilidade de arcar com os encargos financeiros do processo (EREsp n. 388.045/RS, Rel. Ministro Gilson Dipp, Corte Especial, julgado em 1º.8.2003, DJ 22.9.2003). 5. Assim, as pessoas jurídicas sem fins lucrativos, tais como as entidades filantrópicas, fazem jus ao benefício da assistência judiciária gratuita, independente de comprovação da necessidade do benefício. 6. Entretanto, 'as entidades sindicais possuem, entre outras, a função de representar os interesses coletivos da categoria ou individuais dos seus integrantes, perante as autoridades administrativas e judiciais, o que leva à atuação do sindicato como parte nos processos judiciais em dissídios coletivos e individuais, nos termos dos arts. 513, *a*, e 514, *a*, da CLT, e 18 da Lei n. 5.584/70. Nesse contexto, verifica-se que os sindicatos têm revertidas a seus cofres as mensalidades arrecadadas, periodicamente, de seus associados, formando fundos para o custeio de suas funções, entre as quais função de assistência judiciária. Agravo regimental improvido' (AgRg no REsp. n. 963.553/SC, Rel. Min. Humberto Martins, DJU 7.3.2008). 7. Considerando que as receitas do sindicato decorrem das contribuições dos associados e que, dentre seus escopos precípuos, que motiva sua arrecadação, consta a defesa dos interesses de seus associados, descabe a concessão da assistência judiciária gratuita, salvo se comprovada a necessidade do benefício. 8. *In casu,* o Sindicato recorrente deixou de comprovar perante o Tribunal a quo, de maneira cabal, a ausência de condições para arcar com às custas processuais. Diante disso, a comprovação de insuficiência de recursos por parte da pessoa jurídica, revela-se inviável em sede de revisão do julgado, ante o óbice da Súmula n. 7 do STJ, *maxime* quando as instâncias ordinárias, soberanas na apreciação do conjunto fático-probatório concluíram em sentido contrário.

> 9. A isenção de custas e emolumentos judiciais, disposta no art. 87 da Lei n. 8.078/90 destina-se facilitar a defesa dos interesses e direitos dos consumidores, inaplicável, portanto, nas ações em que sindicato busca tutelar o direito de seus sindicalizados, ainda que de forma coletiva. Daí, inaplicáveis o CDC e a Lei n. 7.437/85 ao caso. 10. A ofensa ao art. 535 do CPC não resta configurada quando o Tribunal de origem, embora sucintamente, pronuncia-se de forma clara e suficiente sobre a questão posta nos autos. Ademais, o magistrado não está obrigado a rebater, um a um, os argumentos trazidos pela parte, desde que os fundamentos utilizados tenham sido suficientes para embasar a decisão. 11. Agravo regimental desprovido." (STJ — AgRg no Ag n. 1.297.627/RS 2010/0068530-5, Relator: Ministro Luiz Fux, Data de Julgamento: 1º.6.2010, T1 — Primeira Turma, Data de Publicação: DJe 18.6.2010)

Ocorre que o Processo do Trabalho se utiliza subsidiariamente do microssistema processual coletivo, ante a gritante lacuna normativa no que tange a tutela processual dos interesses metaindividuais, não sendo coerente a inaplicabilidade de um benefício legal previsto nesse microssistema, pois não afronta a principiologia do processo do trabalho. Ao contrário, o referido benefício promove o alargamento do acesso à justiça dos interesses metaindividuais, o que se inclui os interesses de classes, seja operária ou empresária.

Deve-se alertar que sindicatos existem de diversos tamanhos e diferentes graus de representatividade, sendo que as custas processuais trabalhistas, como já referido, não possuem limite pecuniário, dependendo unicamente do valor atribuído à causa ou o valor da condenação ou do acordo, conforme o caso. Assim, a possibilidade financeira de arcar com as despesas processuais de sindicato não pode ser tomada como regra a alta receita financeira dos grandes sindicatos, federações e confederações, nivelando por alto a regra. Pois se pensarmos em um sindicato de pequena representatividade e uma demanda com valor alto atribuído à causa, o pagamento das custas poderá ser uma barreira do efetivo acesso à justiça, impedindo que pequenos sindicatos efetivamente busquem a tutela jurisdicional acerca do direito pretendido.

Salvo melhor juízo, entendo que se existe uma lei que constitui a base de fundamentação das ações coletivas no processo do trabalho, e esta lei confere isenção de pagamentos de despesas processuais ao sindicato autor, fere as regras de hermenêutica jurídica promover uma interpretação restritiva, para retirar o referido benefício dos sindicatos, sob a argumentação de que esta regra específica tem validade apenas para associações em ações que se discutem relação de consumo, exclusivamente. No entanto, reconheço a necessidade de uma regulamentação normativa própria do processo do trabalho que ajuste os pesos na balança, promovendo o acesso à justiça, mas também considerando a realidade das altas receitas financeiras dos grandes sindicatos/federações e confederações, para excetuar da isenção em ações coletivas essas associações com alto poder arrecadatório. No entanto, enquanto essa modificação legislativa não ocorrer, faz-se juridicamente lógico a aplicabilidade da isenção legal prevista no CDC para sindicatos autores quando autores em ações coletivas, haja vista a aplicabilidade subsidiária do microssistema processual coletivo ao processo do trabalho.

O Supremo Tribunal Federal, por sua vez, não adentrou no mérito da aplicabilidade ou não dos art. 87 do CDC e do art. 18 da LACP, mas se pronunciou a favor da concessão da gratuidade de justiça aos sindicatos desde que comprovem nos autos a insuficiência financeira da entidade, o que já constitui um grande avanço na busca da efetividade do acesso à justiça.

> "PROCESSUAL CIVIL. ASSISTÊNCIA JUDICIÁRIA GRATUITA. PESSOA JURÍDICA. NECESSIDADE DE COMPROVAÇÃO DE INSUFICIÊNCIA DE RECURSOS. 1. A pessoa jurídica necessita comprovar a insuficiência de recursos para arcar com as despesas inerentes ao exercício da jurisdição. Precedentes. 2. Agravo regimental improvido." (STF — AI 652954/SP, Relator: Min. Ellen Gracie, Segunda Turma, Data de Publicação: DJe-171 Divulg. 10.9.2009. Public. 11.9.2009. Ement. v. 2373-04. p. 685)

Nesse mesmo sentido vem decidindo o Tribunal Superior do Trabalho, que reconheceu a possibilidade de concessão da gratuidade de justiça para pessoa jurídica, que no caso era sindicato, desde que comprovasse nos autos a insuficiência financeira.

> "RECURSO DE REVISTA. ASSISTÊNCIA JUDICIÁRIA GRATUITA. PESSOA JURÍDICA. SINDICATO. DESERÇÃO. GRATUIDADE DE JUSTIÇA. ISENÇÃO. No âmbito da Justiça do Trabalho a assistência jurídica e a judiciária deve ser prestada pelos sindicatos, sendo, inclusive, pressuposto para que haja condenação em honorários advocatícios. Entretanto, sendo a parte, pessoa jurídica, o benefício da justiça gratuita, relativo à isenção das custas processuais, para ser concedido, depende de demonstração inequívoca de que o sindicato não poderia responder pelo pagamento das custas. A jurisprudência não aceita a mera declaração da pessoa jurídica, mas de cabal demonstração do estado de dificuldade financeira. O não pagamento das custas pelo Sindicato implica na deserção do recurso ordinário.

Recurso de revista conhecido e provido." (TST, Relator: Aloysio Corrêa da Veiga, Data de Julgamento: 25.4.2007, 6ª Turma)

5.1.5. Sucumbência

Na Justiça do Trabalho não vige o princípio da sucumbência recíproca prevista no art. 21 do Código de Processo Civil de 1973, norma repetida no art. 86 do novo Código de Processo Civil — Lei n. 13.105/2015. Nesses dispositivos se dispõem que: "Se cada litigante for em parte vencedor e vencido, serão recíproca e proporcionalmente distribuídos e compensados entre eles os honorários e as despesas".

Já para o processo laboral, em razão da hipossuficiência econômica presumida do trabalhador e pela natureza alimentar do crédito trabalhista, o que está de acordo com o conceito contemporâneo do acesso à justiça, havendo pelo menos um pedido procedente do empregado a sucumbência é de responsabilidade total do empregador, conforme se depreende da redação prevista no § 1º do art. 789, que dispõe que: "As custas serão pagas pelo vencido, depois do trânsito em julgado da decisão". No caso de recurso, as custas serão pagas e comprovado o recolhimento dentro do prazo recursal. No citado dispositivo legal não se faz menção acerca da sucumbência recíproca, mas tão somente impõe ao vencido o ônus total pelas despesas de custas. Como a demanda trabalhista, via de regra, possui cumulação de pedidos, a doutrina interpretou que a sucumbência das custas no processo do trabalho apenas será a cargo do empregado quando este tiver todos os seus pedidos indeferidos e não estiver amparado pela justiça gratuita. No caso do empregado que estiver sendo assistido pelo sindicato e ter sua ação julgada totalmente improcedente e não for beneficiário de justiça gratuita, o sindicato fica responsável pelo pagamento das custas, conforme previsão do § 1º do art. 790 da CLT.

A norma da sucumbência nas ações que tratam de relações empregatícias está em sintonia com o direito fundamental de acesso à justiça, pois possibilita que o empregado hipossuficiente não utilize seus créditos trabalhistas de natureza alimentícia para arcar com despesas processuais decorrentes da procedência parcial do pedido. No entanto, essa ausência de sucumbência recíproca acaba por estimular demandas ou pedidos aventureiros, desvinculados da lealdade processual.

Após a ampliação da competência da Justiça do Trabalho, decorrentes da EC n. 45/2004, houve muitas dúvidas acerca da aplicação ou não da sucumbência recíproca prevista no art. 21 do CPC para relações jurídicas de trabalho, diversas da relação empregatícia. O Tribunal Superior do Trabalho, por meio do § 3º do art. 3º da Instrução Normativa n. 27, pacificou o entendimento no sentido de que: "Salvo nas lides decorrentes da relação de emprego, é aplicável o princípio da sucumbência recíproca, relativamente às custas".

Assim, entende-se, majoritariamente na doutrina, que, com a exceção das lides de emprego, trabalho avulso e de pequena empreitada, as demais lides de relação de trabalho de competência da Justiça do Trabalho é aplicável a sucumbência recíproca no que tange as custas judiciais. Ou seja, nas referidas lides de relação de trabalho *lato sensu,* caso o trabalhador tenha uma procedência parcial dos pedidos, tendo um dos pedidos indeferidos, arcará com as custas proporcionais. Esse entendimento está baseado no fato de que o crédito na relação empregatícia possui caráter alimentar, merecendo, portanto, uma proteção maior que o crédito das demais relações de trabalho, logo não pode ser utilizado para arcar com despesas processuais em caso de procedência parcial.

5.1.6. Custas na execução

No processo do trabalho, as custas na execução são pagas sempre ao final e são arcadas sempre pelo executado. O art. 789-A da CLT elenca um rol de procedimentos, diligências e atos de oficiais de justiça e contadores judicias, petições, impugnações e recursos na fase executiva e os seus respectivos valores.

Percebe-se uma nítida desatualização monetária dos valores cobrados a tais títulos com a realidade inflacionária brasileira, tornando alguns valores insignificantes e não proporcionais com a complexidade da causa e com os gastos reais com as diligências. Considerando que na execução a certeza do direito é presumida, não se mostra lógica a existência de valores tão ínfimos a título de custas processuais nessa fase já tão desgastante para o exequente, que não obteve espontaneamente o crédito reconhecido. Os valores das custas nessa fase devem ser proporcionais aos gastos reais das diligências e de acordo com a complexidade dos procedimentos, sempre atualizados periodicamente. Se tais valores fossem estimados de acordo com essa metodologia ora sugerida, certamente essas custas de execução desestimularia muitos requerimentos e atos protelatórios que abarrotam as secretarias. Essa metodologia ora adotada, salvo melhor juízo, não estaria ferindo o acesso à justiça, haja vista que o pagamento das custas na execução ocorre sempre ao final, possibilitando o acesso efetivo à execução. Ao contrário, estaria indo ao encontro da busca da efetividade da prestação jurisdicional, que está inserido no conceito contemporâneo do acesso à justiça, já que serve como desestimulador de atos processuais desnecessários e procrastinatórios na fase executiva e, por conseguinte, na celeridade do andamento processual.

Infelizmente se percebe hodiernamente que se torna mais vantajoso financeiramente ao executado protelar o andamento processual ao máximo, haja vista os valores módicos das custas processuais nessa fase, fato que agrava a inefetividade da prestação jurisdicional. Nesse sentido Otávio Pinto e Silva:

> "Não faz sentido que o devedor trabalhista considere mais vantajosa economicamente a opção de aguardar a solução final do processo, seja porque lhe permite diferir o prazo para pagamento, seja porque o resultado final não vá significar uma carga mais gravosa do que a decorrente da obrigação que deveria cumprir originariamente, seja porque o transcurso do tempo debilite a posição do reclamante, deixando-o propenso a aceitar transações mais baratas, seja ainda porque ao final do processo já não existam mais bens que possam satisfazer o crédito objeto de condenação."(59)

O executado, assim, deveria somente se utilizar de diligências, recursos e requerimentos na fase executiva quando fossem absolutamente necessários para resguardar seu patrimônio de erro ou arbitrariedade do juízo, haja vista que as despesas processuais nessa fase seriam proporcionais à complexidade do requerimento e de acordo com os gastos reais com a diligência, estimulando financeiramente o executado a efetuar o pagamento do débito executado.

5.2. *DEPÓSITO RECURSAL*

O depósito recursal previsto no art. 899 da CLT(60), conforme orientação prevista no inciso II da Súmula n. 128 do TST e Instrução Normativa n. 3/93

---

(59) SILVA, Otávio Pinto e. *Processo eletrônico trabalhista*. São Paulo: LTr, 2013. p. 235-236.

(60) Art. 899. Os recursos serão interpostos por simples petição e terão efeito meramente devolutivo, salvo as exceções previstas neste Título, permitida a execução provisória até a penhora. (Redação dada pela Lei n. 5.442, de 24.5.1968) (*Vide* Lei n. 7.701, de 1988).

§ 1º Sendo a condenação de valor até 10 (dez) vezes o salário mínimo regional, nos dissídios individuais, só será admitido o recurso inclusive o extraordinário, mediante prévio depósito da respectiva importância. Transitada em julgado a decisão recorrida, ordenar-se-á o levantamento imediato da importância de depósito, em favor da parte vencedora, por simples despacho do juiz. (Redação dada pela Lei n. 5.442, 24.5.1968).

§ 2º Tratando-se de condenação de valor indeterminado, o depósito corresponderá ao que for arbitrado, para efeito de custas, pela Junta ou Juízo de Direito, até o limite de 10 (dez) vezes o salário mínimo da região. (Redação dada pela Lei n. 5.442, 24.5.1968).

§ 3º (Revogado pela Lei n. 7.033, de 5.10.1982).

do TST, diferentemente das custas, não possui natureza jurídica de tributo, mas sim de garantia do juízo recursal. Eis a razão pela qual o depósito recursal só é exigível quando a decisão condenatória impuser uma obrigação de pagar. Caso a decisão tenha natureza meramente constitutiva, declaratória ou condenatória com obrigação apenas de fazer ou não fazer, não se inclui no preparo do recurso a obrigação de efetuar o depósito recursal. Pelo mesmo fundamento, não se exige o depósito recursal para se recorrer quando o juízo recursal já estiver garantido, salvo se houver acréscimo do valor condenatório.

O depósito recursal somente é exigível do reclamado, pois somente o reclamado condenado tem o dever de garantir o juízo recursal, pois sobre ele que pesa uma pretensão condenatória.

Exige-se o depósito recursal em preparos dos seguintes recursos: recurso ordinário, inclusive em sede de ação rescisória (Súmula n. 99 do TST), recurso de revista, recurso de embargos, agravo de petição, agravo de instrumento e extraordinário. Nos termos do art. 899 da CLT, o valor do depósito recursal será o valor atribuído ou arbitrado à condenação, até os limites previstos na Lei n. 8.177/1991, que são reajustados periodicamente.

Carlos Henrique Bezerra Leite destaca a polêmica acerca da discussão da constitucionalidade do depósito recursal frente a Constituição Federal de 1988, nos seguintes termos:

> "Com o advento da constituição Federal de 1988, alguns autores manifestaram-se pela inconstitucionalidade do depósito recursal

---

§ 4º O depósito de que trata o § 1º far-se-á na conta vinculada do empregado a que se refere o art. 2º da Lei n. 5.107, de 13 de setembro de 1966, aplicando-se-lhe os preceitos dessa Lei observado, quanto ao respectivo levantamento, o disposto no § 1º. (Redação dada pela Lei n. 5.442, 24.5.1968)

§ 5º Se o empregado ainda não tiver conta vinculada aberta em seu nome, nos termos do art. 2º da Lei n. 5.107, de 13 de setembro de 1966, a empresa procederá à respectiva abertura, para efeito do disposto no § 2º. (Redação dada pela Lei n. 5.442, 24.5.1968)

§ 6º Quando o valor da condenação, ou o arbitrado para fins de custas, exceder o limite de 10 (dez) vêzes o salário mínimo da região, o depósito para fins de recursos será limitado a êste valor. (Incluído pela Lei n. 5.442, 24.5.1968)

§ 7º No ato de interposição do agravo de instrumento, o depósito recursal corresponderá a 50% (cinquenta por cento) do valor do depósito do recurso ao qual se pretende destrancar. (Incluído pela Lei n. 12.275, de 2010)

§ 8º Quando o agravo de instrumento tem a finalidade de destrancar recurso de revista que se insurge contra decisão que contraria a jurisprudência uniforme do Tribunal Superior do Trabalho, consubstanciada nas suas súmulas ou em orientação jurisprudencial, não haverá obrigatoriedade de se efetuar o depósito referido no § 7º deste artigo.

prévio, sob o argumento de que ele impede o exercício do amplo direito de defesa com os meios e recursos a ela inerentes. Para nós, não há falar em inconstitucionalidade do art. 899 da CLT, uma vez que o duplo grau de jurisdição não é princípio absoluto, nem está previsto expressamente na Constituição, já que esta admite até mesmo a existência de instância única (CF, art. 102, III). Doutra parte, o depósito recursal constitui mera garantia de juízo, evitando-se, assim, a interposição temerária ou procrastinatória de recursos."[(61)]

No que concerne à constitucionalidade do depósito recursal ante o direito fundamental de acesso à justiça, entendo que não há qualquer violação aos preceitos previsto no art. 5º, incisos XXXV e LXXIV, da Constituição Federal. Isso porque a finalidade do depósito recursal não é onerar ainda mais o recorrente, mas garantir a efetividade da prestação jurisdicional, mediante a garantia do juízo recursal. O valor exigido no depósito constitui uma espécie de caução processual, haja vista que assegura o recorrido de que seu pretenso crédito não será dilapidado ou encoberto. No entanto, caso a decisão seja anulada ou reformada em favor do recorrente, o valor do depósito será restituído ao recorrente, devidamente corrigido monetariamente. O depósito recursal acaba produzindo efeitos positivos na celeridade processual, haja vista a criação de desestímulo financeiro para a impetração de recursos meramente procrastinatórios.

Em razão da natureza assecuratória da satisfação de eventual execução que não se pode falar em ofensa ao direito ao acesso à justiça. Situação diversa ocorre quando há denegação de isenção de depósito recursal para beneficiário da assistência judiciária gratuita.

Quando a parte recorrente (empregador) for beneficiária de assistência judiciária gratuita, o § 1º, inciso VIII do art. 98 do CPC/15[(62)], assegura a isenção do depósito recursal, como forma de garantir o direito à ampla defesa, contraditório, e como também forma de assegurar o direito ao acesso à justiça. Ocorre, entretanto, que a jurisprudência majoritária do TST[(63)] continua dene-

---

(61) LEITE, Carlos Henrique Bezerra. *Curso de direito processual do trabalho*. 5. ed. São Paulo: LTr, 2007. p. 671-672.

(62) Art. 98. A pessoa natural ou jurídica, brasileira ou estrangeira, com insuficiência de recursos para pagar as custas, as despesas processuais e os honorários advocatícios tem direito à gratuidade da justiça, na forma da lei.

§ 1º A gratuidade da justiça compreende:

(...)

VIII — os depósitos previstos em lei para interposição de recurso, para propositura de ação e para a prática de outros atos processuais inerentes ao exercício da ampla defesa e do contraditório.

(63) AGRAVO DE INSTRUMENTO. RECURSO DE REVISTA EM EXECUÇÃO. BENEFÍCIO DA JUSTIÇA GRATUITA. ISENÇÃO DO DEPÓSITO RECURSAL. IMPOSSIBILIDADE.

gando a isenção do depósito recursal quando o empregador ou empresa for beneficiários de justiça gratuita, afirmando que a assistência judiciária gratuita na Justiça do Trabalho não engloba a isenção do depósito recursal.

Acerca do referido posicionamento do Tribunal Superior do Trabalho, salvo melhor juízo, a decisão afronta comando expresso legal, aplicável à Justiça do Trabalho, ante a lacuna normativa existente, nos termos do art. 769 da CLT c/c art. 15 do CPC/15. Não se pode desconsiderar que o beneficiário de assistência judiciária gratuita, presumivelmente, não tem condições financeiras de arcar com despesas processuais. Logo, não tem condições de arcar com o depósito judicial. Não obstante o depósito recursal não tenha natureza jurídica de tributo, não há como negar que constitui uma antecipação de pagamento integral ou parcial da condenação, demandando a disponibilidade de um aporte financeiro por parte do recorrente. O fato a ser considerado nesta questão é a existência ou não de possibilidades reais de arcar com as despesas processuais da pessoa, seja ela física ou jurídica, que está requerendo o benefício de assistência judiciária gratuita. Não interessa se a natureza jurídica da referida despesa é de tributo, emolumento ou de garantia do juízo, haja vista que o Novo Código de Processo civil , que repetiu os termos previsto na Lei n. 1.060/50 com a alteração da LC n. 132/2009, não realiza tal discriminação. Essa posição constitui na medida menos contraditória e que se aproxima mais das diretrizes impostas pelo direito fundamental de acesso à justiça, pois se uma pessoa (física ou jurídica) não tem condições de arcar com as custas processuais, que normalmente tem um valor menor, com mais fundamento essa pessoa não tem condições de arcar com o depósito recursal. Pensar de forma contrária, seria admitir tratamento processual desigual para o jurisdicionado beneficiado pela assistência jurídica gratuita dos demais jurisdicionados, que por não ter condições de recolher o depósito recursal, fica impossibilitado de exercer o direito de recorrer, conforme jurisprudência dominante e atual do Tribunal Superior do Trabalho.

Por óbvio que essa medida não está imune a produzir efeitos prejudiciais na celeridade e na efetividade da prestação jurisdicional, caso a concessão da

---

DESERÇÃO DO RECURSO DE REVISTA CARACTERIZADA. A Lei n. 1.060/50 assegura o benefício da assistência judiciária aos que afirmarem não ter condições de arcar com as despesas do processo. Entretanto, na Justiça do Trabalho, esse benefício abrange apenas às custas, os emolumentos e honorários periciais. Tratando-se dos sócios da empresa executada, o benefício não alcança o depósito recursal, que não ostenta natureza de taxa ou emolumento judicial, mas de garantia do juízo, visando à satisfação do débito. Configurada, portanto, a deserção do recurso de revista, não se divisa ofensa à literalidade do art. 5º, LV, da Constituição Federal, nos moldes da Súmula n. 266 do TST, sendo corretamente denegado na origem. Agravo de instrumento a que se nega provimento. (TST — AIRR: 1076005620095240007 107600-56.2009.5.24.0007, Relator: Walmir Oliveira da Costa, Data de Julgamento: 20.11.2013, 1ª Turma, Data de Publicação: DEJT 22.11.2013).

assistência judiciária gratuita seja deferida sem parâmetros mais objetivos e concretos. Assim, o problema não é a concessão da isenção do depósito recursal ao reclamado ou à empresa que efetivamente não tenha condições de arcar com tal despesa, mas sim definir critérios mais rígidos para a apuração das condições financeiras do requerente do benefício de assistência judiciária gratuita quando este seja uma empresa, haja vista a presunção de lucratividade da atividade econômica.

Neste aspecto o Novo Código de Processo Civil[64], através de seu parágrafo único do art. 100, versou no sentido de que se for constatada má-fé na conduta do requerente do benefício de justiça gratuita, será aplicada multa de até dez vezes o valor das custas processuais. Esse dispositivo tem o objetivo de levar mais lealdade ao procedimento de requerimento do benefício de justiça gratuita e por conseguinte acaba por evitar, no caso do depósito recursal, o esvaziamento da garantia do juízo para quem possui condições financeiras para conceder.

5.3. *HONORÁRIOS ADVOCATÍCIOS E JUS POSTULANDI*

A mais importante despesa individual para os litigantes consiste no pagamento dos honorários advocatícios, que constitui a contraprestação pecuniária paga aos advogados decorrente da representação processual e dos serviços advocatícios prestados.

Em nosso ordenamento jurídico, como regra, as partes não possuem capacidade postulatória judicialmente. Necessita-se de um profissional habilitado tecnicamente (advogado), que está apto a realizar uma postulação judicial por meio da devida representação judicial, instrumentalizada por procuração ou mandato, que pode ser para o foro em geral (*ad judicia*) ou para além do foro em geral, incluindo qualquer repartição oficial (*ad judicia et extra*).

A nossa Constituição Federal reconhece o serviço da advocacia como uma função essencial à administração da Justiça, conforme se depreende do art. 133

(64) Art. 100. Deferido o pedido, a parte contrária poderá oferecer impugnação na contestação, na réplica, nas contrarrazões de recurso ou, nos casos de pedido superveniente ou formulado por terceiro, por meio de petição simples, a ser apresentada no prazo de 15 (quinze) dias, nos autos do próprio processo, sem suspensão de seu curso.

Parágrafo único. Revogado o benefício, a parte arcará com as despesas processuais que tiver deixado de adiantar e pagará, em caso de má-fé, até o décuplo de seu valor a título de multa, que será revertida em benefício da Fazenda Pública estadual ou federal e poderá ser inscrita em dívida ativa.

da Carta Magna, sendo que o Estatuto da OAB (Lei n. 8.906/94) determina que a atividade postulatória em juízo constitui atividade privativa de advogados. A essencialidade da advocacia para a administração da Justiça consiste no fato de que o advogado possui a qualificação técnica necessária para o reconhecimento e a postulação do direito em juízo. Acerca da necessária qualificação técnica para a postulação em juízo, Mauro Cappelletti e Bryant Garth exaltam a aptidão para reconhecer um direito e propor uma ação, como requisito fundamental para se alcançar um efetivo acesso à justiça. Vejamos:

> "Mesmo consumidores bem informados, por exemplo, só raramente se dão conta de que sua assinatura num contrato não significa que precisem, obrigatoriamente, sujeitar-se a seus termos, em quaisquer circunstâncias. Falta-lhes o conhecimento jurídico básico não apenas para fazer objeção a esses contratos, mas até mesmo para perceber que sejam passíveis de objeção."[(65)]

Sobre a necessidade da representação processual por meio de advogado, Cândido Rangel Dinamarco apresenta também valorosos argumentos:

> "Tem duas importantes razões de ser a indispensabilidade do advogado, proclamada constitucionalmente e refletida no Estatuto do Advogado (art. 2º). A primeira delas é a conveniência técnica de confiar a defesa a pessoas capacitação profissional adequada e sujeitas a um regime organizacional e disciplinar imposto por entidade de categoria estruturada para tanto (Ordem dos Advogados do Brasil). A segunda é a conveniência psíquica de evitar atitudes passionais da parte em defesa própria; como puro profissional, que não é o titular dos interesses em conflito, ele não fica tão envolvido como a parte nas angústias e acirramentos de ânimos a que está sujeita."[(66)]

Ocorre, entretanto, que o valor dos honorários advocatícios impõe um custo relativamente alto a depender da realidade financeira do jurisdicionado, o que pode comprometer o direito ao acesso à justiça.

Em nosso ordenamento jurídico brasileiro o limite previsto no Código de Processo Civil de 2015 (Lei n. 13.105/15) para os honorários sucumbenciais é de no mínimo de 10% e no máximo 20% do proveito econômico obtido ou, não sendo possível mensurá-lo, sobre o valor atualizado da causa. Esses honorários sucumbenciais constituem teoricamente o ressarcimento pelos gastos da con-

---

(65) CAPPELLETTI, Mauro; GARTH, Bryant. *Acesso à justiça*. Tradução de Ellen Gracie Northfleet. reimpr. 2012. Porto Alegre: Fabris, 1988. p. 23.

(66) DINAMARCO, Cândido Rangel. *Instituições de direito processual civil*. 5. ed. São Paulo: Malheiros, 2005. p. 287.

tratação de advogados que são arcados pela parte vencida da demanda, nos termos do art. 85 do CPC/15. Ressalta-se, ainda, que a nossa legislação prevê também a possibilidade de honorários convencionais, que são os honorários contratados entre cliente e advogado, independente do sucesso da demanda, bem como os honorários arbitrados pelo juiz quando o valor for irrisório, ou não se puder liquidar ou mensurar a condenação ou na ausência de prévia pactuação do valor de honorários.

A primeira onda renovatória de acesso tem a sensibilidade de perceber que esse alto custo dessa despesa processual atinge diretamente o acesso à justiça em decorrência da desigualdade financeira entre os litigantes. Na busca pela perfeita "paridade de armas", tentou-se nessa primeira onda do acesso minimizar-se as diferenças financeiras entre as partes litigantes. Para isso investiu-se em diversos sistemas jurídicos que os custos com os honorários advocatícios eram arcados pelo Estado ou eram concedidos gratuitamente pelo advogado particular por determinação do Estado (*munus honorificum*). Por ser a advocacia um trabalho intelectual complexo, torna-se desestimulante financeiramente aos profissionais altamente qualificados, que abrem mão de causas remuneradas, o exercício gratuito da assistência jurídica mediante a determinação estatal. Na maioria das vezes esses profissionais delegavam aos estagiários, sem a experiência e capacitação técnica completa, as causas de assistência jurídica imposta pelos Estados, por meio do *munus honorificum*, o que acabava por diminuir a qualidade técnica da postulação feita por meio da referida assistência jurídica não remunerada.

Diante disso tornam-se mais eficazes os sistemas jurídicos que remuneram o advogado adequadamente, dentro dos parâmetros normais de remuneração da carreira, sejam de forma direta, por meio de advogados servidores públicos ou por meio de remuneração pelo Estado de advogados particulares.

Percebe-se que a primeira onda de acesso à justiça está diretamente relacionada com a segunda dimensão dos direitos fundamentais, período de exaltação da busca pela igualdade material entre as pessoas, e no referido caso, entre os litigantes judiciais, observando-se a necessidade da intervenção do Estado para garantir a referida igualdade. A efetividade do acesso à justiça decorre da busca pela igualdade material na disputa judicial, tentando afastar do processo a interferência financeira dos litigantes.

A Defensoria Pública no Brasil nasceu dessa primeira onda renovatória do acesso à justiça, decorrente da garantia constitucional da assistência jurídica integral e gratuita prevista no art. 5º, LXXIV, da Constituição Federal. Ou seja, o modelo adotado no Brasil hodiernamente prevê o defensor público como servidor público, cargo decorrente da aprovação por concurso público de provas e títulos, com garantia de estabilidade e independência funcional.

Não obstante a imprescindibilidade dessa instituição na Administração da Justiça, estruturalmente a Defensoria Pública não consegue atender toda a demanda processual, o que acaba por prejudicar em certa medida a qualidade do serviço de assistência jurídica aos necessitados. Nesse sentido Mauro Vasni Paroski:

> "A relação entre o número total de defensores públicos e a população brasileira é de 1,48 defensor para cada 100.000 habitantes, ao passo que o número de magistrados (de primeiro e segundo graus de jurisdição) é de 7,7 para cada 100.000 habitantes."[67]

Embora exista previsão na Lei Complementar n. 80/1994 acerca da atuação da Defensoria Pública da União na Justiça do Trabalho, para a prestação de assistência judiciária gratuita,[68] na prática essa atuação se limita ao Supremo Tribunal Federal e aos Tribunais Superiores.[69] Isso porque a Justiça do Trabalho delegou a assistência judiciária aos sindicatos, nos termos do art. 14 da Lei n. 5.584/70[70], além de conceder aos litigantes trabalhistas a capacidade postulatória — *jus postulandi*, nos termos do § 1º do art. 791 da CLT. Esse fato produz diversos efeitos na efetividade do acesso à justiça, conforme a seguir exposto.

Antes de adentrarmos no tema de assistência judiciária, deve-se alertar acerca da diferença deste benefício com o benefício de justiça gratuita tratada no tópico de custas processuais. Percebe-se que antes da vigência do Novo Código de Processo Civil a "assistência judiciária gratuita" tinha um sentido bem mais amplo, englobando um rol de benefícios de gratuidade que o postulante necessitado tinha a seu favor, inclusive com os gastos com advogados, conforme previsão no art. 3º da Lei n. 1.060/50.

Já o benefício da justiça gratuita tinha um sentido mais restrito, pois fazia parte desse rol de benefícios concedidos pela assistência judiciária gratuita, só

(67) PAROSKI, Mauro Vasni. *Gratuidade e honorários de advogado na justiça do trabalho*: elementos teóricos e práticos para uma reflexão crítica da perspectiva do acesso à justiça. São Paulo: LTr, 2010.

(68) Art. 14 da Lei Complementar n. 80/1994. A Defensoria Pública da União atuará nos Estados, no Distrito Federal e nos Territórios, junto às Justiças Federal, do Trabalho, Eleitoral, Militar, Tribunais Superiores e instâncias administrativas da União. PRESIDÊNCIA DA REPÚBLICA. *Lei Complementar n. 80, de 12 de janeiro de 1994*. Disponível em: <http://www.planalto.gov.br/ccivil>. Acesso em: 11.5.2015.

(69) § 3º, art. 14. A prestação de assistência judiciária pelos órgãos próprios da Defensoria Pública da União dar-se-á, preferencialmente, perante o Supremo Tribunal Federal e os Tribunais superiores. PRESIDÊNCIA DA REPÚBLICA. *Lei Complementar n. 80, de 12 de janeiro de 1994*, cit.

(70) Art. 14 da Lei n. 5.584/70. Na Justiça do Trabalho, a assistência judiciária a que se refere a Lei n. 1.060, de 5 de fevereiro de 1950, será prestada pelo Sindicato da categoria profissional a que pertencer o trabalhador.

que limitado à isenção de pagamento das taxas, custas e emolumentos. Bem resumiu essa diferenciação José de Lima Ramos Pereira:

> "a *assistência judiciária gratuita* (art. 14, Lei n. 5.584/1970) corresponde ao benefício concedido a quem necessite, quanto à movimentação gratuita do processo, inclusive na utilização de advogado e demais auxiliares da justiça, como o perito, sem qualquer ônus. A *gratuidade de justiça* ou *justiça gratuita* é espécie do gênero assistência judiciária gratuita, envolvendo a isenção de custas e emolumentos (art. 2º, Lei n. 1.060/50; art. 790, § 3º, CLT)."[71]

Ocorre que o Novo Código de Processo civil revogou o citado art. 3º da Lei n. 1.060/50, modificando a nomenclatura da "assistência judiciária" para "gratuidade da justiça", conforme se depreende do §1º do art. 98 do CPC/15[72]. Compreende-se dessa mudança de nomenclatura a intenção do legislador de inverter o sentido antes concedido, pois a justiça gratuita, agora, possui um sentido mais largo, incluindo em seu rol a assistência judiciária gratuita, através da concessão de consultoria e assistência advocatícia gratuita.

Já no que se refere ao rol de benefícios concedidos, percebe que não houve uma mudança substancial dos benefícios concedidos, mas tão somente a sua atualização, consoante a tendência dominante jurisprudencial.

No âmbito trabalhista no que se refere à assistência judiciária gratuita, destaca-se a Lei n. 5.584/70 que delegou aos sindicatos a prestação da

---

(71) PEREIRA, José de Lima Ramos. Atos, forma, prazos, termos, comunicação e despesas processuais. In: CHAVES, Luciano Athayde (org.). *Curso de processo do trabalho*. 2. ed. São Paulo: LTr, 2012. p. 468.

(72) § 1º A gratuidade da justiça compreende:

I — as taxas ou as custas judiciais;

II— os selos postais;

III— as despesas com publicação na imprensa oficial, dispensando-se a publicação em outros meios;

IV— a indenização devida à testemunha que, quando empregada, receberá do empregador salário integral, como se em serviço estivesse;

V— as despesas com a realização de exame de código genético — DNA e de outros exames considerados essenciais;

VI— os honorários do advogado e do perito e a remuneração do intérprete ou do tradutor nomeado para apresentação de versão em português de documento redigido em língua estrangeira;

VII— o custo com a elaboração de memória de cálculo, quando exigida para instauração da execução;

VIII— os depósitos previstos em lei para interposição de recurso, para propositura de ação e para a prática de outros atos processuais inerentes ao exercício da ampla defesa e do contraditório;

IX— os emolumentos devidos a notários ou registradores em decorrência da prática de registro, averbação ou qualquer outro ato notarial necessário à efetivação de decisão judicial ou à continuidade de processo judicial no qual o benefício tenha sido concedido.

assistência jurídica, no que se refere especificamente à consultoria jurídica e representação advocatícia gratuita aos trabalhadores da categoria. Acerca dessa prestação da assistência judiciária gratuita ao trabalhador imposta ao sindicato, possui dois aspectos relevantes em sua compreensão. Primeiramente seria a inconstitucionalidade dessa imposição estatal aos sindicatos, haja vista a flagrante ofensa ao princípio da liberdade sindical previsto art. 8º da Constituição Federal. Daí se poderia argumentar que o sindicato possui renda de seus associados e não associados, por meio de imposto sindical (obrigatório) e contribuições federativas e contribuições mensais dos sócios (art. 548, *b*, CLT), que possibilitaria ao ente associativo arcar com o pagamento de advogados para a prestação da assistência judiciária gratuita aos seus associados. Ocorre que no nosso sistema sindical brasileiro, por meio do comando constitucional, optou em garantir como direito fundamental a autonomia privada de entes coletivos e afastar ingerências estatais em associações, inclusive sindicatos, em prol do modelo democrático. Ocorre, entretanto, que não obstante a reforma trazida pela Carta Magna, no próprio corpo da Constituição há previsões de ingerências estatais nos sindicatos, como, por exemplo, a norma que impõe o imposto sindical (arts. 578 e 579 da CLT c/c 8º, IV, da CF), a unicidade sindical (art. 8º, II, da CF). Esse fato nos leva a concluir que a liberdade sindical prevista constitucionalmente é limitada em nosso ordenamento jurídico, razão pela qual até o presente momento ainda não foi ratificado pelo Brasil a Convenção Internacional n. 87 da Organização Internacional do Trabalho. No entanto, no que tange à a imposição da prestação da assistência jurídica aos trabalhadores pelos sindicatos não há essa previsão na Constituição Federal, o que possibilita o questionamento acerca da sua constitucionalidade ante o princípio da liberdade sindical.

A segunda questão que se impõe na análise da assistência judiciária prestada por sindicatos consiste na sua ineficiência comprometedora da efetividade do acesso à justiça aos trabalhadores. Percebe-se claramente a ausência de atuação eficiente dessa espécie de assistência prestada por sindicatos. Raros são os casos de ações individuais ajuizadas por empregados representados por advogados cedidos por sindicato profissional. Os sindicatos acabam por dar preferência a ações coletivas, relegando a segundo plano as ações individuais.

Além desse aspecto, é relevante notar que em muitas cidades de pequeno e médio porte, muitas vezes, não possuem sede de sindicatos de todas as categorias profissionais, o que afasta ainda mais o acesso do trabalhador à assistência judiciária preconizada na Lei n. 5.584/70.

Percebe-se, portanto, que os demais litigantes, como por exemplo, os litigantes da Justiça Estadual, que se encontrem sem condições financeiras de contratar um advogado, podem se valer com maior facilidade de um defensor público a despeito dos litigantes trabalhistas, que ficarão a mercê da existência e da boa vontade da atuação sindical de sua categoria profissional em sua localidade ou arriscar-se em uma demanda judicial por meio do *jus postulandi*.

Assim, exatamente o trabalhador, hipossuficiente da relação jurídica trabalhista, possui a maior barreira processual acerca da concessão da assistência judiciária integral e gratuita, fato que enseja o questionamento acerca da constitucionalidade da determinação legal prevista no art. 14 da Lei n. 5.584/70, diante do direito social fundamental ao acesso à justiça e o direito social fundamental da assistência judicial gratuita e integral aos necessitados em geral, conforme previsão do art. 5º, incisos XXXV e LXXIV, da Constituição Federal. Outra alternativa para os litigantes hipossuficientes para arcar com as despesas processuais na Justiça do Trabalho, seria uma interpretação da Lei n. 5.584/70 de acordo com o direito fundamental social de acesso à justiça, para reconhecer que a referida norma que confere aos sindicatos o dever de prestar assistência judiciária aos trabalhadores não possui caráter de exclusividade. Assim, não sendo monopólio sindical a assistência judiciária na Justiça do Trabalho, tornar-se-ia viável o litigante necessitado ter a sua assistência judiciária prestada por advogado particular. Neste caso, não obstante a assistência judiciária seja prestada por advogado não credenciado por sindicato, seriam devidos os honorários sucumbenciais, em razão dessa interpretação da norma à luz do direito social do acesso à justiça e em razão do caráter alimentar da verba honorária devida ao advogado que não pode trabalhar sem uma remuneração. Embora esse seja um entendimento muito isolado, vale a pena registrar em razão do embasamento jurídico nele contido. Neste sentido Mauro Vasni Paroski:

> "Curioso que não há qualquer disposição na Lei n. 5.584/70 que possa conduzir o intérprete ao convencimento de que apenas os sindicatos podem prestar assistência judiciária ao trabalhador. O que a lei faz é impor aos sindicatos a obrigação, sob certas condições, de prestar a assistência judiciária gratuita a que alude a Lei n. 1.060/50. As normas que regulam esta matéria não conferem monopólio aos sindicatos na prestação do serviço de assistência judiciária aos trabalhadores."(73)

No que tange ao *jus postulandi* na Justiça do Trabalho, o art. 791 da CLT demonstra a opção legislativa de tornar dispensável a representação advocatí-

(73) PAROSKI, Mauro Vasni. *Gratuidade e honorários de advogado na justiça do trabalho*: elementos teóricos e práticos para uma reflexão crítica da perspectiva do acesso à justiça. São Paulo: LTr, 2010. p. 80.

cia, conforme ratifica a jurisprudência dominante do TST, por meio da Súmula n. 329[74] do TST. A *prima facie* essa opção legislativa aparenta uma ampliação do acesso à justiça dos trabalhadores, fato que depois de analisado minuciosamente percebe-se o equívoco da conclusão, haja vista que não se compactua com a prática e a realidade trabalhista hodiernamente.

A Lei n. 8.906/94, o Estatuto da OAB, determina, em seu art. 1º, que: "São atividades privativas de advocacia: I — a postulação a qualquer órgão do Poder Judiciário e aos juizados especiais". Já o art. 791 da CLT prevê a possibilidade do empregado ou do empregador postularem sem a representação advocatícia da Justiça do Trabalho, sem limites de valor da causa ou qualquer outro critério, inclusive até a segunda instância.

O Supremo Tribunal Federal, por meio do julgamento da Ação Direita de Inconstitucionalidade n. 1.127-8, em outubro de 1994, determinou a inaplicabilidade do art. 1º do Estatuto da OAB aos Juizados Especiais, à Justiça do Trabalho e à Justiça de paz, afirmando entre outros argumentos que o caráter informal, simplificado e célere das citadas Justiças não se compactua com a exigência da representação advocatícia, conforme se depreende da leitura do referido acórdão.

No que tange à análise do *jus postulandi* sob a ótica da efetividade do acesso à justiça pelo jurisdicionado da Justiça do Trabalho, é certo que a intenção do legislador foi promover uma maior facilidade de acesso do trabalhador à Justiça, conforme bem salienta Irany Ferrari:

> "Visando estimular a sindicalização dos trabalhadores, era reconhecido apenas aos empregados sindicalizados o *jus postulandi* perante as juntas. Os demais trabalhadores deveriam recorrer à Justiça Comum, para a solução de suas demandas, com os sacrifícios próprios de uma justiça lenta e morosa. O Supremo Tribunal Federal veio a rejeitar tal orientação discriminatória do órgão, por ferir os arts. 122 da Constituição de 1934 e 139 da carta política de 1937."[75]

Não se contesta o valor histórico do *jus postulandi*, que foi criado como um benefício, haja vista que promovia a dispensa de gastos com advogados para a propositura de ações diante das juntas. De fato, na época da criação das juntas de conciliação e julgamento (Decreto n. 22.132, de 25 de novembro de

(74) Súmula n. 329 do TST: "HONORÁRIOS ADVOCATÍCIOS — ART. 133 DA CONSTITUIÇÃO DA REPÚBLICA DE 1988. Mesmo após promulgação da constituição Federal da República de 1988, permanece válido o entendimento consubstanciado na Súmula n. 219 do Tribunal superior do Trabalho" (RA 21/93 — DJU 21.12.1993).

(75) FERRARI, Irany; NASCIMENTO, Amauri Mascaro; MARTINS FILHO, Ives Gandra da Silva (orgs.). *História do trabalho, do direito do trabalho e da justiça do trabalho*. 3. ed. São Paulo: LTr, 2011. p. 165.

1932) as demandas trabalhistas não eram tão complexas como as demandas que hoje tramitam na Justiça do Trabalho. Naquela época, basicamente o procedimento trabalhista era oral, concentrado e informal, sendo que a maioria das ações tratavam de pedidos simples, como verbas rescisórias, horas extras e reconhecimento de vínculo de emprego.

Ocorre, entretanto, que esse cenário está muito diferente há tempos. Muitas demandas trabalhistas exigem conhecimento profundo acerca de conceitos jurídicos complexos e profundos, inclusive de direito processual comum, de direito tributário, previdenciário e civil (responsabilidade civil objetiva e subjetiva), especialmente depois da ampliação da competência da Justiça do Trabalho, por meio da Emenda Constitucional n. 45/2004. Várias ações, recursos e meios de impugnações de alta complexidade técnica foram incorporadas na prática trabalhista, como ações possessórias, ação rescisória, recurso de revista, ações de pré-executividade, mandado de segurança, ação consignatória, reconvenção, entre tantos outros, que exigem conhecimento técnico jurídico, que o litigante que se utiliza do *jus postulandi* normalmente não possui. Ressalta-se que a ausência de uma codificação do direito material e processual própria trabalhista, além da existência de inúmeras lacunas normativas, faz com que se utilize frequentemente de forma subsidiária a legislação comum, fato que amplia a necessidade do conhecimento jurídico do postulante.

Assim, depreende-se desse contexto atual que o *jus postulandi*, inicialmente proposto como uma ferramenta facilitadora do acesso à Justiça do Trabalho, acabou por se tornar um grande empecilho à efetividade da prestação jurisdicional, como também criou uma barreira de acesso do trabalhador hipossuficiente economicamente à efetiva assistência judiciária gratuita, ferindo de morte o direito fundamental do acesso à justiça, conforme a seguir será explanado.

Se não bastasse a infeliz permanência do *jus postulandi* na Justiça do Trabalho nos dias atuais, o entendimento predominante dos Tribunais Superiores concedeu interpretação ampliativa da literalidade do art. 791 da CLT acerca do alcance do *jus postulandi*, entendendo que na Justiça do Trabalho brasileira o *jus postulandi* se estende até o segundo grau de jurisdição, apenas não alcançando recursos de competência do Tribunal Superior do Trabalho. Ou seja, somente para a instância extraordinária é que se necessita da representação por advogados.

Conscientes da necessidade técnica jurídica para o manejo de determinadas ações, que obviamente poderiam prejudicar direitos, inclusive fundamentais do litigante que se utilizasse do *jus postulandi* nessas ações, o Tribunal Superior do Trabalho amenizou a amplitude da interpretação do art. 791 da CLT, prevendo a necessidade de representação por advogados nas ações rescisórias, ações cautelares, mandado de segurança e os recursos endereçados ao TST. Por óbvio também não se aceita o *jus postulandi* no STF, já que o STF não integra a Justiça do Trabalho. Nesse sentido o entendimento sumulado do TST abaixo:

> "Súmula n. 425. *JUS POSTULANDI* NA JUSTIÇA DO TRABALHO. ALCANCE. Res. n. 165/2010, DEJT divulgado em 30.4.2010 e 3 e 4.5.2010. O *jus postulandi* das partes, estabelecido no art. 791 da CLT, limita-se às Varas do Trabalho e aos Tribunais Regionais do Trabalho, não alcançando a ação rescisória, a ação cautelar, o mandado de segurança e os recursos de competência do Tribunal Superior do Trabalho."

Da mesma forma que no início da Justiça do Trabalho se entendia que não era necessário juiz togado, com conhecimentos jurídicos e técnicos especializados, sendo suficiente a representação classista, esse mito de que o empregado tem condições de postular sozinho na Justiça do Trabalho independentemente da espécie e da complexidade dos pedidos, certamente também irá cair mais cedo ou mais tarde. Amauri Mascaro Nascimento, aponta a necessidade do conhecimento jurídico no exercício da jurisdição trabalhista:

> "Isto porque se verificou que, na prática, o modelo idealizado de funcionamento da Justiça do Trabalho em que os representantes das categorias trariam para os órgãos julgadores a experiência prática que teriam das relações laborais mostrou que a premissa na qual se baseava era falsa. A exigência do conhecimento jurídico não pode ser dispensada, mormente no exercício da jurisdição, que supõe um processo."[76]

Percebe-se, especialmente com a prática jurisdicional, de que a técnica e conhecimento jurídicos na operacionalização do processo constitui importante instrumento para garantir ou extirpar direitos. Por exemplo, uma demanda por acidente de trabalho ou uma ação de indenização por assédio moral, postulada por meio de *jus postulandi*, exigem conhecimentos jurídicos acerca de ônus probatório, responsabilidade civil e até direito previdenciário, que o reclamante *jus postulandi* normalmente não detém, diminuindo consideravelmente a sua chance de vitória na referida demanda, especialmente quando o patrono da parte adversa conhece bem as regras do ônus probatório. Nessa realidade percebe-se que o *jus postulandi* facilita o acesso à postulação judicial, no entanto não garante a efetividade do acesso à justiça, pois essa facilitação acaba por, na maioria das vezes, prejudicar direitos do litigante que se utiliza do *jus postulandi*. Sobre esse aspecto já alertavam há tempos Mauro Cappelletti e Bryant Garth:

> "Muitos problemas de acesso são inter-relacionados, e as mudanças tendentes a melhorar o acesso por um lado podem exacerbar

(76) NASCIMENTO, Amauri Mascaro. *Compêndio de direito sindical*. 7. ed. São Paulo: LTr, 2012. p. 158-159.

barreiras por outro. Por exemplo, uma tentativa de reduzir custos é simplesmente eliminar a representação por advogado em certos procedimentos. Com certeza, no entanto, uma vez que litigantes de baixo nível econômico e educacional provavelmente não terão a capacidade de apresentar seus próprios casos, de modo eficiente, eles serão mais prejudicados que beneficiados por tal 'reforma'."[77]

Além do fato de que na maioria das vezes o litigante que se utiliza do *jus postulandi* não detém conhecimento e técnica jurídica necessários para se obter mais chances de vitória no combate jurídico, outra desvantagem da concessão do *jus postulandi* na Justiça do Trabalho é o efeito decorrente disso, *qual seja, a* não concessão de honorários advocatícios na Justiça do Trabalho.

Salvo pouquíssimas hipóteses abaixo analisadas, não se prevê a concessão de honorários advocatícios sucumbenciais na Justiça do Trabalho, repassando para o litigante trabalhista o ônus financeiro para a contratação de advogado particular. Mais uma vez o litigante trabalhista, em especial o trabalhador, sai em desvantagem dos demais litigantes da Justiça Comum, pois a ausência de honorários sucumbenciais na Justiça do Trabalho inviabiliza a concretização do princípio do ressarcimento integral preconizado no art. 82 do CPC/15 c/c e no art. 404 do CC/02, já que necessariamente terá que remunerar com o seu crédito de natureza alimentar, por meio de honorários convencionais, o serviço jurídico prestado por advogado particular, caso não se aventure no *jus postulandi*. Ressalta-se que a ausência de honorários sucumbenciais na prática trabalhista reduz a margem de negociação entre o advogado e o seu cliente no que tange ao arbitramento do valor dos honorários convencionais, pois não existe a expectativa do deferimento de honorários sucumbenciais, fato que põe em visível desvantagem o reclamante-empregado na Justiça do Trabalho ante os demais litigantes que possuem o direito ao ressarcimento em honorários sucumbenciais.

Ocorre, contudo, que parte doutrinária contrária à concessão de honorários sucumbenciais na Justiça do Trabalho contesta o argumento acima, afirmando que o § 3º do art. 24 da Lei n. 8.906/94 (Estatuto da OAB)[78] proíbe qualquer convenção individual ou coletiva que permita a transação acerca dos honorários sucumbenciais, o que segundo essa parte doutrinária a concessão de honorários advocatícios não traria benefícios financeiros para o trabalhador, pois seria uma verba exclusiva do advogado sem possibilidade de dedução ou

(77) CAPPELLETTI, Mauro; GARTH, Bryant. *Acesso à justiça*. Tradução de Ellen Gracie Northfleet. reimpr. 2012. Porto Alegre: Fabris, 1988. p. 29.

(78) § 3º É nula qualquer disposição, cláusula, regulamento ou convenção individual ou coletiva que retire do advogado o direito ao recebimento dos honorários de sucumbência.

transação com os honorários advocatícios convencionais. Data vênia, analisando os termos literais do referido dispositivo legal, o mesmo proíbe qualquer transação que retire do advogado o direito aos honorários sucumbenciais. Ora, nesse dispositivo não se proíbe a transação prévia acerca dos honorários convencionais diante da probabilidade de êxito na demanda e consequentemente possibilidade de deferimento de honorários sucumbenciais. É intuitivo e natural que essa transação ocorra, considerando a vantagem advinda com a possibilidade de êxito da demanda, o que produz uma margem de negociação maior acerca do valor dos honorários convencionais. O fato é que o reclamante-empregado na Justiça do Trabalho não possui essa margem de negociação para a convenção do valor dos honorários advocatícios contratuais, haja vista que o advogado trabalhista, em regra, não possui a expectativa de perceber honorários sucumbenciais, ante a jurisprudência dominante acerca do tema.

A Súmula n. 219 do TST, dispõe acerca da única possibilidade de deferimento de honorários advocatícios na Justiça do Trabalho, nos seguintes termos:

> "SÚM-219. HONORÁRIOS ADVOCATÍCIOS. HIPÓTESE DE CABIMENTO (nova redação do item II e inserido o item III à redação) — Res. n. 174/2011, DEJT divulgado em 27, 30 e 31.5.2011.
>
> I — Na Justiça do Trabalho, a condenação ao pagamento de honorários advocatícios, nunca superiores a 15% (quinze por cento), não decorre pura e simplesmente da sucumbência, devendo a parte estar assistida por sindicato da categoria profissional e comprovar a percepção de salário inferior ao dobro do salário mínimo ou encontrar-se em situação econômica que não lhe permita demandar sem prejuízo do próprio sustento ou da respectiva família. (ex-Súmula n. 219 — Res. n. 14/1985, DJ 26.9.1985)
>
> II — É cabível a condenação ao pagamento de honorários advocatícios em ação rescisória no processo trabalhista.
>
> III — São devidos os honorários advocatícios nas causas em que o ente sindical figure como substituto processual e nas lides que não derivem da relação de emprego."

Na Justiça do Trabalho os honorários sucumbenciais são excepcionais, e sua previsão ocorre em casos restritos e taxativamente tratados nas Súmulas ns. 219 e 425 do TST. Essa restrição está fundamentada na concessão do *jus postulandi* às partes, onde a representação advocatícia constitui uma mera faculdade processual ou quase "um luxo" processual, como se o processo trabalhista fosse tão informal que dispensasse o conhecimento prévio acerca das técnicas jurídicas processuais, o que não é verdade.

A primeira hipótese de cabimento de concessão de honorários sucumbenciais ocorre quando a parte estiver assistida por sindicato da categoria profissional e comprovar a percepção de salário inferior ao dobro do salário mínimo ou encontrar-se em situação econômica que não lhe permita demandar sem prejuízo do próprio sustento ou da respectiva família. Ou seja, os requisitos para a concessão dos honorários são os seguintes: que a parte seja beneficiária de justiça gratuita e esteja representada por advogado do sindicato profissional. Ressalta-se que o termo "assistida" utilizada na súmula acima referida e no § 2º do art. 791 da CLT foi equivocadamente empregada, pois juridicamente o advogado "representa" o cliente em juízo e não o "assiste". Observa bem esse equívoco gramatical Carlos Henrique Bezerra Leite:

> "No mesmo passo, o art. 791, § 2º, da CLT, ao facultar às partes do dissídio coletivo a 'assistência' por advogado, tornou a errar, porquanto a rigor, o advogado não assiste a parte, e sim a representa (...) representar significa estar presente no lugar de outra pessoa, praticando atos que esta lhe tenha confiado. Em linguagem processualística, podemos dizer que a representação ocorre quando alguém figura num dos polos da relação jurídica processual em nome e na defesa de interesse de outrem."(79)

A segunda hipótese contida prevê a ausência do *jus postulandi* em ação rescisória, no entanto realizando uma interpretação conjunta com a Súmula n. 425 do TST, percebe-se que, além da ação rescisória, também necessitam de representação por advogado as ações cautelares, mandados de segurança e recursos de competência do Tribunal Superior do Trabalho, em razão da complexidade das matérias veiculadas e da necessidade do domínio técnico para a propositura das referidas ações.

A terceira hipótese ocorre quando o ente sindical figure como substituto processual e nas lides que não derivem da relação de emprego. Essa terceira hipótese pôs fim à divergência de entendimento acerca da possibilidade de concessão de honorários sucumbenciais ao sindicato quando este estivesse postulando em ação coletiva em nome dos substituídos. Já no que tange às lides diversas das lides trabalhistas, decorrentes da ampliação da competência da Justiça do Trabalho, o Tribunal Superior Trabalho mais uma vez entendeu que o *jus postulandi* seria um "benefício" exclusivo das relações empregatícias, em razão da típica hipossuficiência do trabalhador. Ou seja, contraditoriamente, as lides não empregatícias, em regra, seus litigantes não se utilizam de seu crédito trabalhista para arcar com o pagamento de honorários advocatícios, haja vista a previsão de honorários sucumbenciais.

(79) LEITE, Carlos Henrique Bezerra. *Curso de direito processual do trabalho*, cit., p. 377-378.

Para se entender o motivo da restrição da concessão de honorários advocatícios sucumbenciais na Justiça do Trabalho, faz-se necessário adentrar no contexto histórico da promulgação da lei de assistência judiciária (Lei n. 1.060/50). O art. 11 da lei de assistência judiciária[80] dispõe que os honorários periciais e do perito somente serão ressarcidos pelo vencido quando a parte vencedora fosse beneficiária de assistência judiciária gratuita. Essa determinação estava de acordo com o entendimento daquela época, década de 1950, quando estava em vigor o Código de Processo Civil de 1939 que preconizava que os honorários sucumbenciais eram pagos excepcionalmente, pois era tido como uma espécie de penalidade processual ao vencido em casos de litigância de má-fé ou extinção do processo por culpa ou dolo do autor. Não estava maduro à época o enquadramento de honorários sucumbenciais como espécie de ressarcimento integral (perdas e danos) ao vencedor da demanda, conforme pacificado no art. 20 do CPC de 1973. Escandaliza-se que, não obstante a ultrapassagem de quatro décadas do CPC de 1973, e depois da vigência do Código de Processo civil de 2015, ainda esse mito da incompatibilidade de honorários sucumbenciais com os princípios do processo do trabalho ainda subsista. Bem explicita essa incongruência histórica, Mauro Vasni Paroski:

> "Não há como olvidar que a Lei n. 1.060/50 foi promulgada numa época em que, conforme preconizavam os arts. 63, 64 e 205, do CPC de 1939, apenas por exceção, (litigância de má-fé, culpa, dolo da parte ou extinção do processo sem julgamento do mérito) havia condenação do vencido no pagamento da verba honorária ao vencedor. A outra hipótese era justamente quando o beneficiado pela justiça gratuita era vencedor na demanda (art. 76, do CPC de 1939), repetido, com outras palavras, pelo art. 11, *caput*, e § 1º, da Lei n. 1.060/50.
>
> Sucede que desde 1965, com a nova redação dada ao art. 64 do CPC de 1939, pela Lei n. 4.632/65, e igualmente, pelo art. 20 do CPC de 1973, que a sucumbência (enquanto obrigação de pagar os custos do processo) é a consequência normal que milita em desfavor do litigante vencido e a favor daquele a quem a tutela jurisdicional foi prestada. Os efeitos que lhe são próprios não se limitam

(80) Art. 11. Os honorários de advogados e peritos, às custas do processo, as taxas e selos judiciários serão pagos pelo vencido, quando o beneficiário de assistência for vencedor na causa.

§ 1º Os honorários do advogado serão arbitrados pelo juiz até o máximo de 15% (quinze por cento) sobre o líquido apurado na execução da sentença.

§ 2º A parte vencida poderá acionar a vencedora para reaver as despesas do processo, inclusive honorários do advogado, desde que prove ter a última perdido a condição legal de necessitada.

apenas nas estritas condições anteriormente eleitas pelo CPC de 1939."[81]

Destaca-se, por fim, o número ínfimo de ações que o litigante trabalhista se utiliza do *jus postulandi*. Segundo dados publicados no Tribunal Regional do Trabalho da 3ª Região, apenas 7% das ações são ajuizadas verbalmente por meio do jus postulando, durante o ano de 2009 (SILVA, 2010).[82] Os números são tão inexpressivos que sequer são contabilizados nos dados estatísticos produzidos no CNJ anualmente (justiça em números), o que só corrobora a afirmação de que a maioria do litigante trabalhista se utiliza de advogados particulares na postulação de suas ações.

Percebe-se, portanto, que a maioria dos litigantes trabalhistas remuneram seu advogado particular por meio de seu crédito trabalhista, mediante honorários convencionais, diante da impossibilidade de concessão de honorários sucumbenciais na Justiça do Trabalho. Essa situação provoca uma afronta ao princípio da reparação integral do dano ao autor trabalhista, preconizado no art. 395 do CC/02 c/c e no art. 20 do CPC. Nesse sentido, Antônio Álvares da Silva:

> "Enquanto o cidadão comum, pelo princípio da sucumbência, pode exigir do vencido o pagamento das despesas que fez. E note-se, pode escolher o advogado que quiser. Já o empregado não dispõe desta prerrogativa. Tem que buscar a burocracia sindical e esperar pela assistência judiciária, nem sempre solícita e funcional.
>
> Sofre, portanto, limitação ao acesso ao Judiciário, com clara violação do art. 5º, XXXV, da CF."[83]

Uma solução imediata que possibilitaria extirpar tal incongruência na Justiça do Trabalho seria uma interpretação jurisprudencial que reconhecesse a inexistência de incompatibilidade entre o princípio da sucumbência em honorários advocatícios e os princípios e normas que regem o processo do trabalho, haja vista que não há qualquer disposição na Lei n. 5.584/70 que afirme que a assistência judiciária gratuita é monopólio dos sindicatos. Assim, caso o litigante declare a sua hipossuficiência econômica e buscasse um advogado

---

(81) PAROSKI, Mauro Vasni. *Gratuidade e honorários de advogado na justiça do trabalho*: elementos teóricos e práticos para uma reflexão crítica da perspectiva do acesso à justiça. São Paulo: LTr, 2010. p. 104.

(82) Dados publicados no artigo da autoria do Desembargador do Trabalho, Antônio Álvares da Silva.

(83) SILVA, Antônio Álvares da. Honorários advocatícios obrigacionais. *Revista LTr*, São Paulo, v. 74, n. 1, p. 37, jan. 2010.

particular, caberia a aplicação dos honorários sucumbenciais. Nesse sentido Mauro Vasni Paroski:

> "As normas que regulam esta matéria não conferem monopólio aos sindicatos na prestação do serviço de assistência judiciária aos trabalhadores. Não havendo exclusividade em favor dos sindicatos, o trabalhador pode, livremente, escolher o defensor que for de sua confiança. Esta circunstância não obsta que o trabalhador se declare incapaz de suportar os ônus financeiros do processo e requeira os benefícios da gratuidade judiciária, o que se harmoniza com o disposto no art. 5º, inc. LXXIV, da Constituição Federal."[84]

Caso não se entenda por abolir o *jus postulandi* totalmente, o que salvo melhor juízo seria a conduta legislativa mais acertada diante da afronta à efetividade do acesso à justiça do trabalhador, conforme exaustivamente apresentado acima, que ao menos houvesse a imposição de limites para a concessão do *jus postulandi*. Exemplificativamente, poderia ser aplicado o *jus postulandi* apenas em pleitos de menor complexidade e com valores de causa menores, assim como ocorre com os Juizados Especiais Cíveis na Justiça Comum. Desta forma, seria aplicável os honorários advocatícios sucumbenciais nas causas de maior valor e complexidade, abrindo-se a possibilidade do litigante trabalhista hipossuficiente escolher seu próprio advogado particular, não arcando necessariamente com o pagamento de honorários convencionais, caso seja o vencedor da causa.

5.4. *PERÍCIA JUDICIAL*

A perícia judicial constitui uma importante despesa no processo judicial, razão que fundamenta o estudo da perícia judicial como elemento integrante da primeira onda de acesso à justiça. O acesso à perícia judicial constitui pressuposto para a efetividade da prestação jurisdicional, haja vista o relevante papel na formação do convencimento do juiz acerca do objeto controvertido probatório.

A perícia judicial é uma espécie de meio probatório, utilizado quando haja a necessidade de conhecimentos técnicos específicos para o esclarecimento de fatos relevantes e controvertidos na demanda. Luiz Guilherme Marinoni e Sérgio Cruz Arenhart afirmam que:

---

(84) PAROSKI, Mauro Vasni. *Gratuidade e honorários de advogado na justiça do trabalho*: elementos teóricos e práticos para uma reflexão crítica da perspectiva do acesso à justiça. São Paulo: LTr, 2010. p. 80.

"a prova pericial é admissível quando se necessite demonstrar no processo algum fato que dependa de conhecimento especial que não próprio ao 'juiz médio', ou melhor, que esteja além dos conhecimentos que podem ser exigidos do homem e do juiz de cultura média. Não importa que o magistrado que está tratando da causa, em virtude de capacitação técnica individual e específica (porque é, por exemplo, formado em engenharia civil), tenha conhecimento para analisar a situação controvertida. Se a capacitação requerida por essa situação não estiver dentro dos parâmetros daquilo que se pode esperar de um juiz, não há como dispensar a prova pericial."[85]

O perito, então, surge como um auxiliar do juízo, possuidor de conhecimentos técnicos que ao juiz não é exigido possuir, e que irá utilizar esses conhecimentos especializados para os esclarecimentos dos fatos e das questões controvertidas e relevantes no processo judicial. Ressalta-se que ao perito não é delegado nenhum poder decisório ou de julgamento, não podendo o *expert* emitir opinião pessoal acerca de questões de direito. O dever do perito é prestar esclarecimentos técnicos, por meio de respostas aos quesitos sob o ângulo técnico-fático, conforme bem registraram as diretrizes lançadas nos §§ 1º e 2º do art. 473[86] do novo CPC (Lei n. 13.105/2015).

Nos termos do art. 464 do novo CPC[87] de 2015, a perícia pode ser realizada por meio de três modalidades: o exame, a vistoria e a avaliação. José Aparecido dos Santos diferencia essas modalidades de perícia judicial:

"O exame consiste em inspecionar, analisar, investigar pessoas, coisas móveis e semoventes; é a espécie mais comum na fase de conhecimento trabalhista. Já a vistoria consiste na inspeção de imóveis

(85) MARINONI, Luiz Guilherme; ARENHART, Sérgio Cruz. *Processo de conhecimento*. 7. ed. rev. e atual. São Paulo: Revista dos Tribunais, 2008. p. 380. (Curso de processo civil; v. 2).

(86) Art. 473. O laudo pericial deverá conter:

I — a exposição do objeto da perícia;

II — a análise técnica ou científica realizada pelo perito;

III — a indicação do método utilizado, esclarecendo-o e demonstrando ser predominantemente aceito pelos especialistas da área do conhecimento da qual se originou;

IV — resposta conclusiva a todos os quesitos apresentados pelo juiz, pelas partes e pelo órgão do Ministério Público.

§ 1º No laudo, o perito deve apresentar sua fundamentação em linguagem simples e com coerência lógica, indicando como alcançou suas conclusões.

§ 2º É vedado ao perito ultrapassar os limites de sua designação, bem como emitir opiniões pessoais que excedam o exame técnico ou científico do objeto da perícia.

(87) Art. 464. A prova pericial consiste em exame, vistoria ou avaliação.

(terrenos, prédios, etc.), enquanto a avaliação consiste em estimar valor monetário a coisas (móveis, imóveis, direitos e obrigações)."[88]

A perícia judicial pode ser requerida pelas partes ou determinada *ex officio* pelo juiz, sendo um importante elemento de convicção do juiz, pois o perito judicial é escolhido pelo juiz e não pelas partes, estando o perito sujeito às mesmas regras de impedimento e de suspeição que se submete o juiz. Além do mais a produção da prova pericial está submetida ao contraditório, o que fortalece o caráter imparcial do laudo pericial.

As partes podem também apresentar laudos técnicos realizados por assistentes técnicos de sua confiança. Neste caso esses assistentes técnicos não têm caráter imparcial, pois a escolha desses profissionais cabe às partes processuais, não estando os assistentes técnicos submetidos aos impedimentos e suspeições que se submetem o perito judicial. Esse fato acaba por desprestigiar, em alguns casos, o poder de convicção na valoração da referida prova, no entanto não obsta que o juiz se convença dos argumentos lançados pelo assistente técnico para formar o seu juízo de valor acerca dos fatos controvertidos, em razão do princípio da livre convicção das provas motivadas (princípio da persuasão racional), que não impõe hierarquia na valoração das provas judiciais, nos termos do art. 131 do CPC/73. O princípio da livre valoração das provas, o juiz não está vinculado ao laudo pericial e nem tampouco ao laudo apresentado pelos assistentes técnicos, podendo se valer de outras provas constantes nos autos. O juiz pode, inclusive, julgar contrário à conclusão do laudo pericial, desde que fundamente a prova que formou a sua convicção e que direciona em sentido contrário à prova pericial. Neste sentido, Luiz Guilherme Marinoni e Sergio Cruz Arenhart:

> "Quanto à valoração da perícia, é certo que não fica o juiz adstrito à conclusões do perito. Tendo aplicação o princípio da livre valoração das provas, pode o juiz, para julgar o mérito, fundar-se em prova que aponta em sentido contrário à prova pericial, desde que fundamente seu julgado, demonstrando as razões que o levaram a desconsiderar o resultado da prova pericial."[89]

Ocorre, entretanto, que o CPC de 2015 manteve a liberdade na valoração das provas, por meio dos arts. 371 e 479[90] da Lei n. 13.105/15, haja vista que

---

(88) SANTOS, José Aparecido dos. Teoria geral das provas e provas em espécie. In: CHAVES, Luciano Athayde (org.). *Curso de processo do trabalho*. 2. ed. São Paulo: LTr, 2012. p. 682.

(89) MARINONI, Luiz Guilherme; ARENHART, Sérgio Cruz. *Processo de conhecimento*. 7. ed. rev. e atual. São Paulo: Revista dos Tribunais, 2008. p. 385. (Curso de processo civil; v. 2).

(90) Art. 371. O juiz apreciará a prova constante dos autos, independentemente do sujeito que a tiver promovido, e indicará na decisão as razões da formação de seu convencimento.

Art. 479. O juiz apreciará a prova pericial de acordo com o disposto no art. 371, indicando na sentença os motivos que o levaram a considerar ou a deixar de considerar as conclusões do laudo, levando em conta o método utilizado pelo perito.

não criou qualquer ordem de hierarquia entre as provas, no entanto entendo que houve uma intenção do legislador em restringir em certa medida a liberdade na apreciação da prova pelo juiz, haja vista que não foi repetido no novo CPC os termos presentes no art. 131 do CPC/73[91], em especial não foi repetida a palavra "livremente" na apreciação da prova pelo juiz. Assim, depreende-se do novo comando processual que o juiz estará vinculado ainda mais à fundamentação dos fatos e argumentos que formaram a sua convicção, e no caso da perícia judicial, o juiz estará vinculado também à fundamentação da metodologia aplicada pelo perito para poder desconsiderar ou considerar a conclusão do laudo pericial, conforme comando previsto no art. 479 do novo CPC/2015.

Percebe-se por meio da nova redação trazida com o novo Código de Processo Civil (Lei n. 13.105/15), uma certa restrição ao princípio da livre convicção motivada sedimentada na cultura processual e contemplada pelo art. 131 c/c e o art. 436 do CPC/73, no que tange à valoração da prova pericial. A nova redação prevista no novo CPC condiciona a fundamentação do juiz à avaliação do método realizado pelo perito para se considerar ou desconsiderar a conclusão do laudo pericial. Nesse sentido, a norma traz em si uma aparente contradição, pois o juiz se vale do perito em razão da ausência de conhecimentos técnicos especializados, desta forma não seria lógico exigir desse mesmo juiz capacidade de avaliar a melhor metodologia técnica a ser realizada no laudo pericial. Na realidade, a finalidade da norma é evitar decisões arbitrárias pelo juiz acerca de conclusões periciais, seja pela total ausência de fundamentação lógica que rebatesse os argumentos periciais, seja pela própria ausência de fundamentação. Nesse sentido Michelle Taruffo:

> "Uma dificuldade similar atinge, entretanto, o juiz, que — como qualquer cidadão médio — não tem uma cultura científica específica, nomeando o perito de ofício justamente para obter noções que ele mesmo não possui. O brocardo segundo o qual o juiz é *peritus peritorum* não elimina a dificuldade. Isso significa que o juiz não está vinculado a aceitar as conclusões do perito, mas ganha um tom paradoxal se se entender que o juiz deve, ao valorar a obra do perito, recorrer justamente a conhecimentos científicos de que não dispõe. O paradoxo, entretanto, é somente aparente: em realidade não se espera que o juiz repita aquilo que o perito já fez (experimentos, investigações, cálculos), e nem mesmo que avalie o conteúdo das

(91) Art. 131. O juiz apreciará livremente a prova, atendendo aos fatos e circunstâncias constantes dos autos, ainda que não alegados pelas partes; mas deverá indicar, na sentença, os motivos que lhe formaram o convencimento.

> valorações que ele formulou. O dever do juiz é verificar a validade científica e a correção do método aplicado pelo perito, ou seja, verificar o fundamento racional e epistêmico daquilo que se fez."(92)

Não obstante as louváveis inovações trazidas com o novo diploma processual, entendo desnecessária a referida mudança legislativa. Isso porque a norma prevista no Código de Processo Civil de 1973, embora conceda um grande poder ao juiz na sua valoração da prova, ao mesmo tempo impunha um grande dever de fundamentação. Essa fundamentação acerca da conclusão pericial contemplada no código de processo civil revogado não estava imune a correções, inclusive a segunda instância tem a obrigação de avaliar a racionalidade da argumentação do juiz para considerar ou desconsiderar o laudo pericial. Essa modificação legislativa apenas engessa a liberdade de convicção do juiz, pois poderá ocorrer casos em que os métodos científicos utilizados pelo perito estejam de acordo com a racionalidade, no entanto diante de outras provas dos autos a convicção do juiz se direcione para conclusão contrária ao do laudo pericial. Da forma como está redigido o novo diploma processual civil, o juiz terá uma certa dificuldade de fundamentar a decisão com base na sua convicção a partir do conjunto probatório nos autos. Essa situação só afasta ainda mais as possibilidades processuais de se chegar mais próximo da verdade dos fatos, fato que interfere diretamente do acesso à justiça, no seu conceito contemporâneo de efetividade da prestação jurisdicional.

Outra inovação trazida com o novo código de processo civil brasileiro foi a prova técnica simplificada, que segundo os §§ 2º, 3º e 4º do art. 464(93) do CPC/15, constitui a inquirição de especialista com formação acadêmica específica na matéria técnica ou científica do ponto controvertido em demandas com menor complexidade. Essa alteração legislativa, contudo, não constitui

---

(92) TARUFFO, Michelle. *Uma simples verdade*: o juiz e a construção dos fatos. Tradução Vitor de Paula Ramos. Madrid: Marcial Pons, 2012. p. 248.

(93) § 2º De ofício ou a requerimento das partes, o juiz poderá, em substituição à perícia, determinar a produção de prova técnica simplificada, quando o ponto controvertido for de menor complexidade.

§ 3º A prova técnica simplificada consistirá apenas na inquirição de especialista, pelo juiz, sobre ponto controvertido da causa que demande especial conhecimento científico ou técnico.

§ 4º Durante a arguição, o especialista, que deverá ter formação acadêmica específica na área objeto de seu depoimento, poderá valer-se de qualquer recurso tecnológico de transmissão de sons e imagens com o fim de esclarecer os pontos controvertidos da causa.

uma importante inovação, haja vista que seus termos está muito próximo da figura prevista no § 2º do art. 421 da CPC/73.(94)

Importante inovação trazida com a nova norma processual civil foi a possibilidade das partes escolherem de comum acordo o perito judicial, conforme se depreende do art. 471(95) do CPC/15.

A Instrução Normativa n. 39/2016 do TST, norma que se propõe a traçar uma diretriz não taxativa acerca da aplicação das inovações trazidas com o novo código de processo civil brasileiro ao processo do trabalho, em seu art. 1º prevê a possibilidade de aplicação subsidiária e supletiva do novo código de processo civil de 2015, desde que haja omissão e compatibilidade com os princípios do Direito Processual do Trabalho.(96) No que tange à inovação trazida pelo art. 471 do novo CPC, relativo à possibilidade da escolha do perito pelas partes, a IN n. 39/2016 não se manifestou sobre o tema.

Desta forma, considerando a existência da omissão normativa acerca do procedimento pericial previsto na Consolidação das Leis do Trabalho, como também a ausência de incompatibilidade principiológica com o processo trabalhista do procedimento pericial previsto no art. 471 do CPC (escolha do perito pelas partes), reconhece-se a possibilidade de aplicação do referido dispositivo legal ao processo do trabalho. Ocorre que não é incomum, acontecer, informalmente, a indicação pelas partes, em plena audiência judicial, de um dos peritos judiciais constantes no rol de profissionais previamente cadastrados no sistema

---

(94) § 2º Quando a natureza do fato o permitir, a perícia poderá consistir apenas na inquirição pelo juiz do perito e dos assistentes, por ocasião da audiência de instrução e julgamento a respeito das coisas que houverem informalmente examinado ou avaliado. *(Redação dada pela Lei n. 8.455, de 24.8.1992)*

(95) Art. 471. As partes podem, de comum acordo, escolher o perito, indicando-o mediante requerimento, desde que:

I — sejam plenamente capazes;

II — a causa possa ser resolvida por autocomposição.

§ 1º As partes, ao escolher o perito, já devem indicar os respectivos assistentes técnicos para acompanhar a realização da perícia, que se realizará em data e local previamente anunciados.

§ 2º O perito e os assistentes técnicos devem entregar, respectivamente, laudo e pareceres em prazo fixado pelo juiz.

§ 3º A perícia consensual substitui, para todos os efeitos, a que seria realizada por perito nomeado pelo juiz.

Art. 472. O juiz poderá dispensar prova pericial quando as partes, na inicial e na contestação, apresentarem, sobre as questões de fato, pareceres técnicos ou documentos elucidativos que considerar suficientes.

(96) **Art. 1º** Aplica-se o Código de Processo Civil, subsidiária e supletivamente, ao Processo do Trabalho, em caso de omissão e desde que haja compatibilidade com as normas e princípios do Direito Processual do Trabalho, na forma dos arts. 769 e 889 da CLT e do art. 15 da Lei n. 13.105, de 17.3.2015.

dos tribunais. O que de fato vai alterar a prática trabalhista será a formalização de essa escolha constar expressamente nos autos. Ressalta-se que o referido dispositivo legal promove indiretamente o acesso à justiça, na medida em que o consenso das partes na escolha do árbitro produz uma probabilidade maior na aceitação do resultado da perícia, contribuindo, assim, com a concretização da prestação jurisdicional em tempo razoável.

No que tange ao acesso à perícia no aspecto financeiro, destaca-se que a despesa pelo pagamento dos honorários periciais do assistente técnico, na Justiça do Trabalho é de exclusiva responsabilidade da parte que confeccionou o laudo, mesmo que vencedora na demanda e mesmo que seja beneficiária de justiça gratuita, nos termos da Súmula n. 341 do TST.(97)

Já no que tange à despesa financeira com a perícia judicial determinada *ex officio* ou requerida pelas partes processuais em juízo, surge uma importante questão de interferência direta no acesso à justiça no processo do trabalho. Na Justiça Comum, quem faz o requerimento de perícia judicial deve antecipar o pagamento dos honorários periciais, conforme se depreende do art. 33 do atual CPC, regra repetida no art. 95 do novo CPC/15.(98) Essa regra, contudo, não foi considerada compatível com os princípios do processo do trabalho, onde na maioria das vezes o reclamante é o requerente da perícia, no entanto quase sempre é beneficiário da justiça gratuita, conforme se depreende da OJ n. 98 da SDI-2 do TST.(99) Isso porque exigir do reclamante a antecipação dos honorários seria ferir o direito fundamental de acesso à prova, já que na maioria das vezes o reclamante é desempregado e presumivelmente não tem condições de arcar com tal despesa.

Assim, a exigência da antecipação de honorários ao reclamante na Justiça do Trabalho constituiria uma restrição indevida ao acesso do reclamante trabalhista ao meio de prova pericial, instrumento imprescindível para o reconhecimento do direito pleiteado. Contudo, entende-se, que o sentido da OJ n. 98 da SDI-2 do TST não foi proibir a antecipação dos honorários periciais, mas tão somente proibir a exigência dessa antecipação do reclamante-empregado, em razão da sua hipossuficiência econômica.

---

(97) Súmula n. 341. HONORÁRIOS DO ASSISTENTE TÉCNICO. A indicação do perito assistente é faculdade da parte, a qual deve responder pelos respectivos honorários, ainda que vencedora no objeto da perícia.

(98) Art. 95. Cada parte adiantará a remuneração do assistente técnico que houver indicado, sendo a do perito adiantada pela parte que houver requerido a perícia ou rateada quando a perícia for determinada de ofício ou requerida por ambas as partes.

(99) 98. MANDADO DE SEGURANÇA. CABÍVEL PARA ATACAR EXIGÊNCIA DE DEPÓSITO PRÉVIO DE HONORÁRIOS PERICIAIS (nova redação) — DJ 22.8.2005. É ilegal a exigência de depósito prévio para custeio dos honorários periciais, dada a incompatibilidade com o processo do trabalho, sendo cabível o mandado de segurança visando à realização da perícia, independentemente do depósito.

Um processo judicial, normalmente, perdura um tempo considerável até o seu trânsito em julgado ou a sua execução. Não é razoável exigir de nenhum profissional, inclusive de um perito judicial, a realização de um trabalho sem a sua pronta contraprestação pecuniária, ou sem ao menos uma antecipação parcial do pagamento. Exigir o trabalho profissional de um perito sem a breve contraprestação pecuniária é transferir o ônus da duração do processo judicial para terceiro, o que é inaceitável do aspecto jurídico. Acerca dessa dificuldade na perícia judicial na Justiça do Trabalho, Lucyano Athayde Chaves destaca:

> "Boa parte desse problema repousa não necessariamente no valor arbitrado à perícia, mas ao fato de que a liberação do valor fixado pode demorar muito, atribuindo-se até mesmo ao perito o ônus da espera pelo trânsito em julgado. Esse aspecto procedimental chega mesmo a se atritar com um preceito geral do trabalho, consubstanciado na ideia de que o trabalho merece pronta contraprestação."[(100)]

Em razão disso o juiz do trabalho muitas vezes se vê diante de inúmeras recusas de peritos, o que prejudica a efetividade e a celeridade da prestação jurisdicional. Não raras vezes em cidades de interior, onde não é grande a oferta de profissionais interessados no credenciamento junto ao Tribunal para o encargo de perícia judicial, principalmente em razão do desestímulo financeiro para o encargo. Em razão disso o juiz tem que se valer de profissionais sem especialização ou em especialidade totalmente diversa da doença investigada em juízo, o que dificulta o esclarecimento dos fatos, prejudicando a efetividade da prestação jurisdicional. Situação ainda mais complicada ocorre quando na inexistência na localidade de médicos que aceitem o encargo judicial, o juiz reconheça a legitimidade de fisioterapeuta para a realização de perícia médica.

O Tribunal Superior do Trabalho, contudo, já reconheceu recentemente a possibilidade de a fisioterapia atuar na confecção de laudo técnico para o reconhecimento da existência ou não do nexo de causalidade com a doença alegada, conforme se verifica recentemente em seus julgados.[(101)]

---

(100) CHAVES, Luciano Athayde. Higidez do trabalhador. É preciso debater a perícia na justiça do trabalho. *Conjur*, São Paulo, 2 jul. 2013. Disponível em: <http://www.conjur.com.br/2013-jul-02/luciano-athayde-preciso-debater-prova-pericial-justica-trabalho>. Acesso em: 26.8.2015.

(101) "RECURSO DE REVISTA. CERCEAMENTO DE DEFESA. NULIDADE DA PERÍCIA REALIZADA POR FISIOTERAPEUTA DO TRABALHO. ELEMENTOS OUTROS PRESENTES. A perícia realizada por fisioterapeuta do trabalho não acarreta a nulidade da perícia, bem como o cerceamento do direito de defesa, uma vez que outros elementos de prova foram utilizados para o livre convencimento motivado do juiz, consubstanciado na persuasão racional. Aplicação do art. 131 do CPC. Intacto o art. 5º, LIV e LV, da Constituição Federal. Recurso de revista não Conhecido." (Processo: RR n. 50200-82.2009.5.06.0008 Data de Julgamento: 11.4.2012, Relator Ministro: Aloysio Corrêa da Veiga, 6ª Turma, Data de Publicação: DEJT 20.4.2012).

Acerca da possibilidade de se reconhecer a legitimidade de fisioterapeutas para a confecção do laudo pericial, entendemos que a perícia judicial médica deve ser, em regra, ser confeccionada por perito médico, inclusive com especialização sobre a espécie da doença alegada. Por exemplo, caso a doença alegada seja a depressão, então o ideal seria que o perito seja um especialista em psiquiatria e não um clínico geral ou ortopedista. Assim, quanto maior a especialização do perito médico, maior a probabilidade de acerto no diagnóstico e das suas variantes, e, portanto, maior será o acesso à justiça. No entanto, excepcionalmente e de forma casuística, pode-se reconhecer a legitimidade do laudo realizado por fisioterapeuta quando este laudo tenha a finalidade de reconhecer o nexo causal da doença com o trabalho, ou avaliar aspectos de riscos ambientais ou mensurar o grau de incapacidade laborativa, conforme competência autorizada pelas Resoluções do Conselho Federal de Fisioterapia e Terapia Ocupacional ns. 381/2010, 259/2003 e 80/1997.

Assim, o laudo realizado por fisioterapeuta, salvo melhor juízo, têm caráter complementar com perícias médicas, relatórios ou exames médicos juntados aos autos que comprovem a doença alegada, haja vista que ao fisioterapeuta não compete realizar o diagnóstico médico, mas sim o diagnóstico fisioterápico.

O desestímulo financeiro para o credenciamento de peritos na Justiça do Trabalho e o aumento da demanda por perícias médicas na Justiça do Trabalho,

---

"RECURSO DE REVISTA. (...) 10. LAUDO PERICIAL ELABORADO POR FISIOTERAPEUTA. DOENÇA PROFISSIONAL — LER/DORT. POSSIBILIDADE. 10.1. Nos termos do art. 145 do CPC, quando a prova do fato depender de conhecimento técnico ou cientifico, o juiz escolherá o perito dentre profissionais de nível universitário, devidamente inscritos no órgão de classe competente, desde que este seja especialista na matéria sobre a qual deverá opinar. Na hipótese, o profissional escolhido tem formação em fisioterapia, profissão devidamente regulamentada pelo Decreto-Lei n. 938/1969 e pela Lei Federal n. 6.316/1975. 10.2. Assim, diante do que preceituam as Resoluções do Conselho Federal de Fisioterapia e Terapia Ocupacional ns. 381/2010, 259/2003 e 80/1997, revela-se incontestável a possibilidade de o profissional de fisioterapia elaborar laudo pericial, em lides que envolvam doença profissional, no âmbito da sua atuação, com vistas a identificar, avaliar e observar os fatores ambientais que possam constituir risco à saúde funcional do trabalhador e, ainda, elaborar o diagnóstico fisioterapêutico, indicando o grau de capacidade ou de incapacidade funcional, competências ou incompetências laborais, mudanças ou adaptações nas funcionalidades e seus efeitos no desempenho laboral. 10.3. Cumpre, aqui, ressalvar que não se está a discutir a possibilidade de o fisioterapeuta vir a elaborar diagnóstico médico, situação que, por óbvio, escapa da sua área de atuação, mas sim, dentro da sua competência, atuar como perito judicial. 10.4. Por outro lado, na dicção do art. 436 do CPC, a convicção do magistrado não fica adstrita ao conteúdo do laudo pericial e às conclusões do *expert*. Na situação dos autos, o Juízo de primeiro grau firmou seu convencimento não só com base na perícia, mas também nas demais provas já produzidas. Recurso de revista conhecido e desprovido. (...)" (Processo: RR — 76100-64.2005.5.09.0092 Data de Julgamento: 25.5.2011, Relator Ministro: Alberto Luiz Bresciani de Fontan Pereira, 3ª Turma, Data de Publicação: DEJT 3.6.2011).

especialmente depois da Emenda Constitucional n. 45/2004 e a consolidação da competência trabalhista para o julgamento de acidentes de trabalho (Conflito de Competência n. 7.204-MG, junho de 2005), agravou ainda mais a questão da perícia na Justiça do Trabalho. Além dessa problemática soma-se outra questão, que interfere diretamente no acesso à perícia judicial e por conseguinte no acesso à justiça, que é a questão da sucumbência do beneficiário da Justiça gratuita no que tange ao objeto da perícia.

O art. 790-B da CLT(102) determina que a responsabilidade pelo pagamento dos honorários periciais é da parte sucumbente na pretensão objeto da perícia, salvo se beneficiária de justiça gratuita. Surge, assim, o problema orçamentário dos Tribunais para suprir a demanda crescente de perícias judicias em casos de antecipação parcial dos honorários periciais e o pagamento total da perícia quando o beneficiário da justiça gratuita for sucumbente no que tange ao objeto da perícia. Acerca dessa problemática Luciano Athayde Chaves:

> "Assim, quando a parte beneficiária de Justiça gratuita é sucumbente na perícia, surge a necessidade de se encontrar meios de atender à despesa com o trabalho do perito, despesa que deve ser suportada pela União Federal, tendo em vista que a Justiça do Trabalho integra o Poder Judiciário da União. Mas, quais os mecanismos, relativamente ágeis, para concretizar o pagamento aos peritos com recursos do Tesouro? Não há espaço aqui para recuperar cada etapa histórica desse processo. Registro, em síntese, que o quadro já foi mais desolador. Até poucos anos, a União era chamada a integrar a lide, e daí se iniciava todo um tormentoso e demorado processo de responsabilização da União, para, ao final, perpetrar-se uma execução indireta."(103)

Antes do ano de 2007, quando inexistia uma regulamentação unificada entre os Tribunais Regionais do Trabalho, cada Tribunal realizava a sua própria regulamentação acerca do procedimento de pagamento de honorários periciais quando o sucumbente fosse beneficiário de justiça gratuita.

O Conselho Superior da Justiça do Trabalho, visando a unificação de procedimentos na Justiça do Trabalho, publicou a Resolução n. 35/2007, que foi posteriormente substituída pela Resolução n. 66/2010. Esta Resolução tem a finalidade de regulamentar, no âmbito da Justiça do Trabalho de primeiro e segundo graus, a responsabilidade pelo pagamento e antecipação de hono-

(102) "Art. 790-B. A responsabilidade pelo pagamento dos honorários periciais é da parte sucumbente na pretensão objeto da perícia, salvo se beneficiária de justiça gratuita."

(103) CHAVES, Luciano Athayde. *Higidez do trabalhador. É preciso debater a perícia na justiça do trabalho*, cit.

rários do perito, do tradutor e do intérprete, no caso de concessão à parte do benefício de justiça gratuita.

Visando contemplar a garantia constitucional do acesso à justiça previsto nos incisos XXXV, LV e LXXIV do art. 5º da Constituição Federal, a Resolução n. 66/2010 regulamentou o procedimento de pagamento das perícias judiciais pela União quando o sucumbente do objeto da perícia for beneficiário de justiça gratuita, mediante a reserva orçamentária específica de cada Tribunal Regional do Trabalho.

Ocorre, entretanto, que não obstante o intuito de se garantir a efetividade do acesso à justiça, a referida resolução não resolve o problema da efetividade do acesso à perícia judicial. Isso porque o art. 2º da Resolução n. 66/2010[(104)], embora assegure o pagamento pela União da perícia em caso de sucumbência de beneficiado de justiça gratuita, o pagamento apenas ocorrerá depois do trânsito em julgado da decisão. A ausência da breve contraprestação pecuniária pelo trabalho pericial constitui importante causa da baixa oferta de profissionais qualificados e especializados interessados pelo encargo de perito judicial, conforme já tratado anteriormente. Além do mais, essa resolução limita a R$ 350,00 (trezentos e cinquenta reais) o valor que poderá ser antecipado a título de honorários provisórios, e a R$ 1.000,00 (mil reais) o valor total a ser arbitrado em perícia judicial, quando o sucumbente for beneficiário de justiça gratuita, o que também não torna atrativo financeiramente o encargo para profissionais altamente qualificados. Por fim, não raras vezes o orçamento do Tribunal não é suficiente para cobrir as despesas de todas as perícias no ano, transferindo para o exercício financeiro seguinte o pagamento dos honorários periciais, conforme previsão do art. 9º da Resolução n. 66/2010[(105)].

Diante deste quadro, percebe-se que ainda está distante a solução do problema do acesso à perícia judicial na Justiça do Trabalho, o que compromete

---

(104) Art. 2º A responsabilidade da União pelo pagamento de honorários periciais, em caso de concessão do benefício da justiça gratuita, está condicionada ao atendimento simultâneo dos seguintes requisitos: I — fixação judicial de honorários periciais; II — sucumbência da parte na pretensão objeto da perícia; III — trânsito em julgado da decisão.

§ 1º A concessão da justiça gratuita a empregador, pessoa física, dependerá da comprovação de situação de carência que inviabilize a assunção dos ônus decorrentes da demanda judicial.

§ 2º O pagamento dos honorários poderá ser antecipado, para despesas iniciais, em valor máximo equivalente a R$ 350,00 (trezentos e cinquenta reais), efetuando-se o pagamento do saldo remanescente após o trânsito em julgado da decisão, se a parte for beneficiária de justiça gratuita.

(...)

§ 3º No caso de reversão da sucumbência, quanto ao objeto da perícia, caberá ao reclamado-executado ressarcir o erário dos honorários periciais adiantados, mediante o recolhimento da importância adiantada em GRU — Guia de Recolhimento da União, em código destinado ao Fundo de "assistência judiciária a pessoas carentes", sob pena de execução específica da verba (NR).

(105) Art. 9º O pagamento dos honorários está condicionado à disponibilidade orçamentária, transferindo-se para o exercício financeiro subsequente as requisições não atendidas.

diretamente a efetividade do acesso à justiça. Entretanto as providências já tomadas por meio das Resoluções ns. 35/2007 e 66/2010 já sinalizam o melhor caminho a ser trilhado em busca da garantia ao acesso à perícia judicial no processo do trabalho. O maior empecilho, salvo melhor juízo, está no tempo de espera para o pagamento dos honorários periciais e não no valor a ser arbitrado, conforme observação de Luciano Athayde Chaves:

> "Boa parte desse problema repousa não necessariamente no valor arbitrado à perícia, mas ao fato de que a liberação do valor fixado pode demorar muito, atribuindo-se até mesmo ao perito o ônus da espera pelo trânsito em julgado. Esse aspecto procedimental chega mesmo a se atritar com um preceito geral do trabalho, consubstanciado na ideia de que o trabalho merece pronta contraprestação."[106]

Outra saída seria a criação de um quadro próprio do Tribunal de peritos judiciais, devidamente concursados. No entanto, salvo melhor juízo, essa saída constitui a medida mais custosa e não contempla a necessária especialização pericial. Seria inviável financeiramente ao Tribunal possuir como peritos servidores públicos especializados em diversas áreas, como, por exemplo, os peritos especialistas em psiquiatria, outros em ortopedia e assim por diante.

Assim, a solução mais próxima do efetivo acesso à perícia judicial seria a disponibilização orçamentária para contemplar a antecipação total dos honorários até a entrega do laudo e as respostas dos quesitos complementares, ou seja, até a conclusão dos trabalhos periciais no processo. Essa medida criaria um estímulo para o credenciamento de profissionais especializados em diversas áreas e de maior qualificação, resolvendo, assim, o problema da escassez de profissionais disponíveis, como também aumentaria, em razão da maior especialização, a qualidade dos trabalhos periciais na Justiça do Trabalho.

---

(106) CHAVES, Luciano Athayde. *Higidez do trabalhador. É preciso debater a perícia na justiça do trabalho,* cit.

6

Segunda Onda de Acesso à Justiça

A segunda onda renovatória do acesso à justiça está diretamente relacionada ao contexto de reconhecimento da terceira dimensão de direitos fundamentais, que foram marcados pelos valores da fraternidade e solidariedade.

Especialmente depois das consequências nefastas da Segunda Guerra Mundial e a Proclamação dos Direitos do Homem (1948), observou-se uma preocupação legislativa em diversos países acerca da necessidade de proteção do avanço legislativo dos mais fracos juridicamente, como os pobres, as crianças, as mulheres, os trabalhadores, inclusive de forma internacional e coletiva. Esse avanço legislativo protetivo no campo material também se estendeu durante a fase industrial e pós-industrial, quando observou-se uma transformação da sociedade em sua globalidade, inclusive em termos sociais, políticos, econômicos e culturais. A sociedade do século XXI mostrava-se mais urbanizada, com acentuado desenvolvimento nos meios de comunicação e comercialização de mercadorias, caracterizando-se como uma sociedade eminentemente de massas, inclusive seus conflitos.

Não obstante o Estado Social demonstrasse avanço na legislação protetiva material, esse avanço não foi acompanhado pela produção processual correspondente. Assim, embora houvesse previsão de proteção a novos direitos surgidos a partir dessa nova sociedade, não havia a instrumentalização adequada para a efetiva tutela. Nesse sentido Antônio Herman V. Benjamin:

> "com o *Welfare State* surge uma cultura própria, fundada na 'expectativa geral de justiça', em contraste com o modelo prevalente

no século passado, de fatalismo, resignação, apatia reivindicatória generalizada. Apesar dessa 'expectativa geral de justiça', a evolução no plano substantivo não repercutiu — e ainda não repercute — com a mesma intensidade e eficácia no plano processual, vale dizer, no alargamento, facilitação e melhoria global do acesso à justiça para os mais vulneráveis."[107]

A conflitualidade de massa da sociedade contemporânea e a percepção da necessidade de proteção de bens comuns, inclusive para a própria sustentabilidade de vida social, reclamavam por instrumentos processuais adequados a esses novos interesses coletivos. Ocorre, entretanto, que o processo civil tradicional decorrente do liberalismo da época, calcado no direito subjetivo, individual e formalista, não tinha condições de oferecer essa instrumentalização. Nesse sentido, Ada Pellegrini Grinover:

> "Surgem, agora, em nível de massa, e por via substancial — enquanto o direito burguês concebia, normalmente, posições adquiridas por via formal e colocava o indivíduo, isoladamente considerado, no centro do sistema — interesses difusos: ou seja, aspirações espalhadas e informais à tutela de necessidades coletivas, sinteticamente referidas à 'qualidade de vida'. Necessidades e interesses, esses, que a existência de outros conflitos metaindividuais, nem sempre reconduzíveis ao contraste autoridade-indivíduo."[108]

A referida autora pontua que os conflitos metaindividuais, embora tivesse um interesse público e social, não se encaixava na esfera pública de resolução de conflito — indivíduo x autoridade, como também não se tratava de direito individual, haja vista a titularidade supraindividual dos conflitos coletivos. Em razão disso, necessitava-se de uma reformulação de institutos jurídicos clássicos ante a essa nova espécie de interesse, que não é individual e nem público, mas coletivo.

Em razão dessas dificuldades, muitos países delegaram a titularidade dessas ações para o governo, retirando de grupos não governamentais a possibilidade de defesa de interesses difusos. Ocorre, entretanto, que muitas vezes o interesse governamental é contrário ao interesse difuso, não obstante teorica-

---

(107) BENJAMIN, Antônio Herman V. A insurreição da aldeia global contra o processo civil clássico: apontamentos sobre a opressão e a libertação judiciais do meio ambiente e do consumidor. In: GRINOVER, Ada Pellegrini *et al.* (coords.). *Processo coletivo*: do surgimento à atualidade. São Paulo: Revista dos Tribunais, 2014. p. 311.

(108) GRINOVER, Ada Pellegrini. A tutela jurisdicional dos interesses difusos. In: GRINOVER, Ada Pellegrini *et al.* (coords.). *Processo coletivo*: do surgimento à atualidade. São Paulo: Revista dos Tribunais, 2014. p. 40.

mente o Estado deveria sempre proteger os interesses difusos, em razão da sua função garantidora do bem-estar geral social. Nesse sentido Sérgio Shimura:

> "Como decorrência de suas mutações, com o surgimento da consciência de maior envolvimento e engajamento na gestão e participação no processo socioeconômico, fica claro que a divisão clássica não se amolda à realidade, sobretudo a surgida posteriormente à revolução industrial. Some-se a essa evolução o fato de que muitas vezes é o próprio Estado ou seus agentes que vão contra os interesses da sociedade."(109)

Não se mostra difícil exemplificar essa situação. Imagine-se, por exemplo, a construção de uma ferrovia pelo Estado em uma área de extrema importância hídrica para uma determinada localidade. A construção da ferrovia servirá como importante renda financeira ao Estado, no entanto provocará a destruição da bacia hídrica fornecedora de água para uma determinada localidade. Nessa situação o interesse do Estado é contrário ao interesse geral da população local — interesse ambiental difuso.

Acerca da inadequação do processo civil clássico para efetivar o acesso à justiça dos conflitos coletivos, Antônio Herman V. Benjamin(110) elege cinco regras do processo civil clássico que devem ser reformulados para a adequação da tutela dos interesses metaindividuais. A primeira, é o princípio dispositivo, que confere aos litigantes a liberdade de renunciar, transigir, desistir, reconhecer fatos contrários aos seus interesses, de realizar ou não a prova, ou seja, o poder de dispor da lide. O segundo princípio é o da demanda, que segundo o referido autor significa que a invocação da tutela jurisdicional é um direito de cunho individual, dependendo no resguardo dos interesses em conflito à própria e exclusiva iniciativa (livre) do sujeito-titular, vedada, salvo casos extremados, a atuação *ex officio* do juiz. O terceiro princípio é o da isonomia (paridade processual), segundo o qual, fórmula constitucional clássica, as partes são consideradas iguais perante o juiz, não podendo autor e réu terem tratamento desigual. O quarto é a regra do *nul ne plaide par procureur*, pelo qual ninguém é lícito, normalmente, postular em seu próprio nome direito alheio, salvo algumas parcas exceções legais, regra que corresponde ao art. 6º do CPC/73.

Por fim, o princípio da autoridade limitada da coisa julgada, determinando que a decisão judicial, como regra, só atinge as partes processualmente representadas, não afetando terceiros estranhos ao processo.

---

(109) SHIMURA, Sérgio. *Tutela coletiva e sua efetividade*. São Paulo: Método, 2006. p. 26-27.

(110) BENJAMIN, Antônio Herman V. A insurreição da aldeia global contra o processo civil clássico: apontamentos sobre a opressão e a libertação judiciais do meio ambiente e do consumidor. In: GRINOVER, Ada Pellegrini *et al.* (coords.). *Processo coletivo*: do surgimento à atualidade. São Paulo: Revista dos Tribunais, 2014.

Diante do referido quadro principiológico acima descrito, percebeu-se a impossibilidade da tutela de interesses pulverizados na sociedade por meio da concepção individualista do processo civil. Essa questão chamou atenção de Mauro Cappelletti e Bryant Garth, onde em sua obra clássica[111] descrevem o esforço no enfrentamento do problema da representação dos interesses difusos (metaindividuais), especialmente no que tange à impossibilidade de todos os titulares de um direito difuso comparecerem em juízo. Um exemplo disso seria a representatividade de todos os interessados na manutenção da qualidade do ar numa determinada região, motivo pelo qual se necessita de um "representante adequado". Os referidos autores também chamam a atenção para o instituto da coisa julgada, que segundo eles deveria ser adaptada a esses novos direitos coletivos.

> "A concepção tradicional do processo civil não deixava espaço para a proteção dos direitos difusos. O processo era visto apenas como um assunto entre duas partes, que se destinava à solução de uma controvérsia entre essas mesmas partes a respeito de seus próprios interesses individuais. Direitos que pertencessem a um grupo, ao público em geral ou a um segmento público não se enquadravam bem nesse esquema. As regras determinantes da legitimidade, as normas de procedimento e a atuação dos juízes não eram destinadas a facilitar as demandas por interesses difusos intentadas por particulares."[112]

Assim, a segunda onda renovatória preocupa-se com a adequada instrumentalização para a efetividade da tutela coletiva, diante da incompatibilidade da tutela metaindividual com a estrutura processual de cunho individualista e formalista até então vigente no mundo moderno, como bem descreve Barbosa Moreira[113], onde: "o campo de eleição dos instrumentos tradicionais de tutela judiciária é o das relações obrigacionais, com a rotineira contraposição entre duas pessoas, uma das quais se atribui a condição de credora e reclama do suposto devedor certa prestação". A ultrapassagem da barreira da legitimação ordinária, onde o titular do direito material correspondia exatamente com a legitimidade processual foi uma importante vitória para o nascimento das primeiras ações coletivas. Essa superação correspondia à nova visão processual, afastando a natureza tão somente individualista e formalista do processo civil tradicional, para absorver e complementar a visão processual por meio de

(111) CAPPELLETTI, Mauro; GARTH, Bryant. *Acesso à justiça*. Tradução de Ellen Gracie Northfleet. reimpr. 2012. Porto Alegre: Fabris, 1988.

(112) *Ibidem*, p. 49-50.

(113) BARBOSA MOREIRA, José Carlos. Ação popular do direito brasileiro como instrumento de tutela jurisdicional dos chamados "direitos difusos". *Revista de Processo*, São Paulo, ano 28, n. 10, p. 25, out. 1982.

uma nova estrutura processual, de característica social, coletiva, integrativa e participativa. Nesse sentido Sérgio Shimura:

> "Por conseguinte, muitos institutos jurídicos tradicionais, notadamente os da dogmática processual clássica, devem merecer novo enfoque. Esquemas já assentados — como o da legitimação, interesse processual, representação, substituição processual, citação, limites subjetivos e objetivos da coisa julgada, litisconsórcio etc. — devem ser revistos, repensados ou estudados de um prisma diferenciado, moldados de acordo com a fenomenologia que hoje se constata."(114)

Contemplou-se, assim, a tutela de interesses agrupados ou pulverizados na sociedade relegados por muito tempo juridicamente, caracterizados pela hipossuficiência dos titulares desses interesses quando individualmente considerados no embate jurídico.

6.1. INTERESSES METAINDIVIDUAIS

Antes de adentrarmos no ponto fulcral do problema da legitimidade, faz-se imprescindível o domínio acerca do conceito e características dos interesses metaindividuais previstos em nosso ordenamento jurídico.

O Código de Defesa do Consumidor, por meio do art. 81(115), conceituou as espécies de direitos coletivos *lato sensu*, que se subdividem em interesses difusos, coletivos *stricto sensu* e individuais homogêneos.

Segundo a referida norma, os direitos difusos seriam os transindividuais de natureza indivisível, cujos titulares sejam pessoas indeterminadas ligadas por circunstâncias de fato. Ou seja, as características principais dessa espécie é o caráter indivisível do objeto de tutela e a metaindividualidade indetermi-

---

(114) SHIMURA, Sérgio. *Tutela coletiva e sua efetividade*. São Paulo: Método, 2006. p. 136.

(115) Art. 81. A defesa dos interesses e direitos dos consumidores e das vítimas poderá ser exercida em juízo individualmente, ou a título coletivo.

Parágrafo único. A defesa coletiva será exercida quando se tratar de:

I — interesses ou direitos difusos, assim entendidos, para efeitos deste código, os transindividuais, de natureza indivisível, de que sejam titulares pessoas indeterminadas e ligadas por circunstâncias de fato;

II — interesses ou direitos coletivos, assim entendidos, para efeitos deste código, os transindividuais, de natureza indivisível de que seja titular grupo, categoria ou classe de pessoas ligadas entre si ou com a parte contrária por uma relação jurídica base;

III — interesses ou direitos individuais homogêneos, assim entendidos os decorrentes de origem comum.

nada dos titulares da pretensão. José Carlos Barbosa Moreira demonstra com perfeição a característica dessa espécie de interesse:

> "Aqui os interesses para os quais se deseja a tutela jurisdicional, comuns a uma coletividade de pessoas, não repousam necessariamente sobre uma relação-base, sobre um vínculo jurídico bem definido que as congregue. Tal vínculo pode até inexistir, ou ser extremamente genérico — reduzindo-se, eventualmente, à pura e simples pertinência à mesma comunidade política — e o interesse que se quer tutelar não é função dele, mas antes se prende a dados de fato, muitas vezes acidentais e mutáveis; existirá, *v. g.*, para todos os habitantes de determinada região, para todos os consumidores de certo produto, para todos os que vivam sob tais ou quais condições socioeconômicas, ou se sujeitem às consequências deste ou daquele empreendimento público ou privado, e assim, por diante."[116]

Em razão do caráter também metaindividual do interesse público, muitas vezes pode ser confundido com o interesse difuso. Para deixar clara essa distinção Ada Pellegrini Grinover esclarece:

> "a diferença reside no fato de que a ordem pública (ou a segurança pública, a defesa comum) constitui interesse de que todos compartilham. O único problema que esses interesses podem suscitar situa-se na perspectiva clássica do conflito autoridade x indivíduo. Mas sempre no pressuposto de que a ordem pública deva, em princípio, ser salvaguardada, de modo que, ao menos teoricamente, no Estado de direito não haveria propriamente contraste entre os valores segurança e liberdade, por ser pacífica a aceitação do princípio de que as liberdades devem ser exercidas respeitando-se a segurança social. Diversa é a situação com relação aos interesses difusos. Aqui, além da contraposição clássica indivíduo x autoridade, há um conflito de interesses de caráter metaindividual: o interesse à contenção dos custos de produção e dos preços contrapõe-se ao interesse à criação de novos postos de trabalho, à duração dos bens colocados no comércio etc. O interesse à preservação das belezas naturais contrapõe-se ao interesse da indústria edilícia, ou à destinação de áreas verdes a outras finalidades; (...)."[117]

Percebe-se da argumentação acima que nem sempre o interesse metaindividual é interesse difuso, como é o caso do interesse público que se caracteriza

---

(116) BARBOSA MOREIRA, José Carlos. *Ação popular do direito brasileiro como instrumento de tutela jurisdicional dos chamados "direitos difusos"*, cit., p. 7.
(117) GRINOVER, Ada Pellegrini. *A tutela jurisdicional dos interesses difusos*, cit., p. 41.

pela predominância da ordem pública em face do individual. Já o interesse coletivo difuso não há predominância do conflito autoridade x indivíduo, mas sim uma situação fática ou jurídica que atinge uma indeterminada titularidade.

Nas relações trabalhistas, podemos exemplificar como direitos difusos, o direito à não discriminação por sexo, raça ou opção sexual para a admissão no emprego público. Situação diversa seria uma ação para anular contratação em emprego público sem a realização de concurso público em uma determinada cidade. Neste caso, embora os efeitos dessa contratação atinjam interesses metaindividuais de toda a população da cidade, que potencialmente poderiam ingressar no serviço público, neste caso o conflito indivíduo *versus* autoridade (Estado), se sobressai sobre o interesse difuso. Assim, neste caso, salvo melhor juízo, a tutela visa à proteção do interesse público de toda a sociedade (moralidade administrativa).

Os direitos coletivos *stricto sensu*, segundo o inciso II do art. 81 do CDC, seriam os transindividuais de natureza indivisível de que seja titular grupo, categoria ou classe de pessoas ligadas entre si ou com a parte contrária por uma relação jurídica-base, como, por exemplo, todos os acionistas de uma determinada sociedade anônima, os condôminos de um prédio residencial, e assim por diante.

Da mesma forma que o interesse difuso, o objeto da pretensão do interesse coletivo não pode ser individualizado, repartido entre seus titulares. No entanto, os titulares desse interesse metaindividual pode ser devidamente identificável, haja vista a existência de uma relação jurídica-base que os une.

Na Justiça do Trabalho essa relação jurídica-base pode ser um contrato de trabalho ou ser caracterizada pela categoria profissional ou econômica. O agrupamento de similaridades que unem determinados trabalhadores entre si foi denominado de categoria profissional pelo § 2º do art. 511 da CLT, que se caracteriza pela similitude de condições de vida oriunda da profissão ou trabalho em comum, em situação de emprego na mesma atividade econômica ou em atividades econômicas similares ou conexas.

Em excelente explanação, Marcos Neves Fava demonstra visivelmente a diferenciação do interesse coletivo dos outros interesses:

> "Diferentes são as situações fáticas: trabalhadores em aeronaves (aeronautas) compõem uma categoria, pois, *a priori*, sua atuação laboral os aproxima, enquanto os passageiros de determinado voo, não. Assentam-se nos bancos do avião um padre, uma professora, três crianças voando desacompanhadas, um executivo, a ex-mulher de um jogador de futebol grávida. Este grupo não forma, por princípio, uma categoria, nada havendo que os una por similaridade essencial. Trágico acidente pode, no entanto, torná-los próximos, ou a seus

sucessores, na condição de vítimas do voo número tal. A diferença está a sugerir o ponto central da distinção entre um direito que diga respeito ao conjunto de membros de uma categoria — *a priori* — e aquele que atinge um grupo, que antes do fato não constituía uma categoria."[118]

Como exemplo na seara trabalhista do interesse coletivo *stricto sensu,* o citado autor faz referência a uma cláusula de convenção coletiva que estabeleça garantia no emprego. Nesse caso essa cláusula atingirá, indivisivelmente, todos os membros da categoria que preencham seus pressupostos fáticos, sem distinção individual de seus componentes.

Por fim, os interesses individuais homogêneos, que foram definidos pelo inciso III do art. 81 do CDC, como sendo os interesses de origem comum. Percebe-se, contudo, que substancialmente, os direitos individuais homogêneos possuem essência e natureza de direito individual, no entanto nosso ordenamento jurídico lhe concedeu a possibilidade de tutela coletiva em razão da homogeneidade da origem comum.

> "É sabido que a grande novidade do Código de defesa do consumidor, em termos de tutela jurisdicional, foi a criação da categoria dos interesses ou direitos individuais homogêneos, que são na verdade direitos subjetivos tradicionais, passíveis, ainda hoje, de tratamento processual individual, mas também, afora, de tratamento coletivo, em razão de sua homogeneidade e de sua origem comum."[119]

Utilizemos como exemplo o acidente de avião acima descrito por Marcos Neves Fava. As vítimas do acidente de avião não possuem nenhuma relação jurídica-base entre si (com a exceção dos aeronautas), sendo o acidente o fato gerador da homogeneidade desses direitos, ou seja, a sua origem comum. Assim, direitos dessas vítimas e seus sucessores possuem a possibilidade de serem tratados de forma individual ou coletivamente, em razão da homogeneidade desses direitos individuais. Nesse exemplo, fica claro que a instrumentalização coletiva será útil ao provimento jurisdicional desses direitos individuais homogêneos, especialmente em razão da dificuldade da prova, o que certamente exigirá perícia e consequentemente mais custo de despesa processual, quando arcada de forma individual. Também a tutela coletiva desses interesses impedirá a existência de decisões conflitantes que tratem do mesmo fato, onde as situações pessoas são irrelevantes para o desfecho do caso.

---

(118) FAVA, Marcos Neves. Ações coletivas no processo do trabalho. In: CHAVES, Luciano Athayde (org.). *Curso de processo do trabalho*. 2. ed. São Paulo: LTr, 2012. p. 824.

(119) GRINOVER, Ada Pellegrini. *Da* class action for damages *à ação de classe brasileira:* os requisitos de admissibilidade, cit., p. 171.

No que tange ao exemplo na seara trabalhista, utilizo-me do exemplo descrito por Ronaldo Lima dos Santos[120], onde se retrata o caso de um desabamento de um teto de uma determinada empresa, ocasionando lesões a diversos trabalhadores. Embora cada trabalhador lesionado tenha a possibilidade de demandar individualmente, a existência da origem comum (desabamento do teto da empresa) possibilita também a tutela coletiva, em razão da homogeneidade dos interesses individuais.

Ada Pellegrini Grinover entende que para o reconhecimento dos interesses individuais homogêneos, necessitam-se de dois requisitos: a homogeneidade e a origem comum. A origem comum pode ser decorrente de fato ou de direito, como também pode ser próxima ou remota, razão pela qual esse requisito sozinho não teria o condão de caracterizar a homogeneidade em todas as situações.

> "Parece evidente, no entanto, que a origem comum — sobretudo se for remota pode não ser suficiente para caracterizar a homogeneidade. No consumo de um produto potencialmente nocivo, não haverá homogeneidade de direitos entre um titular que foi vitimado exclusivamente por esse consumo e outro, cujas condições pessoais de saúde lhe causariam um dano físico independentemente da utilização do produto ou que fez deste uso inadequado. Não há homogeneidade entre situações de fato ou de direito sobre as quais as características pessoais de cada um atuam de modo completamente diferente."[121]

Já a homogeneidade pode ser aferida por meio da presença dos requisitos da prevalência e da superioridade da tutela coletiva. Acerca da origem desses dois requisitos da homogeneidade, a referida autora[122] esclareceu que as ações civis públicas em defesa dos direitos individuais homogêneos (arts. 91 a 100 do CDC), denominada de "ação de classe brasileira", têm sua origem nas *class actions for damages* do sistema norte-americano. Para essa espécie de ação processual norte-americana devem-se observar dois importantes requisitos para o reconhecimento da homogeneidade dos direitos individuais, quais sejam, o requisito da *prevalência*, onde as questões de direito e de fato comuns prevalecem sobre as questões de direito ou de fatos individuais, e o requisito da *superioridade* da tutela coletiva sobre a tutela individual, que trata da justiça e eficácia da sentença. Senão vejamos:

> "O requisito da *prevalência* dos aspectos comuns sobre os individuais indica que, sem isso, haveria desintegração dos elementos indivi-

---

(120) SANTOS, Ronaldo Lima dos. *Sindicatos e ações coletivas*. 4. ed. São Paulo: LTr, 2014. p. 448.

(121) GRINOVER, Ada Pellegrini. *Da* class action for damages *à ação de classe brasileira:* os requisitos de admissibilidade, cit., p. 180.

(122) *Idem*.

> duais; e o da *superioridade* leva em conta a necessidade de se evitar o tratamento de ação nos casos em que ela possa acarretar dificuldades insuperáveis, aferindo-se a vantagem, no caso concreto, de não se fragmentarem as decisões."(123)

A referida jurista faz um paralelo entre o requisito da prevalência da dimensão coletiva com a possibilidade jurídica do pedido. Se não houver prevalência dos aspectos coletivos sobre os individuais, os direitos não serão homogêneos, mas sim heterogêneos. Assim, sendo heterogêneos os interesses individuais a tutela coletiva não pode ser instrumentalizada, ante a inexistência da previsão normativa de utilização de instrumento processual coletivo para a tutela de interesse individual heterogêneo. Carecendo, portanto, da possibilidade jurídica do pedido.

No que tange ao requisito da superioridade o paralelo é feito com a condição da ação — interesse de agir, que se desdobra na necessidade e na utilidade do provimento jurisdicional vindicado, o que para Ada Pellegrini Grinover quer dizer que:

> "a via judicial só pode ser buscada quando necessária, ou seja, quando as forças do direito material se mostraram insuficientes para solucionar a controvérsia. E a utilidade corresponde à aferição, no plano concreto, de que o provimento jurisdicional invocado será útil para assegurar o bem da vida pretendido pelo autor. Os requisitos da necessidade e da utilidade se colocam no plano da economia processual, porquanto a função jurisdicional, que demanda dispêndio e energias, só pode ser ativada se for efetivamente necessária e útil."(124)

Assim, o acionamento do instrumento processual coletivo para a tutela de interesses individuais homogêneos, apenas deve ocorrer quando a tutela coletiva tiver utilidade aos seus fins, ou seja, for veículo de superação das dificuldades das postulações individuais e que a ampla defesa e o contraditório não sejam prejudicados pela tutela coletiva. A mera origem comum remota não pode servir de requisito exclusivo para legitimar o acionamento coletivo de interesses individuais, como, por exemplo, a utilização pelos empregados de uma determinada empresa de um produto potencialmente nocivo, que pode ter tido como causa próxima o estilo de vida pessoal ou o uso inadequado do produto. Neste caso, a condição pessoal do indivíduo e a prova do uso inadequado do produto demanda uma instrução processual individual, não sendo útil, nem tampouco necessária uma demanda coletiva. Ao contrário, a

(123) GRINOVER, Ada Pellegrini. *Da* class action for damages *à ação de classe brasileira:* os requisitos de admissibilidade, cit., p. 175.

(124) *Ibidem,* p. 181.

instrução processual, bem como uma sentença genérica, pode não retratar a realidade, propiciando uma má avaliação da prova, haja vista a existência de fatores pessoais que interferem diretamente na produção probatória.

Situação ainda mais danosa constitui o reconhecimento da utilização da tutela coletiva para interesses individuais heterogêneos, o que constitui uma grave falha de reconhecimento da ausência da condição da ação, sob a modalidade possibilidade jurídica do pedido. No entanto, surpreendentemente, alguns acórdãos do TST vêm se pronunciado a favor da legitimidade sindical para a tutela de interesses individuais heterogêneos[(125)]. Essa abertura da substituição processual para direitos individuais heterogêneos, abandona toda a experiência jurídica da *class actions for damages* do sistema norte-americano, que foi fonte inspiradora da nossa ação coletiva de tutela de interesses individuais homogêneos. Essa abertura também não está de acordo com o conceito contemporâneo do acesso à justiça, que não constitui mero meio de facilitação do acesso ao aparelho judicial, mas principalmente ser meio de utilidade, efetividade e celeridade processual. A utilização da tutela coletiva para defesa de interesses individuais heterogêneos não otimiza em nada a prestação jurisdicional. Ao contrário, o embaraça, atravancando e impossibilitando uma instrução processual exaustiva e completa, que fique mais próxima da verdade processualmente possível. Ressalta-se que o sindicato já possui normatizada a representação processual para a tutela de interesses individuais dos empregados, nos termos do § 1º do art. 791 da CLT, inclusive podendo veicular ações plúrimas. Não há sentido em ampliar o alcance da substituição processual dos sindicatos para incluir interesses individuais heterogêneos dos empregados, sendo que já existe meio processual adequado para a tutela desses interesses individuais, qual seja, a representação jurídica prestada pelo sindicato. Nesse sentido Ada Pellegrini Grinover:

---

(125) RECURSO DE REVISTA DO SINDICATO-AUTOR. SINDICATO. SUBSTITUIÇÃO PROCESSUAL. LEGITIMIDADE ATIVA *AD CAUSAM*. HORAS EXTRAORDINÁRIAS. PROVIMENTO. Depreende-se do v. acórdão proferido no julgamento do RE 210.029-3/RS que, para o Supremo Tribunal Federal, a legitimidade sindical posta no art. 8º, III, da Constituição Federal é ampla e alcança não apenas os direitos coletivos amplo *sensu* (direitos difusos, direitos coletivos *stricto sensu* e individuais homogêneos), mas, ainda, os direitos individuais subjetivos dos trabalhadores integrantes da categoria. Precedentes do STF e desta Corte. Assim, é forçoso reconhecer que a substituição processual não se restringe às hipóteses em que se discutam direitos e interesses coletivos, podendo a entidade sindical defender, inclusive, direitos individuais subjetivos da categoria que representa. Recurso de revista de que se conhece e a que se dá provimento. AGRAVO DE INSTRUMENTO DA RECLAMADA. PREJUDICADO. Em face do provimento do recurso de revista do sindicato, com a determinação de retorno dos autos egrégio Tribunal Regional, fica prejudicado o julgamento do agravo de instrumento da reclamada. (TST — ARR: 1572009620095080005, Relator: Guilherme Augusto Caputo Bastos, Data de Julgamento: 17.6.2015, 5ª Turma, Data de Publicação: DEJT 26.6.2015).

"Não será demais lembrar que um provimento jurisdicional desprovido de utilidade prática desprestigia o processo e constitui um engodo para a generosa visão do acesso à justiça. O acesso à justiça não pode ser uma promessa vã. Facilitá-lo, por intermédio de ações coletivas, é um grande avanço assimilado pelo direito processual brasileira. Mas admitir ações civis públicas inidôneas para gerar provimentos jurisdicionais efetivamente úteis, só pode levar ao descrédito do instrumento, à frustração dos consumidores da justiça, ao desprestígio ao Poder judiciário."(126)

6.2. SOLUÇÕES NA LEGITIMIDADE DE AGIR DE INTERESSES TRANSINDIVIDUAIS

As transformações sociais, econômicas e culturais que o século XXI enalteceram, acabaram ocasionando lesões a interesses que não se esgotavam na esfera meramente individual, como também não se encaixavam na esfera pública de direitos. Novos interesses característicos dessa sociedade de massas não poderiam ser tratados processualmente como direitos privados e nem como direitos públicos, necessitando de uma nova estrutura processual para que se pudesse tutelar esses direitos pulverizados e indeterminados na sociedade. Esses novos direitos — os coletivos — estavam localizados na interseção entre o direito privado e o público, e necessitavam da ampliação da visão processualista de cunho individualista e formal que vigia à época.

Percebeu-se uma grande dificuldade na tutela dos interesses transindividuais, em decorrência do desestimulante custo financeiro do processo em decorrência do valor do bem objeto da pretensão judicial coletiva, ou pela hipossuficiência do indivíduo frente ao ofensor aos direitos metaindividuais. Essas dificuldades demonstram que um dos principais problemas para a tutela efetiva dos direitos metaindividuais estaria na problemática legitimação de agir. Nesse sentido Ronaldo Lima dos Santos:

"A necessidade de eficaz proteção dessa legião de indivíduos lesados e a constatação prática da insuficiência ou da impossibilidade da defesa individual de tais interesses — por motivos como a hipossuficiência do indivíduo lesado em face do violador do direito, altos custos dos processos judiciais ou custos demasiadamente elevados em proporção ao valor do bem objeto de pretensão judicial, a pró-

---

(126) GRINOVER, Ada Pellegrini. *Da* class action for damages *à ação de classe brasileira:* os requisitos de admissibilidade, cit., p. 184.

> pria impossibilidade da defesa singular, insignificância do bem jurídico atingido se considerado pelo prisma individual, ignorância ou falta de informação a respeito dos direitos de cada indivíduo — levou os legisladores dos mais diversos países a criar vias alternativas para a sua proteção, principalmente em face da sua repercussão ou do interesse social que se perfaz em torno da sua preservação."(127)

Cientes da problemática da legitimidade de agir dos interesses metaindividuais, e conhecedores de diversas medidas em busca da efetividade do acesso à justiça dos interesses metaindividuais, Mauro Cappelletti e Bryant Garth apontam para três frentes de combate ao problema da representatividade dos interesses metaindividuais, a seguir expostos.

6.2.1. Legitimidade governamental

A primeira alternativa é a mais criticada pelos referidos autores. Trata-se da ação governamental para a defesa dos interesses difusos. A crítica consiste pelo fato de que a ação governamental, sozinha, não tem condições de suprir com eficiência de toda a demanda judicial e extrajudicial da proteção dos direitos metaindividuais. Relata também que referidas entidades públicas acabam por sofrer pressões políticas em razão de muitas vezes os interesses difusos serem prejudicados por ações governamentais, como construções públicas inapropriadas em locais de proteção ambiental, por exemplo. Outra possibilidade de ação governamental apontada foi a criação de agências públicas regulamentadoras altamente especializadas, mas que também não atendem a toda demanda, pois são limitadas.

> "A história recente demonstra que, por uma série de razões, elas têm deficiências aparentemente inevitáveis. Os departamentos oficiais inclinam-se a atender mais facilmente a interesses organizados, com ênfase nos resultados de suas decisões, e esses interesses tendem a ser predominantemente os mesmos interesses das entidades que o órgão deveria controlar. Por outro lado, os interesses difusos, tais como os consumidores e preservacionistas, tendem, por motivos já mencionados, a não ser organizados em grupos de pressão capazes de influenciar essas agências."(128)

---

(127) SANTOS, Ronaldo Lima dos. *Sindicatos e ações coletivas*. 4. ed. São Paulo: LTr, 2014. p. 244.

(128) CAPPELLETTI, Mauro; GARTH, Bryant. *Acesso à justiça*. Tradução de Ellen Gracie Northfleet. reimpr. 2012. Porto Alegre: Fabris, 1988. p. 52.

Na Justiça do Trabalho, em nosso ordenamento jurídico, o Ministério Público do Trabalho ocupa o principal papel governamental na proteção dos interesses metaindividuais dos trabalhadores, conforme inciso III do art. 129 da Constituição Federal(129) e art. 6º, inciso VII, da Lei Complementar n. 75/93 — Lei Orgânica do Ministério Público Federal.(130)

A previsão constitucional advinda com a constituição de 1988 extirpou de vez qualquer dúvida acerca da legitimidade do Ministério Público para a promoção do inquérito civil e da ação civil pública para a defesa dos interesses difusos e coletivos. No entanto, parte da jurisprudência ainda resistia ao reconhecimento da legitimidade do Ministério Público para a defesa dos direitos individuais homogêneos, haja vista que estes interesses não estavam escritos na redação do dispositivo constitucional.

A Lei Complementar n. 75/93 ao regulamentar as funções do Ministério Público da União acabou com a celeuma jurídica a prever a legitimidade do Ministério Público da União para a propositura da ação civil pública para a defesa de outros interesses individuais indisponíveis, homogêneos, sociais, difusos e coletivos. Essa regulamentação legal colocou fim à interpretação restritiva acerca da legitimidade do Ministério Pública na defesa dos interesses individuais homogêneos.

Por fim, a referida lei complementar previu expressamente a legitimidade do Ministério Público do Trabalho para o manejo de ações civis públicas para a proteção de direitos sociais constitucionalmente garantidos.(131)

Desta feita, hodiernamente o Ministério Público do Trabalho detém ampla legitimidade na Justiça do Trabalho para a defesa dos interesses metaindividuais, nestes incluídos os difusos, coletivos e individuais homogêneos, independentemente se estes últimos forem de natureza disponível ou indisponível,

---

(129) Art. 129. São funções institucionais do Ministério Público:

(...)

III — promover o inquérito civil e a ação civil pública, para a proteção do patrimônio público e social, do meio ambiente e de outros interesses difusos e coletivos.

(130) VII — promover o inquérito civil e a ação civil pública para:

(...)

c) a proteção dos interesses individuais indisponíveis, difusos e coletivos, relativos às comunidades indígenas, à família, à criança, ao adolescente, ao idoso, às minorias étnicas e ao consumidor;

d) outros interesses individuais indisponíveis, homogêneos, sociais, difusos e coletivos.

(131) Art. 83. Compete ao Ministério Público do Trabalho o exercício das seguintes atribuições junto aos órgãos da Justiça do Trabalho:

(...)

III — promover a ação civil pública no âmbito da Justiça do Trabalho, para defesa de interesses coletivos, quando desrespeitados os direitos sociais constitucionalmente garantidos.

conforme se percebe pela jurisprudência do TST.[132] Percebe-se, no entanto, corrente minoritária que não admite a legitimidade concorrente do Ministério Público e os sindicatos para a tutela de direitos coletivos e individuais homogêneos, afirmando que a legitimação do Ministério Público estaria restrita a direitos difusos. Nesse sentido, Amauri Mascaro Nascimento:

> "O sindicato é defensor de todos, inclusive de interesses individuais coletivos, expressão utilizada pela Constituição brasileira de 1988, como um tipo diferente, inconfundível com o interesse coletivo. O Ministério Público é defensor de interesses difusos, instaura inquéritos e ações civil públicas, o que tem permitido ampliar o estudo dos tipos de interesses e um significado avanço doutrinário em nosso país. (...) A aceitação da tese da legitimação concorrente e disjuntiva pode levar à duplicidade de ações judiciais, sucessivas, como no caso, ou concomitantes, pelo sindicato e pelo Ministério Público do Trabalho, para a defesa dos direitos sociais constitucionalmente garantidos. O certo seria a intervenção oficial apenas nos casos em que realmente tenham maior expressão e comportem a atuação da Procuradoria como órgão institucionalmente capacitado a preservar a ordem jurídica e o interesse público, o que leva à generalidade e não à especificidade como pressuposto de sua atuação."[133]

Também existe corrente jurisprudencial que reconhece a legitimação do Ministério Público para interesses coletivos e difusos, no entanto para interesses individuais homogêneos limita para os casos em que haja interesses indisponíveis ou social relevante envolvido. Luís Roberto Barroso:

> "Note-se que o Ministério Público, instituição responsável pelo ajuizamento da grande maioria de ações civis públicas em matéria de direitos difusos e coletivos, tem sua atuação limitada quando se trate de direitos individuais homogêneos, somente tendo legitimação para agir quando os direitos em disputa sejam indisponíveis

---

(132) RECURSO DE REVISTA. EMPREGADOS SEM ANOTAÇÃO NA CTPS. ORIGEM COMUM. DIREITOS INDIVIDUAIS HOMOGÊNEOS. LEGITIMIDADE ATIVA DO MINISTÉRIO PÚBLICO DO TRABALHO. 1. A legitimidade do Ministério Público do Trabalho, na defesa de direitos individuais homogêneos, em ação civil pública, já se encontra consagrada na jurisprudência do Tribunal Superior do Trabalho. Precedentes. 2. Há legitimidade do Ministério Público do Trabalho para propor ação civil pública que a tutelar direitos dos empregados da Reclamada que laborem sem anotação na CTPS. 3. Recurso de revista de que se conhece e a que se dá provimento. (TST — RR: 8257320125150003, Relator: João Oreste Dalazen, Data de Julgamento: 29.4.2015, 4ª Turma, Data de Publicação: DEJT 8.5.2015).

(133) NASCIMENTO, Amauri Mascaro. *Compêndio de direito sindical*. 7. ed. São Paulo: LTr, 2012. p. 51-52.

ou haja interesse social relevante envolvido ou relevância social na tutela coletiva."[134]

Não obstante a respeitável corrente de interpretação restritiva acerca da legitimidade do Ministério Público, a tendência contemporânea aponta para sentido contrário. Em face do direito ao acesso à justiça percebe-se que a melhor efetividade de tutela de interesses metaindividuais é um sistema que contemple uma pluralidade de representantes ideológicos. Assim, quanto maior a abertura do sistema para a atuação e fiscalização dos interesses metaindividuais melhor para a sua proteção. Ressalta-se, inclusive, que o Ministério Público do Trabalho é uma instituição governamental bem atuante e realiza um trabalho independente e efetivo de proteção dos interesses metaindividuais de trabalhadores, haja vista que a sua carreira possui as mesmas prerrogativas funcionais da magistratura, o que lhe garante a autonomia e independência funcional de seus integrantes. Também no que tange à jurisdição trabalhista coletiva normativa, o Ministério Público do Trabalho também se destaca, na medida que possui legitimidade para instaurar o dissídio de greve, conforme § 3º do art. 114 da CF/88.[135] No entanto, a referida instituição não consegue suprir toda a demanda metaindividual, necessitando, portanto, de outras formas complementares de proteção de interesses metaindividuais, conforme se analisará a seguir.

6.2.2. Legitimidade individual

A segunda opção proposta relatada consiste na técnica do procurador-geral privado, que seria a possibilidade de indivíduos, denominados de *procurador-geral privado* ou *demandantes ideológicos* proporem ações em defesa de interesses públicos ou coletivos. Mauro Cappelletti e Bryant Garth demonstram essa prática em diversos países:

> "Existe grande número de exemplos dessas reformas no campo da proteção ambiental, tais como a admissão de ações privadas nos Estados Unidos para fazer valer o *Clean air Act* (Lei antipoluição atmosférica), de 1970. A lei italiana de 1967, que permite que qualquer pessoa acione as autoridades municipais por concessão irregular de

---

(134) BARROSO, Luís Roberto. A proteção coletiva dos direitos no Brasil e alguns aspectos da *class action* norte-americana. *Revista de Processo*, São Paulo, v. 130, p. 220-221, dez. 2005.

(135) Art. 114. Compete à Justiça do Trabalho processar e julgar:

§ 3º Em caso de greve em atividade essencial, com possibilidade de lesão do interesse público, o Ministério Público do Trabalho poderá ajuizar dissídio coletivo, competindo à Justiça do Trabalho decidir o conflito.

permissões para construções, é um exemplo semelhante. O mesmo tipo de solução é adotado no Estado alemão da Bavária, onde uma *popularklage* (ação popular) pode ser intentada por qualquer pessoa perante a corte Constitucional Bávara, contra legislação estadual considerada atentatória da Declaração de Direitos contida na constituição Bávara de 1946."(136)

No Brasil essa opção é representada pela ação popular, prevista pela Lei n. 4.717/65(137), que constitui a única previsão normativa em nosso ordenamento jurídico de um cidadão sozinho possuir legitimidade de acionar uma demanda coletiva.

A lei de ação popular possibilita qualquer cidadão a pleitear em juízo a anulação ou declaração de nulidade de atos lesivos ao patrimônio público, seja de valor econômico, artístico, estético, histórico ou turístico. Não há dúvidas de que a lesão ao patrimônio público afetará diretamente os recursos públicos, o que por sua vez refletirá em verbas destinadas a educação, saúde, emprego e demais setores ligados à população, seja local, estadual ou federal, o que demonstra o caráter metaindividual da lesão.

Não obstante o avanço processual trazido pela ação popular, haja vista que possibilitou uma maior participação da sociedade civil na tutela de interesses metaindividuais, a referida lei não vislumbrou que o cidadão que propõe uma ação popular não terá qualquer benefício financeiro direto com a propositura da demanda. Ao contrário, o autor correrá o risco de arcar com o pagamento de custas ao final caso não consiga se desincumbir de seu ônus probatório. Isso porque eventuais danos ao patrimônio público será ressarcido ao próprio patrimônio público e não ao autor da demanda, o que torna bastante desestimulante ao eventual autor da ação popular correr o referido risco financeiro, sem nenhuma previsão de qualquer recompensa ou benefício. A única recompensa prevista pela lei consiste no ressarcimento ao final do valor de custas, despesas relacionadas diretamente com o processo e com honorários advocatícios, conforme previsto no arts. 10, 11 e 12 da Lei de Ação Popular, o que não constituem bônus suficientes a estimular a sociedade civil na efetivação da proteção judicial ao patrimônio público.

---

(136) CAPPELLETTI, Mauro; GARTH, Bryant. *Acesso à justiça*. Tradução de Ellen Gracie Northfleet. reimpr. 2012. Porto Alegre: Fabris, 1988. p. 55-56.

(137) Art. 1º "Qualquer cidadão será parte legítima para pleitear a anulação ou a declaração de nulidade de atos lesivos ao patrimônio da União, do Distrito Federal, dos Estados, dos Municípios, de entidades autárquicas, de sociedades de economia mista, de sociedades mútuas de seguro nas quais a União represente os segurados ausentes, de empresas públicas, de serviços sociais autônomos, de instituições ou fundações para cuja criação ou custeio o tesouro público haja concorrido ou concorra com mais de cinquenta por cento do patrimônio ou da receita ânua, de empresas incorporadas ao patrimônio da União, do público".

Considerando que, muitas vezes, a realização da prova do dano ao patrimônio público constitui uma prova difícil, pois necessita muitas vezes da realização de perícia ou outras diligências judiciais, aumentando-se o risco de não se desincumbir de seu ônus probatório, entendemos que não poderia ensejar no presente caso pagamento de custas processuais ao autor, mesmo que ao final da demanda. As custas, no caso de improcedência por falta de provas, deveriam ser isentadas ao autor popular, independente da concessão da gratuidade de justiça, como forma de estimular o cidadão ao acesso à justiça.

Da mesma forma, o autor da ação popular que for vencedor da demanda, deveria ser recompensado de alguma forma na sentença pelo seu ato trabalhoso e corajoso de defender em juízo o patrimônio público. Poderia ser a isenção por um determinado lapso de tempo do pagamento de tributos, municipal, estadual ou federal, conforme o ente público que foi ressarcido pela sua iniciativa processual. O lapso de tempo maior ou menor seria proporcional ao valor a ser ressarcido aos cofres públicos. Essa medida teria como finalidade incentivar a maior participação da sociedade civil na fiscalização dos contratos e atos públicos.

6.2.3. Legitimidade associonista

A terceira opção, relatada por Mauro Cappelletti e Bryant Garth,[138] denominada de técnica do *advogado particular de interesse público,* consiste na possibilidade de grupos representativos — não governamentais — demandarem direitos metaindividuais.

O legislador constituinte demonstrou seu intuito democrático e pluralista, por meio do caráter participativo da sociedade civil que emana de seus dispositivos. Em primeira ordem, elenco o inciso XXI do art. 5º da Constituição Federal, direito fundamental, que confere a entidades associativas a legitimidade para representar seus filiados extrajudicial ou judicialmente[139]. Da mesma forma o inciso LXX do referido art. 5º quando confere às associações a legitimidade de impetrar mandado de segurança coletivo[140], bem como os arts.

---

(138) CAPPELLETTI, Mauro; GARTH, Bryant. *Acesso à justiça*. Tradução de Ellen Gracie Northfleet. reimpr. 2012. Porto Alegre: Fabris, 1988.

(139) Art. 5º, XXI — as entidades associativas, quando expressamente autorizadas, têm legitimidade para representar seus filiados judicial ou extrajudicialmente.

(140) Art. 5º, LXX — o mandado de segurança coletivo pode ser impetrado por:

(...)

b) organização sindical, entidade de classe ou associação legalmente constituída e em funcionamento há pelo menos um ano, em defesa dos interesses de seus membros ou associados.

216[141] e 225[142] da Constituição Federal muito claramente distribuem a responsabilidade pela proteção do patrimônio público cultural e ambiental à sociedade civil.

A legislação infraconstitucional, por sua vez, reflete esse anseio participativo da sociedade civil, como se percebe na Lei da Ação Civil Pública, Lei do Mandado de Segurança Coletivo, o Código de Defesa do Consumidor, Consolidação das Leis Trabalhistas (ação coletiva), entre outras leis que conferem legitimidade às associações e sindicatos para a proteção de interesses metaindividuais.

Utilizemos, como exemplo, a Lei da Ação Civil Pública, por ser um instrumento processual clássico para a defesa dos interesses metaindividuais. O legislador, com base na tendência contemporânea de acesso à justiça, abriu o leque de legitimação de interesses metaindividuais. Vejamos. O art. 5º da Lei n. 7.347/85[143] confere legitimidade para propor ação civil pública na defesa de interesses metaindividuais o Ministério Público, a Defensoria Pública, os entes estatais (União, Estados, Municípios e Distrito Federal), bem como suas fundações, autarquias públicas e sociedade de economia mista. Ressalta-se que essa legitimidade constitui a mesma legitimidade da ação coletiva prevista no art. 82 do CDC, com a exceção da menção expressa da legitimidade da Defensoria Pública.

No presente caso a legitimidade da associação civil constitui exemplo clássico da solução associacionista ora discutida. Já a legitimação do Ministério Público, da Defensoria Pública e dos entes públicos se encaixariam na solução publicista já analisada.

---

(141) Art. 216.

§ 1º O Poder Público, com a colaboração da comunidade, promoverá e protegerá o patrimônio cultural brasileiro, por meio de inventários, registros, vigilância, tombamento e desapropriação, e de outras formas de acautelamento e preservação.

(142) Art. 225. Todos têm direito ao meio ambiente ecologicamente equilibrado, bem de uso comum do povo e essencial à sadia qualidade de vida, impondo-se ao Poder Público e à coletividade o dever de defendê-lo e preservá-lo para as presentes e futuras gerações (p. 33).

(143) Art. 5º Têm legitimidade para propor a ação principal e a ação cautelar:

I — O Ministério Público;

II — a Defensoria Pública;

III — a União, os Estados, o Distrito Federal e os Municípios;

IV — a autarquia, empresa pública, fundação ou sociedade de economia mista;

V — a associação que, concomitantemente:

a) esteja constituída há pelo menos 1 (um) ano nos termos da lei civil;

b) inclua, entre suas finalidades institucionais, a proteção ao patrimônio público e social, ao meio ambiente, ao consumidor, à ordem econômica, à livre concorrência, aos direitos de grupos raciais, étnicos ou religiosos ou ao patrimônio artístico, estético, histórico, turístico e paisagístico.

Destaca-se que para a associação civil obter a referida legitimidade precisa estar constituída há mais de um ano e que esteja incluída em sua finalidade institucional a proteção do interesse metaindividual que pretender vincular na ação civil pública.

O requisito da pré-constituição pode ser dispensado pelo juiz, quando haja manifesto interesse social evidenciado pela dimensão ou característica do dano, ou pela relevância do bem jurídico a ser protegido.

Essa vinculação exigida pelas associações entre a finalidade institucional da associação e a pretensão deduzida em juízo para se obter a legitimidade de agir, é denominada pela doutrina como *adequacy representation*.

O sindicato, por ser uma espécie de associação civil, possui legitimidade para ingressar com a ação civil pública na defesa de interesses metaindividuais. No entanto, o registro sindical lhe confere uma qualificação onde se presume a *adequacy representation* quando atua em defesa de direitos coletivos de sua categoria, em decorrência do comando constitucional previsto no inciso III do art. 8º da Constituição Federal. Essa presunção da *adequacy representation* não é absoluta, pois exige-se uma correspondência entre o sindicato autor e a categoria econômica da empresa em face da qual se propôs a ação — pertinência do enquadramento da categoria. Nesse sentido, Ronaldo Lima dos Santos:

> "Assim, pela *adequacy representation* nas ações civis públicas sindicais a legitimação processual de determinado sindicato está diretamente vinculada ao enquadramento da empresa demandada na categoria econômica que corresponde à categoria profissional do mesmo sindicato, não obstante haver situações que envolvam uma ou mais categorias de trabalhadores."(144)

A qualificação sindical confere também ao sindicato a inexigência do requisito da pré-constituição de um ano. Isso porque já se depreende da natureza sindical a sua função de defesa de direitos da categoria representada.

6.3. *TENDÊNCIA CONTEMPORÂNEA E O MODELO BRASILEIRO DA LEGITIMAÇÃO DOS INTERESSES METAINDIVIDUAIS*

Percebe-se por meio do estudo da moderna processualista atual que a melhor alternativa para o enfrentamento do problema da representatividade seria a utilização conjunta de todos os mecanismos acima relatados em busca

(144) SANTOS, Ronaldo Lima dos. *Sindicatos e ações coletivas*. 4. ed. São Paulo: LTr, 2014. p. 388.

do maior acesso à justiça dos interesses metaindividuais. Enfatizam essa pluralidade, Mauro Cappelletti e Bryant Garth:

> "O importante é reconhecer e enfrentar o problema básico nessa área: resumindo, esses interesses exigem uma eficiente ação de grupos particulares, sempre que possível; mas grupos particulares nem sempre estão disponíveis e costumam ser difíceis de organizar. A combinação de recursos, tais como as ações coletivas, as sociedades de advogados do interesse público, a assessoria pública e o advogado público podem auxiliar a superar este problema e conduzir à reivindicação eficiente dos interesses difusos."(145)

Ada Pellegrini Grinover, depois de um profundo estudo do direito comparado, apresenta a tendência da linha evolutiva para a solução da tutela dos interesses metaindividuais no mesmo sentido da pluralidade de legitimidade da ação coletiva:

> "a) Instituição de órgãos públicos, altamente especializados, para a tutela extraprocessual e processual de determinados interesses difusos;
>
> b) Extensão da legitimidade de agir a sujeitos privados — associações e pessoas físicas — não pessoalmente prejudicados;
>
> c) Extensão dos poderes do juiz, não mais limitado à reparação do *dano sofrido* pelo autor, mas investido de poderes para perquirir do *prejuízo provocado*, nem adstrito a proferir sentenças com eficácia limitada às partes."(146)

Já José Carlos Barbosa Moreira propõe três soluções para a legitimidade de ações coletivas, que não se diferenciam muito do modelo proposto por Cappelletti e Garth(147) acima estudado. Vejamos:

> "a) legitimação concorrente (e "disjuntiva") dos cotitulares, que ficam habilitados a agir em juízo, na defesa do interesse comum, quer isoladamente, quer mediante a formação de um litisconsórcio voluntário;
>
> b) legitimidade de pessoas jurídicas (sociedade, associações), cujo fim institucional consista precisamente na defesa do interesse em foco,

---

(145) CAPPELLETTI, Mauro; GARTH, Bryant. *Acesso à justiça*. Tradução de Ellen Gracie Northfleet. reimpr. 2012. Porto Alegre: Fabris, 1988. p. 66-67.

(146) GRINOVER, Ada Pellegrini. *A tutela jurisdicional dos interesses difusos*, cit., p. 48.

(147) CAPPELLETTI, Mauro; GARTH, Bryant. *Acesso à justiça*. Tradução de Ellen Gracie Northfleet. reimpr. 2012. Porto Alegre: Fabris, 1988.

> e que, ao lado desse requisito, ou talvez mesmo sem ele, ofereçam boa garantia de 'representar' de maneira adequada, com sinceridade e eficiência, o conjunto de interessados; eventualmente, também de entidades não dotadas de personalidade jurídica no plano material, ou até de grupos formados com o puro e específico objetivo de movimentar o pleito;
>
> c) legitimação de órgãos do próprio aparelho estatal, de que constitui protótipo o Ministério Público."(148)

Percebe-se, portanto, três vertentes de fortalecimento da legitimidade de agir para a tutela de interesses metaindividuais contemporaneamente. A primeira vertente constitui na solução governamental, onde a legitimação é conferida a instituições públicas. A segunda vertente seria a legitimação individual, onde se possibilita a legitimidade de tutela de interesses coletivos *lato sensu* a um cidadão comum. Por fim, a frente associonista, onde se confere legitimidade para tutelar interesses coletivos a grupos sociais ou associações privadas.

Ao se contextualizar as referidas práticas acima relatadas com o modelo de representação dos interesses transindividuais no Brasil, deduz-se que se acolheu a sugestão pluralista de legitimados proposta para a tutela dos interesses metaindividuais, no entanto com algumas peculiaridades. Neste sentido, Carlos Henrique Bezerra Leite resume:

> "O direito brasileiro, segundo nos parece, adotou solução eclética, na medida em que harmonizou os três sistemas já mencionados. E isso porque, no nosso ordenamento, a legitimação ad causam em tema de interesses metaindividuais é conferida:
>
> a) Aos órgãos públicos (com destaque para o Ministério Público), nas ações civis públicas ou coletivas destinadas à defesa de interesses difusos, coletivos e individuais homogêneos;
>
> b) Às associações civis, nas mesmas condições conferidas ao Ministério Público para a promoção das ações coletivas;
>
> c) Ao cidadão, na ação popular que tenha por escopo a defesa do patrimônio público, histórico e cultural e da moralidade administrativa."(149)

---

(148) BARBOSA MOREIRA, José Carlos. Tutela jurisdicional dos interesses coletivos ou difusos. In: GRINOVER, Ada Pellegrini *et al.* (coords.). *Processo coletivo*: do surgimento à atualidade. São Paulo: Revista dos Tribunais, 2014. p. 76.

(149) LEITE, Carlos Henrique Bezerra. *Ação civil pública na perspectiva dos direitos humanos*, cit., p. 84.

No Brasil, um pouco diferente do modelo proposto por Mauro Cappelletti e Bryant Garth, a vertente individual da legitimação foi acolhida de forma bem excepcional, haja vista que a ação popular constitui a única ação coletiva que permite a legitimação individual de um cidadão. A ação civil pública, o mandado de segurança coletivo, a ação coletiva, e os demais instrumentos processuais coletivos não permitem essa espécie de legitimação. Não obstante essa limitação, o nosso ordenamento jurídico, tanto por meio da previsão constitucional como as regulamentações legais das tutelas coletivas, previu expressamente a vertente assuncionista, conferindo legitimidade para tutela de interesses metaindividuais às associações, desde que instituídas há mais de um ano e que mantenha em seus fins institucionais a previsão da tutela coletiva.

Percebe-se que a restrição da corrente individualista e de alguns obstáculos burocráticos para a legitimidade das associações (registro do fim institucional pertinente ao objeto da demanda e a pré-constituição) tem por fim evitar ações fraudulentas, levianas ou com intuito meramente de intimidação ou de chantagem em face das autoridades públicas, sem nenhum comprometimento verdadeiro com a tutela dos interesses metaindividuais. Outra preocupação com a concessão indiscriminada de legitimidade para indivíduos e associações sem os requisitos constitucionais e legais, seria a enxurrada de ações, o que acabaria amontoando ainda mais o Poder Judiciário, prejudicando a celeridade processual do Judiciário.

Quanto aos referidos obstáculos apresentados no que tange à abertura da legitimidade de ações coletivas para indivíduos, grupos sem personificação jurídica ou associações sem os requisitos legais, entendo que poderiam ser superados por meio do procedimento obrigatório de verificação da representatividade adequada nas ações coletivas — procedimento típico das *class action* norte-americanas, onde o juiz verificaria a idoneidade do grupo, associação ou do indivíduo e a sua pertinência coletiva e relevância social para a legitimidade da propositura da demanda coletiva. Caso essa certificação de representação fosse aceita, o juiz intimaria o Ministério Público para atuar como fiscal da lei. Ressalta-se que a presença obrigatória do Ministério Público como fiscal da lei nas ações civis públicas e ações coletivas no Brasil já constitui procedimento obrigatório em nosso ordenamento jurídico. No entanto, caso o requisito da representatividade adequada não seja aceito pelo juiz, a demanda poderia prosseguir, no entanto, de forma individual e não coletiva. Acerca do procedimento da *class action*, Luís Roberto Barroso:

> "No tocante à legitimação ativa ou representatividade adequada, caberá ao juiz da causa, tão logo seja possível após o início da ação, determinar se a *class* deve ser mantida, isto é, se o processo deve prosseguir como *class action*. Este momento processual decisivo é

> denominado certificação de classe *(class certification)*. Se o juiz negar a certificação, não haverá ação de classe, embora seja possível a continuação do processo apenas pelos 'representantes', mas já então a título individual."[150]

Outra medida para se evitar ações individuais levianas e temerárias seria a aplicação da penalidade prevista no art. 13 da Lei de Ação Popular (n. 4.717/65), que determina o pagamento do décuplo das custas ao autor, sem prejuízo da aplicação das medidas caracterizadoras de deslealdade e dano processual prevista no art. 18 do CPC e seguintes, quando o juiz reconhecesse a lide como temerária.

A abertura da legitimidade de agir para cidadãos e associações para a tutela de interesses metaindividuais, acrescidas das medidas assecuratórias da idoneidade da representatividade adequada, representam um alargamento ao direito contemporâneo do acesso à justiça, mais especificamente enquadrado na segunda onda renovatória.

6.4. ATUAÇÃO DE CORPOS INTERMEDIÁRIOS

Dentre as soluções apontadas, a concessão de legitimidade de agir a entes associativos — grupos, vem se destacando nas sociedades mais avançadas de tutela de interesses metaindividuais.

Essas associações e grupos são denominados pela doutrina de corpos intermediários, haja vista a interseção (ponto de encontro) que essas associações criam entre o interesse privado e o interesse público.

> "*Tertium non datur!*, exclama o autor: como se entre o 'público' e o 'privado' houvesse um abismo profundo, sem qualquer ponto em comum. No entanto, a *summa divisio* parece irremediavelmente superada pela realidade social de nossa época, da qual emergem claramente novos interesses que, posto que não público no sentido tradicional da palavra, são no entanto, coletivos. Ninguém, e todos, são seus titulares."[151]

Esses grupos intermediários são caracterizados pelo agrupamento de pessoas, de forma organizada e coesa, com fins comuns. Esse agrupamento de interesses fortaleceu-se por meio das transformações para a sociedade de massas, onde se percebe a pulverização e a coletivização de interesses le-

(150) BARROSO, Luís Roberto. A proteção coletiva dos direitos no Brasil e alguns aspectos da *class action* norte-americana. *Revista de Processo*, São Paulo, v. 130, dez. 2005. p. 227.
(151) GRINOVER, Ada Pellegrini. *A tutela jurisdicional dos interesses difusos*, cit., p. 46.

sionados. Essa junção organizada de pessoas com finalidade grupal comum minimiza os obstáculos do ajuizamento individual, especialmente quanto ao custo da demanda processual e no que tange ao afastamento da hipossuficiência quanto ao agressor de direitos metaindividuais. Segundo Ronaldo Lima dos Santos:

> "Esses corpos ou instâncias intermediárias são configurações sociais que, acentuadamente, vêm ganhando espaço na sociedade moderna. Nascem da tensão entre o indivíduo e a sociedade, da divergência entre o universal e o particular. Configura um modo indireto de inserção do indivíduo na totalidade social. São os denominados grupos sociais, grupos de pressão, grupos intermediários, corpos intermediários, e ainda instâncias intermediárias. São associações, sindicatos, entidades de classe, organizações não governamentais (ONGS) etc."[152]

Interpretando sistematicamente a nossa Constituição Federal, percebe-se a intenção do constituinte em conferir uma maior participação da sociedade na coisa comum, pública ou coletiva. Essa intenção da maior participação social pode ser fundamentada por diversos dispositivos constitucionais espalhados pela nossa Carta Magna. Destaco, contudo, para fundamentar a legitimação dos corpos intermediários para a tutela de interesses metaindividuais, apenas os quais considero os mais relevantes. Em primeira ordem, elenco o inciso XXI do art. 5º da Constituição Federal, haja vista o seu caráter de direito fundamental social, na medida que confere a entidades associativas a legitimidade para representar seus filiados extrajudicial ou judicialmente.[153] Da mesma forma o inciso LXX do referido art. 5º quando confere às associações a legitimidade de impetrar mandado de segurança coletivo.[154] Por fim, os arts. 216[155] e 225[156] da Constituição muito claramente distribuem a responsabilidade pela proteção do patrimônio público cultural e ambiental à

(152) SANTOS, Ronaldo Lima dos. *Sindicatos e ações coletivas*. 4. ed. São Paulo: LTr, 2014. p. 247.

(153) Art. 5º, XXI — as entidades associativas, quando expressamente autorizadas, têm legitimidade para representar seus filiados judicial ou extrajudicialmente.

(154) Art. 5º, LXX — o mandado de segurança coletivo pode ser impetrado por:

(...)

b) organização sindical, entidade de classe ou associação legalmente constituída e em funcionamento há pelo menos um ano, em defesa dos interesses de seus membros ou associados.

(155) Art. 216.

§ 1º O Poder Público, com a colaboração da comunidade, promoverá e protegerá o patrimônio cultural brasileiro, por meio de inventários, registros, vigilância, tombamento e desapropriação, e de outras formas de acautelamento e preservação.

(156) Art. 225. Todos têm direito ao meio ambiente ecologicamente equilibrado, bem de uso comum do povo e essencial à sadia qualidade de vida, impondo-se ao Poder Público e à coletividade o dever de defendê-lo e preservá-lo para as presentes e futuras gerações (p. 33).

coletividade, o que demonstra a legitimidade dos corpos intermediários, como a forma mais típica de participação social e democrática na tutela de interesses metaindividuais. Dentro deste contexto, Kazuo Watanabe reitera:

> "Admitida que seja a legitimação de corpos intermediários, a ação não será mais um simples instrumento de realização do direito objetivo e, por via, de consequência, tutela de um direito subjetivo. Muito mais do que isso, será uma forma de participação pública por meio do Judiciário, como instrumento de racionalização do poder."[(157)]

Esse mesmo autor já há tempos refletia que a utilização dos corpos intermediários para a legitimidade da tutela de interesses transindividuais promove o acesso à justiça, pois resolve o problema da representação em juízo.

> "Em todos esses casos, o que se tem é a utilização, pelo legislador, de uma técnica de facilitação do acesso ao Judiciário, por parte de uma comunidade de interessados, concedendo a um ente não personificado, que será representado por pessoa indicada por lei, a faculdade de ser parte no processo, ao invés da figuração de todos os membros da comunidade, o que seria por vezes, pelo número de interessados, extremamente penoso e até mesmo impraticável."[(158)]

Na Justiça do Trabalho, onde a tutela de interesses metaindividuais se destaca, a atuação de corpos intermediários é feita predominantemente pelos sindicatos, espécie de associação privada que será a seguir analisada.

A origem remota dos sindicatos é apontada como as corporações de ofício, em razão da reunião de trabalhadores de forma organizada e com finalidade corporativa durante o feudalismo, no entanto muito se distinguem da formação sindical contemporânea. Nesse sentido, Amauri Mascaro Nascimento:

> "As corporações ou grêmios, como também foram denominadas, tinham uma estrutura interna diferente de que os sindicatos viriam a ter. Uniam o que o sindicato separou. Como entes econômicos e profissionais, reuniam empregadores (mestres), trabalhadores (companheiros) e menores, os aprendizes, estes recebendo daqueles ensinamentos metódicos de uma profissão. (...) Talvez as corporações de ofício encontrem correspondência hoje, guardadas as devidas proporções, menos com os sindicatos e mais com os conselhos de fiscalização do exercício profissional, com as quais se parecem. Con-

---

(157) WATANABE, Kazuo. Tutela jurisdicional dos interesses difusos: a legitimação para agir. In: GRINOVER, Ada Pellegrini *et al.* (coords.). *Processo coletivo*: do surgimento à atualidade. São Paulo: Revista dos Tribunais, 2014. p. 70.

(158) *Ibidem*, p. 67.

trolavam a profissão, conferiam habilitação profissional, puniam os profissionais autores de atos contrários à ética."[159]

O sindicato moderno como se encontra estabelecido hoje nasceu da explosiva revolução industrial e seus efeitos sociais, econômicos e trabalhistas. As péssimas condições de trabalho, a exploração da mão de obra, inclusive infantil e de mulheres, a formação da alta desigualdade social e o crescimento desordenado da cidade, decorrente do êxodo rural, foram fatos que fomentaram a consciência coletiva acerca da necessidade da reunião de forças em busca de objetivos comuns. Sobre esse período, Ronaldo Lima dos Santos:

> "Embasados em doutrinas ideológicas, políticas e sociais, e agindo em busca de melhores condições de vida e trabalho, os trabalhadores se coalizavam para a defesa conjunta dos seus interesses, a princípio, em sociedades secretas, de resistência ou de socorro mútuo e, após, em associações mais permanentes e estáveis, específicas para a defesa dos seus interesses profissionais: os sindicatos."[160]

A ideologia iluminista que fundamentava o Estado Liberal não compactuava com as formações associativas ou sindicais, as quais denominava de sociedades parciais no Estado. Isso porque o princípio da liberdade do indivíduo deveria ser pleno, não se submetendo a vontade de associações ou sindicatos. Ronaldo Lima dos Santos[161] resumiu bem o pensamento de Jacques Rousseau, autor da obra clássica *Contrato Social*, para quem "o alcançar de uma vontade geral que predominasse sobre as vontades particulares somente ocorreria com a vedação da existência de sociedades parciais no Estado". A vedação da existência de sociedades parciais foi posta em ação por meio da Lei Le Chapelier de 1791, a qual suprimiu as corporações de ofício e as associações foram proibidas. Também destaca esse período Amauri Mascaro Nascimento:

> "O liberalismo da Revolução Francesa de 1789 condenou a existência de corpos intermediários entre o indivíduo e o Estado, dos quais as corporações era uma forma. Para ser livre, era o ideário liberal, o homem não poderia estar subordinado à associação, porque esta suprime a sua livre e plena manifestação, submetido que fica ao predomínio da vontade da instituição. Essa doutrina serviu de suporte para a extinção das corporações de ofício, como também, mais tarde, para a repressão das colisões profissionais no início do

(159) NASCIMENTO, Amauri Mascaro. *Compêndio de direito sindical*. 7. ed. São Paulo: LTr, 2012. p. 58.

(160) SANTOS, Ronaldo Lima dos. *Sindicatos e ações coletivas*. 4. ed. São Paulo: LTr, 2014. p. 33.

(161) *Idem*.

movimento sindical, e, com isso, retardar a possibilidade da criação de associações pelos operários da indústria."[162]

Da formação dos sindicatos até o momento atual, muitos obstáculos ideológicos e sociais foram ultrapassados. Segundo Ronaldo Lima dos Santos[163], essa trajetória foi da proibição durante o auge do Estado Liberal, passando para a tolerância dos sindicatos, por meio da descriminalização das condutas associativas, e por fim até o reconhecimento jurídico da ampla liberdade de associação, inclusive de sindicatos, o que se consolidou por meio do constitucionalismo social, por meio da Constituição Mexicana de 1917 e da República de Weimar de 1919.

No Brasil, em razão da sociedade ser escravocrata e a economia ser basicamente rural até meados do século XIX, a formação dos sindicatos atrasou o seu processo em comparação com a sociedade europeia. Apenas com o crescimento industrial e o urbano que as formações sindicais começaram a se desenvolver.

Da mesma forma que ocorreu no Mundo Ocidental, no Brasil não foi diferente e o desenvolvimento das formações sindicais passou pelas fases de proibição, tolerância e reconhecimento, que não observaram essa ordem cronologicamente, o posicionamento variava conforme a ideologia predominante de cada governo. De forma geral destaca-se a revolução de 1930, onde o Estado de natureza autoritário e intervencionista normatizou e regulamentou toda a atividade sindical, com nítido intuito de controle. Esse controle estatal era exercido pelo Ministério de Trabalho e Emprego, que tinha poder de reconhecer e destituir a formação sindical.

A Constituição de 1934, influenciada pelo constitucionalismo social europeu, reconhecia a liberdade de associação, inclusive sindical, como também inovou ao prever a pluralidade sindical. No entanto essa pluralidade sindical não durou muito, haja vista que o Estado Novo de 1937 restaurou a unicidade sindical, no entanto restringiu consideravelmente a liberdade sindical, por meio da proibição a greve e o *lockout*, retomando o controle sobre os sindicatos. Nesse período de nítido caráter totalitário e intervencionista também foi criada a Justiça do Trabalho, como uma Justiça não integrante ao Poder Judiciário, mas sim atrelada ao Poder Executivo.

As Constituições democráticas de 1946 e a de 1988 reconheceram maior liberdade sindical, inclusive o direito de greve. A Constituição Federal de 1988, diferente da Constituição de 1946, manteve a unicidade sindical e o im-

(162) NASCIMENTO, Amauri Mascaro. *Compêndio de direito sindical*. 7. ed. São Paulo: LTr, 2012. p. 58.

(163) SANTOS, Ronaldo Lima dos. *Sindicatos e ações coletivas*. 4. ed. São Paulo: LTr, 2014. p. 33.

posto sindical, no entanto a Carta Cidadão trouxe vários avanços na liberdade sindical, como, por exemplo, a garantia da livre criação sindical, sem autorização do Estado; previu a liberdade individual de filiação e desfiliação; conferiu estabilidade sindical aos representantes sindicais; reconheceu o valor normativos dos acordos e convenções coletivos, entre outros avanços.

No estágio atual de desenvolvimento sindical, podemos conceituar os sindicatos como associações civis representativas de categorias profissionais ou econômicas, inclusive para firmar acordos ou contratos coletivos de trabalho. Para Mauricio Godinho Delgado, o sindicato é definido como:

> "entidades associativas permanentes, que representam trabalhadores vinculados por laços profissionais e laborativos comuns, visando tratar de problemas coletivos das respectivas bases representadas, defendendo seus interesses trabalhistas e conexos, com o objetivo de lhes alcançar melhores condições de labor e vida."[164]

Com base no conceito contemporâneo de sindicato previsto na doutrina brasileira, o Amauri Mascaro Nascimento percebeu a predominância de certas características em comum:

> "Como se vê, há certas constantes nessas definições. Todas indicam a natureza jurídica do sindicato: uma associação, um agrupamento, uma organização. Todas apontam os seus fins: 'a defesa e promoção dos interesses socioprofissionais, a tutela dos interesses coletivos profissionais, a defesa dos interesses dos associados e a regulamentação das condições de trabalho, ou a defesa dos interesses, a promoção da sua condição (de trabalhador) e a representação da sua profissão para a ação coletiva de contestação e de participação na organização das profissões'."[165]

No Brasil a legislação não definiu o conceito de sindicato, no entanto o art. 513 da CLT elencou suas funções, como a função de representação dos interesses gerais da respectiva categoria ou profissão liberal ou os interesses individuais dos associados relativos à atividade ou profissão liberal, seja administrativamente ou judicialmente; a função de celebrar acordos ou convenções coletivas de trabalho; função de eleger os representantes da respectiva categoria ou profissão liberal; colaborar com o Estado, como órgãos técnicos e consultivos, no estudo e na solução dos problemas que se relacionam com a

---

(164) DELGADO, Mauricio Godinho. *Direito coletivo do trabalho*. 3. ed. São Paulo: LTr, 2008. p. 64.

(165) NASCIMENTO, Amauri Mascaro. *Compêndio de direito sindical*. 7. ed. São Paulo: LTr, 2012. p. 254.

respectiva categoria ou profissão liberal; impor contribuições a todos aqueles que participam das categorias econômicas ou profissionais ou das profissões liberais representadas.

Na Justiça do Trabalho, hodiernamente, entende-se com certa tranquilidade que os sindicatos possuem legitimidade ampla em pleitear em nome próprio direito da sua categoria profissional ou econômica, ou seja, possuem legitimação para a substituição processual dos integrantes de sua categoria profissional ou econômica, para defesa de seus direitos e interesses individuais e coletivos, conforme preconiza o art. 8º, III, da Constituição de 1988[(166)]. Entretanto, mesmo depois da promulgação da Constituição Federal a jurisprudência dominante, encabeçada pelo Tribunal Superior do Trabalho, por meio da Súmula n. 310[(167)], restringia a aplicabilidade das hipóteses de substituição processual da categoria pelos sindicatos. A referida súmula de caráter restritivo acerca da legitimidade sindical para defesa de interesses metaindividuais perdurou por quase 10 anos em nosso ordenamento jurídico, quando foi finalmente cancelada em setembro de 2003, não obstante o inciso III do art. 8º da Constituição tenha natureza jurídica de direito social fundamental, onde a eficácia deveria ser imediata.

---

(166) Art. 8º É livre a associação profissional ou sindical, observado o seguinte:

III — ao sindicato cabe a defesa dos direitos e interesses coletivos ou individuais da categoria, inclusive em questões judiciais ou administrativas.

(167) Súmula n. 310 do TST

I — O art. 8º, III, da CF/88 não assegura a substituição processual pelo sindicato.

II — A substituição processual autorizada ao sindicato pelas Leis ns. 6.708, de 30.10.1979, e 7.238, de 29.10.1984, limitada aos associados, restringe-se às demandas que visem aos reajustes salariais previstos em lei, ajuizadas até 3.7.1989, data em que entrou em vigor a Lei n. 7.788/89.

III — A Lei n. 7.788/89, em seu art. 8º, assegurou, durante sua vigência, a legitimidade do sindicato como substituto processual da categoria.

IV — A substituição processual autorizada pela Lei n. 8.073, de 30.7.1990, ao sindicato alcança todos os integrantes da categoria e é restrita às demandas que visem à satisfação de reajustes salariais específicos resultantes de disposição prevista em lei de política salarial.

V — Em qualquer ação proposta pelo sindicato como substituto processual, todos os substituídos serão individualizados na petição inicial e, para o início da execução, devidamente identificados pelo número da Carteira de Trabalho e Previdência Social ou de qualquer documento de identidade.

VI — É lícito aos substituídos integrar a lide como assistente litisconsorcial, acordar, transigir e renunciar, independentemente de autorização ou anuência do substituto.

VII — Na liquidação da sentença exequenda, promovida pelo substituto, serão individualizados os valores devidos a cada substituído, cujos depósitos para quitação serão levantados por meio de guias expedidas em seu nome ou de procurador com poderes especiais para esse fim, inclusive nas ações de cumprimento.

VIII — Quando o sindicato for o autor da ação na condição de substituto processual, não serão devidos honorários advocatícios (Referências: CF/88, art. 8º, III. Lei n. 6.708/79. Lei n. 7.238/84. Lei n. 8.073/90. Lei n. 7.788/89, art. 8º. Res. n. 1/93 — DJU 6.5.1993).

Assim, depois do cancelamento da Súmula n. 310 do TST, majoritariamente entendeu-se que a legitimidade sindical é ampla, contemplando os interesses coletivos *lato sensu*, nestes incluídos os difusos, coletivos ou individuais homogêneos. No entanto, ainda parte doutrinária e jurisprudencial continua restringindo a interpretação do art. 8º, III, da Constituição Federal, especialmente no tocante a legitimidade sindical para a tutela de interesses difusos, especialmente em decorrência da *adequacy representation*. No entanto essa pertinência temática pode ser aferida de forma indireta ou conexa, o que amplia a legitimidade do sindicato para tutela de interesses difusos.

> "Assim, a expressão 'interesses coletivos da categoria', além de critério para aferição da *adequacy representation* em relação aos sindicatos, indica que o interesse metaindividual tutelado deva referir-se, de forma direta, indireta ou conexa, à categoria ou os efeitos de sua proteção recaírem sobre esta, ainda que remota ou indiretamente."(168)

Não se faz razoável conceber a uma associação civil simples a prerrogativa de legitimidade para tutela de interesses difusos, desde que inclua essa finalidade em seu estatuto associativo, e negar a referida prerrogativa para o sindicato, que constitui uma associação com natureza mais permanente, inclusive com função de representação da categoria prevista na Constituição Federal.

Não obstante o § 1º do art. 129 da Constituição Federal afirme que a legitimidade do Ministério Público para as ações civis previstas neste artigo não impeça a de terceiros, nas mesmas hipóteses, Carlos Henrique Bezerra Leite defende a restrição sindical para a defesa de interesses difusos:

> "Desse modo, a conclusão inevitável é de que o sindicato, por força do princípio da unicidade sindical (CF, art. 8º, II, III), não tem legitimidade para a defesa imediata de interesses ou direitos difusos, já que estes não são destinados especificamente a grupo ou categoria de pessoas ligadas entre si ou com a parte contrária por uma relação jurídica-base, e sim a pessoas indeterminadas ligadas por circunstâncias de fato."(169)

Entretanto o referido posicionamento restritivo, o mesmo autor admite que o sindicato, de forma mediata, pode, acidentalmente, tutelar direitos difusos, tomando como exemplo o seguinte fato:

> "exemplifica-se com a ação civil pública em que o sindicato age em defesa da segurança e da vida dos trabalhadores bancários e formule

---

(168) SANTOS, Ronaldo Lima dos. *Sindicatos e ações coletivas*. 4. ed. São Paulo: LTr, 2014. p. 280.
(169) LEITE, Carlos Henrique Bezerra. *Ação civil pública na perspectiva dos direitos humanos*, cit., p. 216.

pedido de instalação de portas de segurança nas agências em que ocorrem elevado índice de assaltos à mão armada. Ora, em tais casos não há negar que a defesa imediata dos trabalhadores integrantes da categoria representada monopolisticamente pelo sindicato implica também a defesa mediata da sociedade como um todo, isto é, de todas as pessoas que transitem ou venham a transitar nas referidas agências bancárias."[170]

A jurisprudência atual dominante, especialmente a do TST, contudo, possui uma interpretação bem ampliativa no que tange a legitimação sindical, inclusive para tutela de interesses difusos, acolhendo, portanto, a tese da legitimação concorrente e disjuntiva do sindicato e o Ministério Público para a legitimidade dos interesses transindividuais, conforme jurisprudência dominante transcrita.[171] Nesse mesmo sentido vem se pronunciado a doutrina majoritária, como se reflete em Ronaldo Lima dos Santos, para quem:

> "Os sindicatos possuem legitimidade não presumida, mas declarada no art. 8º, III, da CF/88, de forma que não há necessidade de previsão em seus estatutos de defesa de direitos difusos, tendo em vista a interpretação lato sensu do vocábulo 'coletivos' enunciado na norma constitucional em comento."[172]

Parece ser mais acertado o entendimento majoritário, uma vez que a interpretação da legitimidade plena dos sindicatos e do Ministério Público vai ao encontro do conceito contemporâneo do acesso à justiça, haja vista que

---

(170) LEITE, Carlos Henrique Bezerra. *Ação civil pública na perspectiva dos direitos humanos*, cit., p. 216.

(171) ILEGITIMIDADE ATIVA *AD CAUSAM*. SINDICATO. AÇÃO CIVIL PÚBLICA. Da análise do texto constitucional, precisamente do seu art. 129, verifica-se que a propositura da ação civil pública em defesa de interesses difusos e coletivos não foi atribuída exclusivamente ao Ministério Público: A legitimação do Ministério Público para as ações civis previstas neste artigo não impede de terceiros, nas mesmas hipóteses, segundo o disposto nesta Constituição e na lei. Tanto a Constituição quanto a lei garantem a legitimidade do sindicato para a defesa dos interesses coletivos, conforme se extrai dos arts. 8º, III, da Carta Magna e 5º da Lei n. 7.347/85 (Lei de Ação Civil Pública), salientando-se que a Lei Complementar n. 75/93 não tem condão de tornar o remédio judicial monopólio do *parquet* trabalhista frente às normas mencionadas, já que como lei orgânica do Ministério Público só poderia tratar da legitimação desse órgão. (TST, RR n. 03189.2001.007.17.00.3, 4ª T., Rel. Mini. Barros Levenhagen, J. 15.10.2003).

RECURSO DE REVISTA. ILEGITIMIDADE ATIVA *AD CAUSAM* DO SINDICATO. Com a superação da Súmula n. 310 do TST, na esteira do posicionamento do Supremo Tribunal Federal no sentido de o inciso III do art. 8º da Constituição Federal ter contemplado autêntica hipótese de substituição processual ampla, seu alcance subjetivo abrange todos os integrantes da categoria profissional. Recurso de revista não conhecido. (TST — RR: 1342006119995170007 134200-61.1999.5.17.0007, Relator: Dora Maria da Costa, Data de Julgamento: 5.8.2009, 8ª Turma, Data de Publicação: 7.8.2009).

(172) SANTOS, Ronaldo Lima dos. *Sindicatos e ações coletivas*. 4. ed. São Paulo: LTr, 2014. p. 272.

amplia o rol de participação na tutela de interesses coletivos, sem, contudo, embaraçar ou dificultar a ampla defesa, contraditório e o devido processo legal.

Diferente do posicionamento ampliativo da legitimação sindical, percebe-se uma tendência jurisprudencial de radicalização desse entendimento[(173)], pois amplia a legitimidade sindical para além dos interesses individuais homogêneos, utilizando instrumento coletivo para tutelar interesses individuais heterogêneos, o que salvo melhor juízo, entendo ser um grave equívoco de interpretação acerca dos dispositivos constitucionais, como também acerca do conceito contemporâneo de acesso à justiça.

Não se pode admitir que instrumentos processuais, como ação coletiva ou mesmo a ação civil pública, que foram criadas e pensadas para tutelarem interesses metaindividuais ou no máximo individuais homogêneos, sejam utilizados para defesa de interesses individuais heterogêneos. Isso porque para a tutela de interesses individuais existe previsão normativa da possibilidade de representação sindical, consoante § 1º do art. 791 da CLT, inclusive de forma plúrima. A utilização de instrumento coletivo para a tutela individual demonstra uma inadequação técnica entre a tutela material e o instrumento processual, que acabará fatalmente embaraçando o devido processo legal, especialmente o contraditório e a ampla defesa e, por conseguinte, à efetividade do acesso à justiça, haja vista que a decisão não terá utilidade e poderá limitar ou restringir indevidamente o contraditório. Alerta acerca dessa possibilidade Ada Pellegrini Grinover:

> "Não será demais lembrar que um provimento jurisdicional desprovido de utilidade prática desprestigia o processo e constitui um

---

(173) RECURSO DE REVISTA DO SINDICATO-AUTOR. SINDICATO. SUBSTITUIÇÃO PROCESSUAL. LEGITIMIDADE ATIVA *AD CAUSAM*. HORAS EXTRAORDINÁRIAS. PROVIMENTO. Depreende-se do v. acórdão proferido no julgamento do RE 210.029-3/RS que, para o Supremo Tribunal Federal, a legitimidade sindical posta no art. 8º, III, da Constituição Federal é ampla e alcança não apenas os direitos coletivos amplos *sensu* (direitos difusos, direitos coletivos *stricto sensu* e individuais homogêneos), mas, ainda, os direitos individuais subjetivos dos trabalhadores integrantes da categoria. Precedentes do STF e desta Corte. Assim, é forçoso reconhecer que a substituição processual não se restringe às hipóteses em que se discutam direitos e interesses coletivos, podendo a entidade sindical defender, inclusive, direitos individuais subjetivos da categoria que representa. Recurso de revista de que se conhece e a que se dá provimento. AGRAVO DE INSTRUMENTO DA RECLAMADA. PREJUDICADO. Em face do provimento do recurso de revista do sindicato, com a determinação de retorno dos autos egrégio Tribunal Regional, fica prejudicado o julgamento do agravo de instrumento da reclamada. (TST — ARR: 1572009620095080005, Relator: Guilherme Augusto Caputo Bastos, Data de Julgamento: 17.6.2015, 5ª Turma, Data de Publicação: DEJT 26.6.2015). AGRAVO DE INSTRUMENTO. ILEGITIMIDADE ATIVA *AD CAUSAM* DO SINDICATO-AUTOR — DIREITOS INDIVIDUAIS HETEROGÊNEOS. EQUIPARAÇÃO SALARIAL. DESPROVIMENTO. Nenhum dos argumentos trazidos no agravo de instrumento consegue desconstituir os fundamentos do r. despacho. Agravo de instrumento desprovido. (TST — AIRR: 13678920105030102, Relator: Aloysio Corrêa da Veiga, Data de Julgamento: 4.12.2013, 6ª Turma, Data de Publicação: DEJT 6.12.2013).

engodo para a generosa visão do acesso à justiça. O acesso à justiça não pode ser uma promessa vã. Facilitá-lo, por intermédio de ações coletivas, é um grande avanço, assimilado pelo direito processual brasileiro. Mas admitir ações civis públicas inidôneas para gerar provimentos jurisdicionais efetivamente úteis, só pode levar ao descrédito do instrumento, à frustração dos consumidores de justiça, ao desprestígio do Poder Judiciário."[174]

A utilização de tutela coletiva para interesses individuais heterogêneos não possui utilidade na efetividade do processo, sendo um procedimento inadequado, pendente de interesse jurídico. A referida autora já destacava a necessidade de se observar a homogeneidade dos interesses individuais homogêneos, inclusive por meio da observância dos critérios da *superioridade* e da *prevalência* dos interesses metaindividuais, para legitimar a ação coletiva, conforme exigência prevista nas *class action for damages* norte-americanas. Vejamos:

> "Reforçar-se assim, a necessidade de lançar mão de institutos como as condições da ação, para evitar que o processo leve a um resultado ineficaz (em termos de utilidade da decisão), inadequado (em termos de correspondência entre a pretensão de direito material e a tutela pretendida) ou injusto (em termos de limitação ao contraditório). Ou para corrigir o seu rumo, a qualquer momento, porquanto é sabido que não há preclusão sobre as condições da ação ou sobre as garantias do devido processo legal, que devem ser amplamente asseguradas ao réu no processo de liquidação."[175]

6.5. MICROSSISTEMA PROCESSUAL COLETIVO

Embora a sociedade de massas seja uma característica da sociedade contemporânea pós-industrial, em decorrência dos efeitos das transformações econômicas, políticas, culturais e sociais, especialmente do consumismo globalizado, urbanização e o progresso das tecnologias de informação e comunicação, têm-se notícia que há tempos a sociedade anseia em determinados casos por uma tutela que englobasse uma coletividade. Acerca desses primeiros passos inspiratórios para a presente ação coletiva, Ronaldo Lima dos Santos destaca a importância do instrumento processual inglês *bill of Peace*:

(174) GRINOVER, Ada Pellegrini. *Da* class action for damages *à ação de classe brasileira:* os requisitos de admissibilidade, cit., p. 184.

(175) *Idem*.

> "A maior parte da doutrina aponta, como antecedente da moderna ação coletiva, o *bill of Peace* inglês, do século XVII. Tratava-se de uma autorização para o processamento de uma ação individual sob a forma coletiva, concedida nas hipóteses em que o autor requeria que o provimento da demanda englobasse os direitos de todos os indivíduos que estivessem em igual condição de litígio, para que a questão fosse de modo uniforme e com vistas a evitar a multiplicação de processos."(176)

Já no que tange ao desenvolvimento jurídico da ação coletiva em nosso ordenamento jurídico brasileiro moderno, percebe-se a forte influência da cultura jurídica norte-americana, por meio da *class action*, não obstante o Brasil siga a tradição jurídica *civil law*, tendo em sua tradição a influência da cultura jurídica da Europa Ocidental. A tendência observada nos últimos tempos de aproximação entre os sistemas jurídicos *common law* e o sistema romano-germânico constitui uma das caraterísticas do sistema jurídico contemporâneo, onde se mesclam as experiências dessas diversas tradições como forma de aperfeiçoar e sanar as deficiências de cada sistema. Sobre essa aproximação, Luís Roberto Barroso muito bem resumiu esse processo contemporâneo:

> "Aliás, é digno de nota que as duas grandes famílias jurídicas do mundo contemporâneo têm desenvolvido, nos últimos anos, uma rota de progressiva aproximação. De fato, nos países do *common law* — onde o direito tem origem predominantemente costumeira e se baseia sobretudo nos precedentes judiciais — tem-se verificado a crescente importância quantitativa e qualitativa do direito legislado, além da flexibilização dos precedentes. Tanto o Reino Unido quanto os Estados Unidos são exemplos do que se afirma. De outra parte, no Brasil e em outros países de tradição romano-germânica — nos quais a legislação é a principal fonte de direito — os precedentes judiciais têm merecido progressivo destaque."(177)

Percebe-se no Brasil uma crescente valorização de precedentes judiciais, especialmente na Justiça do Trabalho, onde se observa uma quantidade elevada de orientações jurisprudenciais e súmulas vigentes, no entanto nem sempre esses precedentes eram observados pelas instâncias ordinárias. A criação de súmulas vinculantes e a declaração de repercussão geral em recursos extraordinários apontam para a necessidade de uma maior observância desses precedentes, promovendo o fortalecimento da força normativa dos precedentes judiciais no Brasil.

---

(176) SANTOS, Ronaldo Lima dos. *Sindicatos e ações coletivas*. 4. ed. São Paulo: LTr, 2014. p. 238.

(177) BARROSO, Luís Roberto. A proteção coletiva dos direitos no Brasil e alguns aspectos da *class action* norte-americana. *Revista de Processo*, São Paulo, v. 130, p. 210, dez. 2005.

Não obstante o Brasil tenha sua origem no sistema *Civil Law*, onde o precedente judicial possui força meramente persuasiva, percebe-se que em razão da enxurrada de demandas em massa e repetitivas abarrotando cada vez mais o aparelho judiciário, necessitou-se absorver característica do sistema *Common Law* em nosso ordenamento jurídico, por meio do fortalecimento normativo de precedentes judiciais. Essa força normativa dos precedentes emprestada do *Common Law* tem por finalidade trazer mais previsibilidade das decisões, e assim, exercer uma função preventiva de ilícitos, como também uniformizar a aplicação do direito em todo o território brasileiro, desobstruindo, assim, o Poder Judiciário.

Ressalta-se, inclusive, que o ápice contemporâneo de valorização de precedentes judiciais no Brasil acabou de ocorrer com a publicação do novo código de processo civil de 2015 — Lei n. 13.105/15, onde se percebe a eleição da prevalência dos valores da segurança jurídica, previsibilidade de decisões, uniformização de entendimentos judiciais e duração razoável do processo em detrimento da liberdade criativa do juiz e da busca pela verdade no processo. Sérgio Cabral dos Reis bem descreve esse fato:

> "Embora, tradicionalmente, tenha-se dito que o *stare decisis* não seja aplicável ao sistema do *Civil Law*, em que o precedente apenas tem força persuasiva, o regime jurídico das súmulas vinculantes (art. 103-A da Constituição Federal) e a aproximação do recurso extraordinário aos processos originários de jurisdição constitucional (ADIN, ADC e ADPF), em decorrência do requisito da repercussão geral, são fenômenos que indicam que o direito brasileiro caminha na direção oposta, aproximando-o ao regime de *Common Law*. O CPC/15, nesse contexto, apenas confirma essa tese, porque a valorização dos precedentes dos tribunais, inegavelmente, apresenta-se como uma de suas características mais evidentes."[178]

Outra forte influência do sistema *common law* presente no processo brasileiro se relaciona às características absorvidas da *action class* norte americana na formação do processo coletivo brasileiro, como bem observa Ada Pellegrini Grinover:

> "Entre as ações civis públicas em defesa de direitos individuais homogêneos, a ação prevista nos arts. 91 a 100 do CDC, destinada à reparação dos danos individualmente sofridos, foi denominada 'ação

(178) DOS REIS, Sérgio Cabral. Da recepção do sistema de precedentes do CPC/2015 ao fortalecimento de ações coletivas rumo a uma tutela jurisdicional eficaz: encontros e desencontros dos sistemas de resolução de litigância de massa no Brasil. In: DIDIER JR., Fredie (coord.). *Repercussões do novo CPC*. Salvador: Juspodvm, 2015. v. 4.

de classe brasileira', por encontrar seu precedente nas *class actions for damages* do sistema norte-americano."[179]

No ordenamento jurídico brasileiro não foi codificado e nem regulamentado em uma só norma a legislação processual para a tutela de interesses coletivos, estando a legislação processual coletiva prevista em diversos diplomas legais.

O primeiro instrumento processual que tratou de interesses metaindividuais no país foi a ação popular, que está prevista desde a constituição Federal de 1934 (com a única exceção da Constituição de 1937), sendo regulamentada por meio da Lei n. 4.717/65. Antes da regulamentação legal, a previsão constitucional da ação popular era tida como exercitável, mas sempre pelo rito ordinário. José Carlos Barbosa Moreira:

> "Anteriormente inexistia disciplina processual específica para o instrumento previsto na Constituição. A jurisprudência, inclusive do supremo Tribunal Federal, repeliu as tentativas que se fizeram de aproveitar o procedimento de mandado de segurança (outra garantia constitucional) para o exercício da ação popular. Prevalecia o entendimento de que esta era sem dúvida exercitável, mas sendo o procedimento ordinário regulado no Código de Processo Civil de 1939, do qual aliás, não discrepou grandemente o adotado na Lei n. 4.717".[180]

A ação popular, como já foi tratado no item que fala da legitimação individual para a propositura de ação coletiva, constitui o nosso único instrumento processual de tutela coletiva em nosso ordenamento jurídico, que confere legitimidade individual para a sua propositura.

A lei de ação popular possibilita qualquer cidadão a pleitear em juízo a anulação ou declaração de nulidade de atos lesivos ao patrimônio público, seja de valor econômico, artístico, estético, histórico ou turístico. Não há dúvidas de que a lesão ao patrimônio público constitui afronta a interesses difusos, que estão dispersos por toda a sociedade afetada, já que indiretamente o desfalque financeiro de recursos públicos atinge todas as pessoas que se utilizem de serviços públicos como educação, saúde, saneamento básico, entre outros serviços prestados pelo ente público que dependem de verbas públicas.

Após a ação popular, a Lei n. 6.938/81 previu a legitimação do Ministério Público para a propositura de ações de responsabilidade civil e penal para

---

(179) GRINOVER, Ada Pellegrini. *Da* class action for damages *à ação de classe brasileira:* os requisitos de admissibilidade, cit., p. 171.

(180) BARBOSA MOREIRA, José Carlos. *Ação popular do direito brasileiro como instrumento de tutela jurisdicional dos chamados "direitos difusos"*, cit., p. 7.

danos ambientais, o que demonstra a preocupação com o referido interesse difuso, concedendo legitimação exclusiva para o ente governamental para a tutela desses interesses difusos.

Em 1985 a Lei da Ação Civil Pública foi um divisor de águas na história da tutela dos interesses metaindividuais, haja vista que ampliou não apenas o rol de legitimados, incluindo entes associativos e estatais, como também aumentou o campo do objeto a ser tutelado nessa espécie de ação coletiva, incluindo além do meio ambiente, o consumidor e os bens e direitos de valor artístico, estético, histórico, turístico e paisagístico. No entanto, apenas com a Constituição de 1988 a ação civil pública alcançou a sua plenitude de alcance, em medida que a inserção do inciso III do art. 129 da CF/88 previu como objeto da ação civil pública a proteção do patrimônio público e social, do meio ambiente e de outros interesses difusos e coletivos. Essa abertura constitucional contemplando "outros interesses difusos e coletivos" foi imprescindível para garantir o acesso à justiça, pois a partir daí abandona-se o rol taxativo de interesses metaindividuais contempladas na ação civil pública, abrindo-se a oportunidade de tutela para os demais interesses metaindividuais que não foram citados no artigo.

Por fim, a Lei n. 8.078/90 (Código de Defesa do Consumidor) regulamentou vários institutos processuais coletivos necessários para a completude do microssistema processual coletivo, como, por exemplo, conceituou os interesses metaindividuais, regulamentou os efeitos da coisa julgada no processo coletivo, legitimidade, competências entre outras regulamentações. Nesse sentido Ada Pellegrini Grinover:

> "Finalmente, com o Código de Defesa do Consumidor, de 1990, o Brasil pôde contar com um verdadeiro microssistema de processos coletivos, composto pelo Código — que também criou a categoria dos interesses ou direitos individuais homogêneos — e pela Lei n. 7.347/85, interagindo mediante a aplicação recíproca das disposições dos dois diplomas."[(181)]

Assim, no que tange ao processo coletivo comum, o microssistema processual é formado pela Constituição Federal, pela Lei de Ação Popular, Lei da Ação Civil Pública e o Código de Defesa do Consumidor, sendo aplicado subsidiariamente o CPC.

No processo do trabalho a preocupação pela tutela de direitos transindividuais não constitui novidade, já que a Consolidação da Legislação do Trabalho

(181) GRINOVER, Ada Pellegrini. Direito processual coletivo. In: LUCON, Paulo Henrique dos Santos (org.). *Tutela coletiva*: 20 anos da LACP e do fundo de defesa de direitos difusos. São Paulo: Atlas, 2006. p. 302-308.

(CLT), por meio do dissídio coletivo (art. 856 da CLT) e a ação de cumprimento (art. 872 da CLT) já tratavam da tutela de interesses coletivos, inclusive antes da Lei de Ação Civil Pública. É intuitivo que na Justiça do Trabalho a tutela dos interesses metaindividuais exerça um importante papel e que o acesso desses interesses à justiça mereça destaque na prática jurisdicional. Isso porque é típico e peculiar nas relações trabalhistas a existência de conflitos coletivos, em decorrência da antiga e sempre atual luta entre capital e trabalho.

Em razão dessa peculiaridade coletiva trabalhista, Carlos Henrique Bezerra Leite[(182)] classifica em três sistemas a jurisdição trabalhista a partir da promulgação da Constituição de 1988. O primeiro sistema é a jurisdição trabalhista individual, utilizada para a solução de relações individuais ou plúrimas. Esse sistema se utiliza do título X, capítulo III da CLT, e subsidiariamente o CPC, nos termos do art. 769 da CLT. O segundo sistema é denominado de jurisdição trabalhista normativa, sendo voltada para os dissídios coletivos de interesses, nos quais se busca, por intermédio do poder normativo dos Tribunais, a criação de normas trabalhistas aplicáveis às partes do dissídio coletivo e seus representados. Nesse sistema, segundo o referido autor, é regulado pelo título X, capítulo IV da CLT e, subsidiariamente o CPC, por força do art. 769 da CLT. Por fim, o terceiro e último sistema é denominado de jurisdição trabalhista metaindividual, e possui a finalidade de tutelar de forma preventiva e reparatória os direitos ou interesses metaindividuais (difusos, coletivos e individuais homogêneos).

> "O exercício da jurisdição trabalhista metaindividual é feito, basicamente, pela aplicação direta e simultânea de normas jurídicas da CF (arts. 129, III e IX; 8º, III e 114), da LOMPU (LC n. 75/93, arts. 83, III,; 84, *caput*, e 6º, VII, *a* e *b*), da LACP (Lei n. 7.347/85) e pelo Título III do CDC (Lei n. 8.078/90), restando à CLT e ao CPC o papel de diplomas legais subsidiários."[(183)]

Acerca das normas que compõe o microssistema processual coletivo trabalhista acima mencionado, percebe-se que a Constituição Federal, por meio do inciso III do art. 129, confere ao Ministério Público a legitimidade para ajuizamento da ação civil pública para a proteção do patrimônio público e social, do meio ambiente e de outros interesses difusos e coletivos. O inciso III do art. 8º da CF/88 confere legitimidade ao sindicato para a defesa dos direitos e interesses coletivos ou individuais da categoria, inclusive em questões judiciais ou administrativas. Já a Lei Orgânica do Ministério Público da União — A Lei Complementar n. 75/1993 — regulamenta e especifica a legitimidade do

(182) LEITE, Carlos Henrique Bezerra. *Ação civil pública na perspectiva dos direitos humanos*, cit., p. 87.
(183) *Idem*.

Ministério Público do Trabalho para a defesa de interesses coletivos, quando desrespeitados os direitos sociais constitucionalmente garantidos.

Em razão da existência de uma robusta lacuna normativa existente na CLT acerca de conceitos dos direitos metaindividuais, bem como acerca do procedimento processual atinente à tutela desses interesses, inclusive sobre os efeitos e alcance da coisa julgada e o processo liquidatário da sentença coletiva, a utilização dos dispositivos do Código de Defesa do consumidor se destaca no que concerne à tutela transindividual. Essa aplicação subsidiária se faz possível, em vista da compatibilidade das normas, inclusive principiológicas, da Justiça do Trabalho com os dispositivos da legislação consumerista, especialmente em razão da hipossuficiência ou mais modernamente denominada de "vulnerabilidade dos sujeitos", qual seja a do consumidor e do empregado.

Assim, o microssistema processual coletivo trabalhista é formado pela Constituição Federal, Lei de Ação civil Pública (LACP), o Código de Defesa do Consumidor (CDC), a Lei Complementar n. 75/1993 e os dispositivos pertinentes da Consolidação das Leis do Trabalho (CLT), referente a dissídios coletivos e ação de cumprimento, aplicando-se subsidiariamente o Código de Processo Civil. Esse microssistema processual não afronta a ordem estabelecida no art. 769 da CLT, haja vista a existência de lacuna normativa tanto na CLT como no CPC no que concerne a ação coletiva *lato sensu*, o que impõe a aplicação própria e direta de legislação especial (Código de Defesa do consumidor e Lei de ação Civil Pública), sob pena de ferir o princípio de acesso à justiça.

6.6. INSTRUMENTOS PROCESSUAIS COLETIVOS NA JUSTIÇA DO TRABALHO

Para se entender a tutela dos interesses metaindividuais na Justiça do Trabalho, sob o enfoque do acesso à justiça, faz-se necessário conhecer os instrumentos processuais disponibilizados para essa proteção. Assim, trataremos do dissídio coletivo, da ação civil pública, da ação de cumprimento e do mandado de segurança coletivo. A abordagem dos referidos instrumentos coletivos será de forma não exaustiva, pois essa não é a finalidade que se propõe esse trabalho. A análise dos referidos instrumentos processuais coletivos se restringirá a tão somente situar as características principais capazes de delinear as diferenças entre eles e centralizar a abordagem sob a ótica do acesso à justiça.

Antes de adentrarmos na análise dos referidos instrumentos coletivos, vale ressaltar que não há consenso doutrinário acerca da terminologia adequada acerca da utilização do termo ação civil coletiva e a ação civil pública. Há posicionamentos que reconhecem a desnecessidade de diferenciação terminológica, pois ambas as ações têm a mesma finalidade, qual seja, tutelar os direitos coletivos *lato sensu*. Nesse sentido Ronaldo Lima dos Santos:

> "De fato, conquanto exista uma diferenciação meramente terminológica, ainda que assim não fosse, atualmente, com a imbricação da LACP (art. 21) e do CDC (art. 90), a ação civil pública e a ação coletiva possuem a mesma natureza jurídica, inclusive com a possibilidade de tutela de qualquer interesse transindividual por qualquer uma dessas demandas, independentemente do *nomen iuris* que lhes for concedido na praxe forense, pois a ação é determinada pelas partes, pedido e causa de pedir e não pela qualificação jurídica concedida na exordial. Ademais, em se tratando de demandas coletivas da mesma natureza e regidas por iguais princípios e regras, estão elas sujeitas ao princípio da fungibilidade das ações coletivas."[184]

Outros posicionamentos, contudo, reconhecem a ação civil coletiva como espécie de ação civil coletiva *lato sensu*, destinada exclusivamente para a tutela dos interesses individuais homogêneos, conforme direciona a redação do art. 91 do CDC. Nesse sentido Carlos Henrique Bezerra Leite, ao afirmar que a ação civil coletiva "cuida-se, pois, de uma espécie do gênero "ação coletiva", cujo objeto repousa exclusivamente na defesa de interesses ou direitos individuais homogêneos". No entanto o referido autor admite que na praxe forense se utilizam da ação civil coletiva e da ação civil pública, de forma indistinta. Senão vejamos:

> "é importante assinalar que a ACP e a ACC, na Justiça Comum, têm sido utilizadas indistintamente, para a defesa de qualquer interesse individual homogêneo, já que ambas são assemelhadas às *class actions* do sistema norte-americano, adaptado a um sistema de *civil law*."[185]

Destaco que a terminologia adotada nesta obra comunga da posição doutrinária que reconhece como "ação civil coletiva *lato sensu*", o gênero que engloba todas as ações não penais que tutelem interesses metaindividuais, como, por exemplo, a ação civil pública, a ação civil coletiva *stricto sensu* (art. 91 do CDC), o mandado de segurança coletivo, o dissídio coletivo, e assim por diante.

No que tange à ação civil coletiva *stricto sensu*, que essencialmente possui a mesma alma da ação civil pública, haja vista a identidade das caraterísticas e finalidades, cabendo, inclusive, a ambas as ações a tutela de todos os interesses metaindividuais, (difusos, coletivos e individuais homogêneos), não

---

(184) SANTOS, Ronaldo Lima dos. *Sindicatos e ações coletivas*. 4. ed. São Paulo: LTr, 2014. p. 446.

(185) LEITE, Carlos Henrique Bezerra. *Ação civil pública na perspectiva dos direitos humanos*, cit., p. 272-273.

cabe a diferenciação terminológica, podendo ser utilizada de forma indistinta as terminologias. Sérgio Shimura apresenta argumentos que demonstram a identidade de essência entre a ação civil pública e a ação coletiva:

> "Para ilustrar, se houvesse diferenciação na sua essência, o art. 87, CDC, isentaria do pagamento de custas e despesas apenas as ações coletivas, e não as ações civis públicas". O art. 103, CDC, normatiza a coisa julgada relacionada a interesses difusos, coletivos e individuais homogêneos, portanto para as ações coletivas de que trata o Código de Defesa do Consumidor.(186)

Como os instrumentos processuais aqui estudados estão sendo analisados na prática trabalhista, didaticamente utilizaremos o termo *ação civil pública*, por ser a terminologia mais habitual utilizada na prática forense trabalhista, inclusive devido à previsão expressa do art. 83, III, da Lei Complementar n. 75/93 — Lei Orgânica do Ministério Público da União. No entanto, ressalta-se que também se poderia utilizar a nomenclatura "ação civil coletiva", em razão do caráter fungível das ações.

Essa fungibilidade de ações e a ausência de distinção terminológica entre as referidas ações estão em consonância com o espírito plural e geral que o Código de Defesa do Consumidor — Lei n. 8.078/90 propõe, especialmente no que tange à regulamentação do processo coletivo.

6.6.1. Dissídio coletivo

O Decreto-Lei n. 1.237/39, que instituiu o dissídio coletivo, foi publicado durante o Estado Novo, período de grande influência do fascismo italiano no governo brasileiro. Esse corporativismo italiano se caracterizava pela intervenção estatal em todos os setores da sociedade, inclusive nas organizações sindicais. A influência fascista era tanta que a Declaração III da *Carta del Lavoro* foi quase que totalmente reproduzida na constituição de 1937, conforme bem esclarecido por Ronaldo Lima dos Santos:

> "Como assinalado, a Constituição Federal de 1937, outorgada durante o Estado Novo, inspirou-se no sistema corporativista italiano, com reprodução quase que literal, da Declaração III da *Carta del Lavoro*. Por meio dela, o governo varguista extinguiu o modelo sindical pluralista da carta de 1934 e aumentou o intervencionismo estatal nos sindicatos."(187)

(186) SHIMURA, Sérgio. *Tutela coletiva e sua efetividade*. São Paulo: Método, 2006.
(187) SANTOS, Ronaldo Lima dos. *Sindicatos e ações coletivas*. 4. ed. São Paulo: LTr, 2014. p. 286.

O dissídio coletivo na Justiça do Trabalho foi um instrumento processual criado para a resolução dos conflitos coletivos entre empregadores e trabalhadores, por meio da criação pelo Poder Judiciário de normas e condições de trabalho que deveriam se submeter as partes em conflito. Esse poder excepcional que possui o Judiciário de criar normas e condições de trabalho é denominado de poder normativo.

O poder normativo constitui uma competência regulamentar do Poder Judiciário, exceção à separação de poderes, pois não constitui competência típica do Judiciário a elaboração de normas, mas sim do Poder Legislativo. Constitui um resquício jurídico do período em que o Poder Judiciário era atrelado ao Poder Executivo, inexistindo naquele período a independência do Poder Judiciário. Percebe-se que o poder normativo está diretamente ligado ao modelo intervencionista e autoritário do Estado, na medida em que o Estado impõe condições de trabalho ou cria normas de observância obrigatória para os entes coletivos em conflito, afastando a liberdade contratual.

Destaca-se que, nesse caso, o Poder Judiciário cria novas condições de trabalho e não apenas analisa a observância do cumprimento de leis, regimentos, acordos/convenções coletivas. Essa criação de novas normas ou condições de trabalho pela sua natureza estariam dentro da autonomia privada do ente, que no caso é coletivo.

Assim, juridicamente novas condições de trabalho estariam dentro da autonomia privada coletiva, não cabendo a interferência estatal para a sua imposição, haja vista que só os entes envolvidos no conflito sabem a suas reais possibilidades e necessidades dentro de um contrato de trabalho, salvo a observância dos princípios laborais e normas mínimas de observância obrigatória que o Poder Judiciário Trabalhista tem a observância de resguardar.

Não obstante a Constituição Federal de 1988 tenha em sua substância e em seu discurso o regime democrático e pluralista, tentando afastar com diversas garantias e direitos individuais e coletivos, o ranço autoritário e corporativista de regimes anteriores, manteve na estrutura sindical trabalhista diversos instrumentos de intervencionismo e corporativismo estatal. Dentro destes instrumentos, destaca-se o dissídio coletivo e o poder normativo, conforme previsão expressa do art. 114, § 2º, da Carta Magna.[188]

A reforma do Judiciário, por meio da Emenda Constitucional n. 45/2004, além de ampliar a competência da Justiça do Trabalho também modificou

(188) Art. 114, § 2º da CF/88: "Recusando-se qualquer das partes à negociação ou à arbitragem, é facultado aos respectivos sindicatos ajuizar dissídio coletivo, podendo a Justiça do Trabalho estabelecer normas e condições de trabalho, respeitadas as disposições convencionais e legais mínimas de proteção ao trabalho".

algumas características do dissídio coletivo.[189] A referida Emenda modificou o texto constitucional referente ao dissídio, por meio da previsão do dissídio de greve e da legitimação do Ministério Público do Trabalho para a sua instauração, bem como incluiu o requisito "comum acordo" para a instauração do dissídio de natureza econômica. Essa mudança redacional foi provocada por diversas discussões jurídicas acerca do poder normativo e da natureza jurídica do dissídio coletivo, bem como a sua manutenção ou não no ordenamento jurídico democrático trazido com a Constituição Federal de 1988.

Na tentativa de conciliar os interesses, o constituinte originário manteve o dissídio e o poder normativo, restringindo, no entanto, a sua atuação por meio da inclusão do requisito "comum acordo", o que acabou criando um "Frankenstein" jurídico, pois mesclou característica de típica arbitragem particular em plena ação judicial. Ronaldo Lima dos Santos alerta:

> "Ao oscilar entre a supressão e a manutenção do dissídio coletivo, o legislador adotou um meio-termo, inserindo uma figura nova no ordenamento jurídico brasileiro, um *tertium genus* entre a arbitragem privada e o processo judicial: o dissídio coletivo de comum acordo; figura teratóide, que gera controvérsias em diversos pontos, desde a sua natureza jurídica, passando pela sua constitucionalidade e findando na sua conformação processual."[190]

A exigência do "comum acordo", requisito típico de arbitragem particular em um instituto que sempre foi tratado na doutrina e jurisprudência como ação judicial, acabou por criar uma divergência doutrinária acerca da constitucionalidade do dissídio coletivo. Uma parte da doutrina entende ser inconstitucional a exigência de "comum acordo", pois em uma ação judicial não cabe exigir a anuência da parte contrária para poder realizar o pleito judicial, sob pena de ferir o direito fundamental social do acesso à justiça, nos termos do art. 5º, XXXV, da Constituição Federal. Mais uma vez, Ronaldo Lima dos Santos:

> "Evidentemente que nenhuma ação judicial pode estar condicionada à aceitação da parte contrária no litígio para a sua propositura;

---

(189) Art. 114. Compete à Justiça do Trabalho processar e julgar:

(...)

§ 2º Recusando-se qualquer das partes à negociação coletiva ou à arbitragem, é facultado às mesmas, de comum acordo, ajuizar dissídio coletivo de natureza econômica, podendo a Justiça do Trabalho decidir o conflito, respeitadas as disposições mínimas legais de proteção ao trabalho, bem como as convencionadas anteriormente.

§ 3º Em caso de greve em atividade essencial, com possibilidade de lesão do interesse público, o Ministério Público do Trabalho poderá ajuizar dissídio coletivo, competindo à Justiça do Trabalho decidir o conflito. (Redação dada pela Emenda Constitucional n. 45, de 2004).

(190) SANTOS, Ronaldo Lima dos. *Sindicatos e ações coletivas*. 4. ed. São Paulo: LTr, 2014. p. 288-289.

tal entendimento não somente desnatura por completo o conceito de ação como contraria a sua finalidade, uma vez que o direito de ação somente pode ser exercido na hipótese de resistência da parte contrária à pretensão do autor, não fazendo qualquer diferença se a pretensão direciona-se para a aplicação de direito preexistente ou para a própria criação de direito. Assim, é indubitável a inconstitucionalidade da alteração implementada pela emenda constitucional no § 2º do art. 114 da CF/88, para condicionar a suscitação do dissídio coletivo à existência de um pretenso comum acordo, pois tal exigência equivale à verdadeira supressão do direito de suscitação de direito coletivo, primordialmente consagrado como ação unilateral pelo legislador constituinte originário."(191)

Já para a corrente contrária, o requisito "comum acordo" não feriria o direito ao acesso à justiça, haja vista que o dissídio coletivo não teria como função analisar lesão ou ameaça de lesão a direito, mas sim a criação de norma jurídica ou condições de trabalho entre as partes coletivas, constituindo o "comum acordo", como um pressuposto de constituição e desenvolvimento válido do processo imposto pela própria constituição para o dissídio coletivo de natureza econômica. Sendo assim, a exigência do "comum acordo" não se contraporia ao disposto no art. 5º, XXXV, da Constituição Federal.(192) Nesse sentido vem se posicionando a jurisprudência dominante do Tribunal Superior do Trabalho, que amenizou a exigência do requisito anômalo de "comum acordo", seja por meio da inexigência da petição conjunta dos entes coletivos em conflito ou exigindo uma recusa formal do ente coletivo suscitado.(193)

---

(191) SANTOS, Ronaldo Lima dos. *Sindicatos e ações coletivas*. 4. ed. São Paulo: LTr, 2014. p. 292.

(192) RECURSO ORDINÁRIO EM DISSÍDIO COLETIVO DE NATUREZA ECONÔMICA. AUSÊNCIA DE COMUM ACORDO. PRESSUPOSTO PROCESSUAL. EXTINÇÃO DO PROCESSO. É pacífico o entendimento desta Corte Superior, segundo o qual, em face do disposto no § 2º do art. 114 da Constituição da República, introduzido pela Emenda Constitucional n. 45/04, o requisito do "comum acordo" constitui pressuposto de constituição e de desenvolvimento válido e regular do dissídio coletivo de natureza econômica. Por conseguinte, a exigência de comum acordo não viola o inciso XXXV do art. 5º da Constituição da República, haja vista que, em dissídio coletivo de natureza econômica, não se examina a ocorrência de lesão ou ameaça a direito, mas profere-se decisão normativa que deverá traduzir a justa composição do conflito de interesses das partes. Preliminar acolhida. Processo extinto, sem resolução de mérito, em relação aos suscitados recorrentes. Recurso ordinário a que se dá provimento. (TST — RO: 469006420075040000, Relator: Walmir Oliveira da Costa, Data de Julgamento: 9.3.2015, Seção Especializada em Dissídios Coletivos, Data de Publicação: DEJT 13.3.2015)

(193) RECURSO ORDINÁRIO. DISSÍDIO COLETIVO DE NATUREZA ECONÔMICA. AUSÊNCIA DE COMUM ACORDO. ART. 114, § 2º, DA CONSTITUIÇÃO FEDERAL. EXTINÇÃO DO PROCESSO SEM RESOLUÇÃO DO MÉRITO. Acórdão recorrido, em que se decretou a extinção do processo sem resolução do mérito, por ausência do pressuposto do "comum acordo" previsto no art. 114, § 2º, da Constituição Federal, tendo em vista a expressa discordância das Suscitadas com o ajuizamento do dissídio coletivo de natureza econômica na audiência

Em razão do acréscimo desse requisito anômalo, muito se discutiu acerca da natureza jurídica do dissídio coletivo. Uma parte doutrinária entendeu que a mudança constitucional criou uma espécie de arbitragem pública, haja vista a impossibilidade da exigência da anuência da parte contrária para se instaurar a ação judicial, sendo a comunhão de vontade das partes característica da arbitragem particular. Já uma segunda e majoritária corrente doutrinária afirma que a inclusão do referido requisito anômalo não desnatura o caráter de ação judicial do dissídio coletivo, haja vista que, tanto a descrição prevista na Constituição como a regulamentação legal da instauração de instância regulamentado no capítulo IV da CLT, dá a ele o tratamento de ação.

Após transcorrer acerca da origem e natureza jurídica, chegou o momento adequado para a abordagem do conceito jurídico, legitimidade e classificação do dissídio coletivo.

Não há dúvidas de que da forma que se encontra regulamentado hoje, o dissídio coletivo constitui sim uma ação judicial *sui generis*, que busca a pacificação do conflito coletivo de trabalho, seja por meio da declaração acerca da aplicação ou interpretação de norma jurídica coletiva aplicável aos entes coletivos litigantes, seja em razão da criação de normas e condições de trabalho aos entes coletivos, por meio do poder normativo dos Tribunais Trabalhistas, ou julgando lesão ou ameaça de lesões decorrentes de movimento grevista em atividades essenciais. Para Carlos Henrique Bezerra Leite, o dissídio coletivo é:

> "Uma espécie de ação coletiva conferida a determinados entes coletivos, geralmente os sindicatos, para a defesa de interesses cujos titulares materiais não são pessoas individualmente consideradas, mas sim grupos ou categorias econômicas, profissionais ou diferenciadas, visando à criação ou interpretação de normas que irão incidir no âmbito dessas mesmas categorias."[194]

Já Ronaldo Lima dos Santos destaca no conceito do dissídio coletivo o poder normativo exercido pelos Tribunais, em razão da sua peculiaridade em uma ação judicial:

> "O dissídio coletivo é ação judicial por meio da qual a Justiça do Trabalho aprecia e julga um conflito coletivo de trabalho, primordialmente, com fulcro no poder normativo, isto é, mediante uma atividade legiferante consistente na faculdade de estabelecimento de

de conciliação e instrução, renovada na contestação. Decisão regional em conformidade com a iterativa jurisprudência desta Seção Especializada. Recurso ordinário a que se nega provimento. (TST — RO: 1003877201450300000. Relator: Fernando Eizo Ono, Data de Julgamento: 8.6.2015, Seção Especializada em Dissídios Coletivos, Data de Publicação: DEJT 19.6.2015).

(194) LEITE, Carlos Henrique Bezerra. *Curso de direito processual do trabalho*, cit., p. 1030.

normas e condições de trabalho para reger as relações individuais de trabalho entre trabalhadores e empregadores representados, também tendo como objetivo a resolução da controvérsia sobre a aplicação ou interpretação de determinada norma jurídica de aplicação às coletividades e sujeitos representados, ou uma decisão sobre as repercussões jurídico-materiais decorrentes de um movimento grevista."[195]

Diante do referido conceito, pode-se deduzir três espécies de dissídios coletivos: os dissídios de natureza jurídica, os dissídios de natureza econômica e os dissídios de greve.

A primeira espécie de dissídio visa a pacificação do conflito trabalhista, por meio de uma declaração judicial acerca da interpretação e aplicação de normas coletivas ou de normas legais restritas às categorias em conflito. Não cabe divergência jurídica de norma de caráter genérico, sem está adstrito às categorias em conflito, conforme Orientação Jurisprudencial n. 7 da SDC do Tribunal Superior do Trabalho.

A segunda espécie é o dissídio de natureza econômica, onde o conflito gira em torno de condições de trabalho da categoria profissional envolvida, cabendo ao Tribunal competente criar normas ou condições de trabalho para poder pacificar o conflito. Neste caso os efeitos da sentença é *erga omnes*, alcançando todos os integrantes das categorias ou da coletividade de trabalhadores ou empregadores representados em conflito, independente de serem filiados ou não ao sindicato.

A terceira hipótese de dissídio coletivo é o dissídio de greve. Esse dissídio de greve foi previsto constitucionalmente por meio da Emenda n. 45/2004, onde se legitima o Ministério Público do Trabalho a instaurar a instância em caso de greve em atividade essencial, com possibilidade de lesão do interesse público. Ou seja, apenas se instaurará dissídio coletivo de greve por meio do Ministério Público quando se estiver diante de greve em atividade essencial e quando essa greve tiver possibilidade de lesão a interesse público. Nada impede, contudo, que nos demais casos de greve sem lesão a interesse público ou em atividade não essencial que o Ministério Público se utilize de outros instrumentos processuais coletivos, como, por exemplo, a ação civil pública, para resguardar direitos.

Para suscitar o dissídio coletivo são legitimados ativos os sindicatos, federações ou confederações profissionais ou econômicas, bem como empresas ou grupos empresariais, nos termos do art. 857 da CLT. Não foi recepcionada pela Constituição Federal de 1988 a legitimação do presidente do Tribunal para

(195) SANTOS, Ronaldo Lima dos. *Sindicatos e ações coletivas*. 4. ed. São Paulo: LTr, 2014. p. 287.

a instauração da instância, como também não possuem legitimidade ativa as centrais sindicais, haja vista que não fazem parte da estrutura sindical brasileira.

O Ministério Público do Trabalho, nos termos do § 2º do art. 114 da CF/88, tem legitimidade de instaurar o dissídio de greve, inclusive sem a necessidade de anuência do polo passivo, em decorrência de greve em atividade essencial e com perigo de lesão a interesse coletivo.

No que tange à competência territorial, deduz-se que é aferida com base na dimensão do conflito e não com base na área de representação sindical.

Assim, caso a dimensão do conflito se restrinja ao território de um Estado da Federação, nos termos do art. 678 da CLT, a competência será do Tribunal Regional do Trabalho daquele Estado. Já no caso em que a dimensão do conflito superar a dimensão de um Estado da Federação, a competência para julgar o dissídio será do Tribunal Superior do Trabalho, conforme literalidade do art. 701 da CLT.

Algumas peculiaridades do dissídio coletivo muito se diferem das outras espécies de ações coletivas. A sentença do dissídio coletivo é denominada de sentença normativa e a sua coisa julgada é limitada a quatro anos. Dentro desse período, essa sentença ainda pode ser estendida aos demais membros da categoria, por meio do dissídio de extensão, ou até mesmo ser revista, por meio de dissídio coletivo de revisão, quando tiverem modificado as circunstâncias fáticas que a ditaram, de modo que tais condições se hajam tornado injustas e inaplicáveis, conforme se depreende do art. 873 da CLT.

Diferente das sentenças de conflitos individuais, a sentença normativa tem eficácia *erga omnes*, nos termos do art. 103 do CDC, limitada aos pertencentes à categoria em conflito, inclusive aos futuros integrantes da categoria, dentro da vigência da sentença.

As peculiaridades do dissídio coletivo de natureza econômica são as mais gritantes. Destacam-se a exigência da anuência da parte contrária para a instauração da instância, conforme analisado acima, como também a aplicação do poder normativo, por meio de criação de normas e condições de trabalho.

O poder normativo concedido aos Tribunais Trabalhistas não é ilimitado. Ao contrário, depois da Reforma do Judiciário, por meio da Emenda Constitucional n. 45/2004, esse poder foi consideravelmente restringido. Nesse sentido Ronaldo Lima dos Santos:

> "Assim, em linhas gerais, no exercício do poder normativo, o Tribunal do Trabalho deverá observar os limites outrora definidos pelo STF, com alguns novos parâmetros e referências decorrentes da atual redação do § 2º do art. 114 da CF/88, ficando assim delineadas as suas balizas: a) atuação no vazio da lei; b) observância dos preceitos

constitucionais; c) não invasão da esfera reservada à lei (princípio da reserva legal); d) não supressão de omissão do legislador; e) não imissão no campo reservado à autonomia coletiva das partes; f) observância das disposições mínimas de proteção ao trabalho; g) observância das disposições convencionadas anteriormente."[196]

Percebe-se que a Reforma do Judiciário perdeu uma grande oportunidade de efetivamente adequar a resolução de conflito coletivo trabalhista com o princípio democrático e pluralista da nossa Carta Magna de 1988, haja vista que não foi extinto o dissídio econômico, nem tampouco o poder normativo, como também se manteve o regime da unicidade sindical. A manutenção desses institutos de teor ideológicos inerentes a Estados totalitários e corporativistas constitui uma grande contradição com o espírito democrático da nossa Carta Cidadã. Ressalta-se que a autonomia privada coletiva é uma característica marcante de uma Constituição democrática, o que revela o seu grau de desenvolvimento.

6.6.2. Ação civil pública

Nos termos do art. 129 da Constituição Federal[197] c/c art. 1º da Lei n. 7.347/85, a ação civil pública constitui uma ação judicial, constitucionalmente prevista, que possui a finalidade de tutelar interesses metaindividuais, inclusive reparação moral ou material decorrente de violação ao meio ambiente, ao consumidor, a bens e direitos de valor artístico, estético, histórico, turístico e paisagístico, bem como à ordem econômica e urbanística, grupos raciais, étnicos e religiosos e ao patrimônio público e social ou qualquer outro interesse difuso ou coletivo. Nesse sentido, Carlos Henrique Bezerra Leite[198] considera a ação civil pública como "o meio constitucionalmente assegurado ao Ministério Público, ao Estado ou a outros entes coletivos autorizados por lei, para promover a defesa judicial dos interesses ou direitos metaindividuais". Também contribui na definição da ação civil pública, Ronaldo Lima dos Santos:

> "Neste diapasão, podemos definir a ação civil pública trabalhista como o instrumento processual, de cunho constitucional, assegurado

(196) SANTOS, Ronaldo Lima dos. *Sindicatos e ações coletivas*. 4. ed. São Paulo: LTr, 2014. p. 325.
(197) Art. 129. São funções institucionais do Ministério Público:
(...)
III — promover o inquérito civil e a ação civil pública, para a proteção do patrimônio público e social, do meio ambiente e de outros interesses difusos e coletivos.
(198) LEITE, Carlos Henrique Bezerra. *Ação civil pública na perspectiva dos direitos humanos*, cit., p. 1147.

> a determinados autores ideológicos com legitimação prevista em lei (Ministério Público, Defensoria Pública, entes estatais, autarquias, empresas públicas, fundação, sociedade de economia mista e associações, entre as quais incluem-se as entidades sindicais), para a tutela preventiva, inibitória, repressiva ou reparatória de danos morais e patrimoniais aos interesses transindividuais — difusos, coletivos e individuais homogêneos — afetos, direta ou indiretamente, às relações de trabalho."(199)

São legitimados para a propositura da ação civil pública o Ministério Público, a Defensoria Pública, a União, os Estados, o Distrito Federal, os Municípios, a autarquia, empresa pública, sociedade de economia mista ou fundação pública. Também se legitima a associação civil constituída há mais de um ano e que inclua, entre suas finalidades institucionais, a proteção ao patrimônio público e social, ao meio ambiente, ao consumidor, à ordem econômica, à livre concorrência, aos direitos de grupos raciais, étnicos ou religiosos ou ao patrimônio artístico, estético, histórico, turístico e paisagístico. No caso do Processo do Trabalho, os sindicatos não precisam realizar a inclusão de suas finalidades no estatuto, haja vista que há presunção da sua finalidade ideológica de tutela de interesses de sua categoria representada. Pelo mesmo fundamento não se exige do sindicato a pré-constituição há mais de um ano, como se exige da associação comum.

O Ministério Público exerce um relevante papel entre os legitimados, haja vista que nas ações civis públicas a sua atuação é obrigatória, pois caso não atue como parte no processo, atuará obrigatoriamente como fiscal da lei, podendo, inclusive, substituir o autor da ação em caso de desistência infundada ou abandono da ação por associação legitimada.

Na ação civil pública, a natureza jurídica da legitimação pode variar conforme o objeto da demanda coletiva. Caso o objeto da ação civil pública for interesses difusos e coletivos, a legitimação será autônoma ou ordinária. Não há consenso doutrinário acerca da nomenclatura correta para essa legitimação. Há autores que usam indistintamente a palavra ordinária ou autônoma para significar a mesma coisa. Já outros autores reconhecem que a legitimação autônoma ocorre apenas em casos de legitimação em processo coletivo, na hipótese de interesses difusos ou coletivos. Já a ordinária em legitimação em processo individual.

O entendimento desta última corrente nos parece mais acertada, haja vista que a legitimação ordinária do processo individual muito se distingue da legitimação coletiva para a tutela de interesses coletivos e difusos, razão

---

(199) SANTOS, Ronaldo Lima dos. *Sindicatos e ações coletivas*. 4. ed. São Paulo: LTr, 2014. p. 379.

pela qual a terminologia adequada não deveria ser a mesma. Embora o ente legitimado coletivo quando tutele interesses coletivos *stricto sensu* ou difusos esteja defendendo direitos previstos em seus fins institucionais, em caso de eventual condenação pecuniária nessa espécie de ação coletiva o valor condenatório não será revertido para os integrantes da categoria representada, nem tampouco ao ente legitimado, mas sim ao FAT — Fundo de Amparo ao Trabalhador, diferença essa justificante da distinção terminológica.

Em razão disso entendo que a terminologia mais adequada para a legitimação para tutela de interesses coletivos *stricto sensu* e difusos seria o termo "legitimação autônoma", enquanto a nomenclatura "legitimação ordinária" ficaria restrita à legitimação comum do processo individual prevista no art. 18 do CPC/15.

Já quando a ação coletiva tiver como objeto a tutela de interesses individuais homogêneos, eventual vantagem obtida em condenação será revertida diretamente aos integrantes da categoria ou empregados de empresas representadas, o que autoriza a nomenclatura da "legitimação extraordinária", pois os entes legitimados estariam defendendo em nome próprio interesse alheio (de seus integrantes).

Pois bem, ultrapassada a questão terminológica da legitimação, adentremos no objeto da ação civil pública.

Nos termos do art. 1º da Lei n. 9.347/85, a ação civil pública tem como objeto a tutela dos interesses difusos e coletivos, inclusive reparação moral ou material decorrente de violação ao meio ambiente, ao consumidor, a bens e direitos de valor artístico, estético, histórico, turístico e paisagístico, bem como à ordem econômica e urbanística, grupos raciais, étnicos e religiosos e ao patrimônio público e social. Compreende-se, doutrinariamente, que o interesse coletivo previsto no citado dispositivo legal, interpretado consoante o comando previsto no inciso III do art. 129 da nossa Carta Magna e o direito fundamental de acesso à justiça, refere-se aos direitos coletivos *lato sensu*, entendido este como gênero que engloba os interesses coletivos *stricto sensu*, os interesses difusos e os interesses individuais homogêneos como espécies.

No processo do trabalho a ação civil pública visa a tutela de interesses difusos, coletivos e individuais homogêneos relacionados direta ou indiretamente com a relação de trabalho, como, por exemplo, a tutela do meio ambiente de trabalho sadio, à não discriminação no emprego, entre tantos interesses metaindividuais que envolvem a relação do trabalho.

Não obstante exista previsão no parágrafo único do art. 1º da LACP de que não seria cabível como objeto da ação civil pública pretensões que envolvam tributos, contribuições previdenciárias, Fundo de Garantia do Tempo de Serviço (FGTS) ou outros fundos de natureza institucional, cujos beneficiários podem ser individualmente determinados, entende-se doutrinariamente a inconstitucionalidade da Medida Provisória n. 2.180-35/2001 que inseriu na LACP a referida proibição. Essa medida provisória vai de encontro ao texto expresso previsto no art. 129, III, da Constituição Federal de 1988, que prevê de forma ampla a tutela de outros interesses difusos e coletivos. Ou seja, a ação civil pública tem como objeto a tutela de todos os interesses transindividuais. Eventual restrição à referida tutela só seria legítima em caso de emenda constitucional e não por mera medida provisória. Além disso, essa medida provisória fere também o princípio fundamental de acesso à justiça, haja vista a criação pela medida provisória de uma barreira processual ao pleito coletivo de pretensões de direitos sociais (FGTS), nos termos do art. 7º, III, da Constituição Federal. Acertadamente, o Tribunal Superior do Trabalho não reconhece a legalidade da vedação imposta pelo parágrafo único do art. 1º da LACP em relação às pretensões de FGTS.[(200)]

A competência material para apreciação de ações civis públicas, quando seu objeto consiste na tutela de coletivos *lato sensu* que se relacionem direta ou indiretamente com as relações de trabalho, será da Justiça do Trabalho, nos termos do art. 114 da Constituição Federal de 1988 c/c art. 83 da Lei Complementar n. 75/93.

No que tange à competência funcional das ações civis públicas, diferente da competência do dissídio coletivo, compete às varas do trabalho a competência para julgar em primeira instância.

No que tange à competência territorial das ações civis públicas na Justiça do Trabalho, não se aplica a regra de competência territorial prevista no art. 651 da CLT[(201)], pois esta é referente a processos individuais. Assim, inexistindo

---

(200) I — AGRAVO DE INSTRUMENTO. PROVIMENTO. Caracterizada a divergência jurisprudencial, merece processamento o recurso de revista. Agravo de instrumento conhecido e provido. II — RECURSO DE REVISTA. AÇÃO CIVIL PÚBLICA. TUTELA INIBITÓRIA. PRETENSÃO DE FIXAÇÃO DE MULTA PARA COIBIR EMPRESA A EFETUAR OS DEPÓSITOS MENSAIS DO FGTS DE SEUS TRABALHADORES. LEGITIMIDADE DO MINSITÉRIO PÚBLICO DO TRABALHO. A vedação constante do art. 1º, parágrafo único, da Lei n. 7.347/1985 não alcança a ação civil pública para a defesa do FGTS, enquanto direito social decorrente da relação de emprego, tampouco importa ilegitimidade do Ministério Público do Trabalho para a tutela de direitos coletivos e individuais homogêneos. Em tal caso, o *parquet* atua na defesa dos republicanos valores sociais do trabalho (CF, art. 1º, § 1º, IV), encontrando, a sua atuação, expressa salvaguarda constitucional. Precedentes. Recurso de revista conhecido e desprovido. (TST — RR n. 94900-89.2009.5.09.0096, 3ª T., Rel. Alberto Luiz Bresciani de Fontan, j. 26.10.2011, DEJT 4.11.2011).

(201) Art. 651. A competência das Juntas de Conciliação e Julgamento é determinada pela localidade onde o empregado, reclamante ou reclamado, prestar serviços ao empregador, ainda que tenha sido contratado noutro local ou no estrangeiro.

previsão específica na legislação trabalhista, deve ser aplicado as regras de competência do microssistema processual coletivo.

Assim, considerando o microssistema processual coletivo, deveria se abandonar a regra celetista prevista no art. 651 da CLT, pois incompatível com a sistemática coletiva, aplicando a regra de competência prevista no art. 2º da LACP[(202)], onde a competência é conferida ao foro do local do dano.

Ocorre, entretanto, que o Tribunal Superior do Trabalho, mediante a redação original da OJ n. 130 da SDI-II[(203)] aplicava a competência prevista no art. 93 do CDC[(204)], desvirtuando a ordem de aplicação no microssistema processual coletivo, pois não havia lacuna normativa na lei de ação civil pública. Além disso, a aplicação da regra de competência territorial consumerista afastava o julgador do local do dano em casos de danos regionais ou nacionais.

O inciso primeiro do art. 93 do Código de Defesa do Consumidor (CDC) indica como foro competente para julgar o foro do local onde ocorreu ou deva ocorrer o dano, que na Justiça do Trabalho corresponde às varas do trabalho que englobe a jurisdição do local do dano. No que tange ao dano delimitado dentro da jurisdição local de uma vara, entendo que essa regra está em sintonia perfeita com o direito de acesso à justiça, pois normalmente o local do dano é o local da prestação de serviço, facilitando o acesso judicial do grupo ou categoria representada, bem como aproxima o julgador do local com realidade dos trabalhadores lesados, o que facilita a produção probatória.

Dificuldade ocorre quando o dano ultrapassa a jurisdição local de uma vara, passando a ser caracterizado como dano regional ou nacional, a depender do alcance territorial do dano. No caso de dano regional ou nacional a legislação consumerista indica como competente para julgar essa espécie de ação o foro

---

(202) Art. 2º As ações previstas nesta Lei serão propostas no foro do local onde ocorrer o dano, cujo juízo terá competência funcional para processar e julgar a causa.

Parágrafo único. A propositura da ação prevenirá a jurisdição do juízo para todas as ações posteriormente intentadas que possuam a mesma causa de pedir ou o mesmo objeto.

(203) Redação original — DJ 4.5.2004. *OJ n. 130. Ação civil pública. Competência territorial. Extensão do dano causado ou a ser reparado. Aplicação analógica do art. 93 do Código de Defesa do Consumidor. Para a fixação da competência territorial em sede de ação civil pública, cumpre tomar em conta a extensão do dano causado ou a ser reparado, pautando-se pela incidência analógica do art. 93 do Código de Defesa do Consumidor. Assim, se a extensão do dano a ser reparado limitar-se ao âmbito regional, a competência é de uma das varas do trabalho da capital do estado; se for de âmbito suprarregional ou nacional, o foro é o do Distrito Federal.*

(204) Art. 93. Ressalvada a competência da Justiça Federal, é competente para a causa a justiça local:

I — no foro do lugar onde ocorreu ou deva ocorrer o dano, quando de âmbito local;

II — no foro da Capital do Estado ou no do Distrito Federal, para os danos de âmbito nacional ou regional, aplicando-se as regras do Código de Processo Civil aos casos de competência concorrente.

da capital do Estado ou do Distrito Federal, conforme previsto no inciso II do art. 93 do CDC. Essa disposição não condiz com a normatividade principiológica da Justiça do Trabalho, haja vista que o foro competente indicado para danos regionais ou nacionais (capitais do Estado ou do Distrito Federal) na maioria das vezes não é o mais próximo do local do dano, afastando, assim, a realidade local do órgão julgador, dificultando a produção probatória. Nesse sentido Ronaldo Lima dos Santos:

> "A regra do art. 93, II, do CDC, é processualmente contraproducente, à medida que afasta da apuração dos fatos juízos mais adequados que o da capital do Estado ou do Distrito Federal, pois embora possa haver danos de âmbito regional ou nacional, tal circunstância não indica que aqueles juízos sejam os mais adequados para a solução da lide, tendo em vista que os fatos podem estar mais próximos do juízo do território em que se verificaram."(205)

O Tribunal Superior do Trabalho reconheceu o erro no entendimento da Orientação Jurisprudencial n. 130 da SDI-II, pois estava, equivocadamente, aplicando diretamente os termos do art. 93 do CDC, não obstante a existência de regra expressa de competência prevista no art. 2º da Lei de Ação Civil Pública (LACP). Ressalta-se, inclusive, que esta regra está mais condizente com o direito de acesso à justiça e com os princípios e normas trabalhistas, pois normalmente o local de dano coincide com o local de prestação de serviço (art. 651 da CLT).

Diante de tal equívoco foi modificada a redação da OJ n. 130 da SDI-II do TST(206), para reconhecer que em caso de dano de abrangência regional, que atinja cidades sujeitas à jurisdição de mais de uma vara do Trabalho, a competência será de qualquer das varas das localidades atingidas, ainda que vinculadas a Tribunais Regionais do Trabalho distintos. Quando for o caso de dano suprarregional ou nacional, há competência concorrente para a ação

---

(205) SANTOS, Ronaldo Lima dos. *Sindicatos e ações coletivas*. 4. ed. São Paulo: LTr, 2014. p. 469.

(206) OJ N.130 DA SDI-II. AÇÃO CIVIL PÚBLICA. COMPETÊNCIA. LOCAL DO DANO. LEI N. 7.347/1985, ART. 2º. CÓDIGO DE DEFESA DO CONSUMIDOR, ART. 93 (redação alterada na sessão do Tribunal Pleno realizada em 14.9.2012) — Res. n. 186/2012, DEJT divulgado em 25, 26 e 27.9.2012.

I — A competência para a Ação Civil Pública fixa-se pela extensão do dano.

II — Em caso de dano de abrangência regional, que atinja cidades sujeitas à jurisdição de mais de uma Vara do Trabalho, a competência será de qualquer das varas das localidades atingidas, ainda que vinculadas a Tribunais Regionais do Trabalho distintos.

III — Em caso de dano de abrangência suprarregional ou nacional, há competência concorrente para a Ação Civil Pública das varas do trabalho das sedes dos Tribunais Regionais do Trabalho.

IV — Estará prevento o juízo a que a primeira ação houver sido distribuída.

Civil Pública das varas do trabalho das sedes dos Tribunais Regionais do Trabalho. Ou seja, aplicou-se os termos do art. 2º da LACP, pois contemplou-se as varas dos locais atingidas pelo dano. Apenas nos casos de danos nacionais ou suprarregionais, que foram centralizadas para as varas da capital. Ressalta-se que tanto a LACP com o CDC não faz menção a dano suprarregional, designação dada pelo Tribunal Superior do Trabalho para os casos em que o dano abranger dois ou mais estados da federação ou distrito federal.

Não há dúvidas de que essa alteração na orientação jurisprudencial promoveu um maior acesso à justiça dos interesses coletivos *lato sensu* no âmbito trabalhista, pois a regra prevista no art. 2º da LACP dentre as demais normas previstas no microssistema processual coletivo é a que mais se aproxima com os princípios trabalhistas, bem como proporciona o contato maior do julgador com as provas e com a realidade social, econômica e cultural das áreas atingidas. Nesse sentido, Ronaldo Lima dos Santos:

> "Considerando não aplicável analogicamente a regra do inciso II do art. 93 do CDC; primeiro porque o *caput* excepcionou a competência da Justiça federal e, em sendo ações civis públicas para a tutela de direitos transindividuais trabalhistas de competência da Justiça do Trabalho, a especificidade da matéria suscita a mesma exceção, pois é inegável o interesse público no resguardo das competências específicas; segundo, porque a regra do art. 2º da LACP, ao aproximar o juízo competente do local dos fatos, traçou os mesmos objetivos almejados pelo legislador trabalhista ao editar as regras de competência do art. 651 da CLT — local da prestação de serviços — consistentes na facilitação da produção probatória e na abertura dos canais de acesso às Justiça."[(207)]

A coisa julgada na ação civil coletiva *lato sensu*, compreendida neste conceito a ação civil pública, tem seu fundamento no art. 16 da LACP[(208)], complementada pelo art. 103 do CDC[(209)], formando a característica de coisa julgada

---

(207) SANTOS, Ronaldo Lima dos. *Sindicatos e ações coletivas*. 4. ed. São Paulo: LTr, 2014. p. 407.

(208) Art. 16. A sentença civil fará coisa julgada erga omnes, nos limites da competência territorial do órgão prolator, exceto se o pedido for julgado improcedente por insuficiência de provas, hipótese em que qualquer legitimado poderá intentar outra ação com idêntico fundamento, valendo-se de nova prova.

(209) Art. 103. Nas ações coletivas de que trata este código, a sentença fará coisa julgada:

I — *erga omnes*, exceto se o pedido for julgado improcedente por insuficiência de provas, hipótese em que qualquer legitimado poderá intentar outra ação, com idêntico fundamento valendo-se de nova prova, na hipótese do inciso I do parágrafo único do art. 81;

II — *ultra partes*, mas limitadamente ao grupo, categoria ou classe, salvo improcedência por insuficiência de provas, nos termos do inciso anterior, quando se tratar da hipótese prevista no inciso II do parágrafo único do art. 81;

III — *erga omnes*, apenas no caso de procedência do pedido, para beneficiar todas as vítimas e seus sucessores, na hipótese do inciso III do parágrafo único do art. 81.

utilibus ou *secundum eventum probationis*, conforme ocorre com a maioria das ações coletivas.

Fredie Didier[210] difere a coisa julgada em três espécies, a primeira espécie como coisa julgada *pro et contra*, que segundo o referido autor é "aquela que se forma independentemente do resultado do processo, do teor da decisão judicial proferida." Esse modelo é o utilizado em nosso ordenamento jurídico no que tange às ações individuais.

A segunda espécie apontada pelo autor é a coisa julgada *secundum eventum litis*, que "é aquela que somente é produzida quando a demanda for julgada procedente. Se a ação for julgada improcedente, ela poderá ser reproposta, pois a decisão ali proferida não produzirá coisa julgada material." Para Fredie Didier esse modelo de coisa julgada não é bem visto pela doutrina, pois trata as partes de forma desigual, colocando o réu em posição de flagrante desvantagem.

A última espécie de coisa julgada é a coisa julgada *secundum eventum probationis*, que segundo o referido processualista "é aquela que só se forma apenas em caso de esgotamento das provas: se a demanda for julgada procedente, que é sempre com esgotamento de prova, ou improcedente com suficiência de provas. A decisão judicial só produzirá coisa julgada se forem exauridos todos os meios de prova".

O nosso microssistema processual coletivo se utilizou do modelo da coisa julgada secundum eventum probationis, conforme se depreende da leitura do art. 103 do CDC, onde a coisa julgada de improcedência só formará a coisa julgada material se for por suficiência de prova.[211] Para Fredie

---

§ 1º Os efeitos da coisa julgada previstos nos incisos I e II não prejudicarão interesses e direitos individuais dos integrantes da coletividade, do grupo, categoria ou classe.

§ 2º Na hipótese prevista no inciso III, em caso de improcedência do pedido, os interessados que não tiverem intervindo no processo como litisconsortes poderão propor ação de indenização a título individual.

§ 3º Os efeitos da coisa julgada de que cuida o art. 16, combinado com o art. 13 da Lei n. 7.347, de 24 de julho de 1985, não prejudicarão as ações de indenização por danos pessoalmente sofridos, propostas individualmente ou na forma prevista neste código, mas, se procedente o pedido, beneficiarão as vítimas e seus sucessores, que poderão proceder à liquidação e à execução, nos termos dos arts. 96 a 99.

§ 4º Aplica-se o disposto no parágrafo anterior à sentença penal condenatória.

(210) DIDIER JR., Fredie. *Curso de direito processual civil*: processo coletivo. 7. ed. Salvador: Juspodivm, 2012. p. 376-377.

(211) Art. 103. Nas ações coletivas de que trata este código, a sentença fará coisa julgada:

I — *erga omnes*, exceto se o pedido for julgado improcedente por insuficiência de provas, hipótese em que qualquer legitimado poderá intentar outra ação, com idêntico fundamento valendo-se de nova prova, na hipótese do inciso I do parágrafo único do art. 81;

Didier[212], essa opção pela coisa julgada *secundum eventum probationis* "revela o objetivo de prestigiar o valor da *justiça* em detrimento do valor da *segurança*, bem como preservar os processos coletivos do conluio e da fraude processual."

Assim, a coisa julgada terá efeitos de acordo com a qualidade probatória do resultado da lide. Se o resultado for de procedência, que sempre demanda a existência de material probatória, se formará a coisa julgada material e a sentença terá efeito *erga omnes* quando o interesse tutelado for difuso, beneficiando a todos os titulares do interesse tutelado. Também se formará a coisa julgada material em caso de procedência em ação que tutele interesses coletivos ou individuais homogêneos, no entanto o seu alcance da sentença será *ultra partes*, beneficiando as partes representadas em juízo, que em casos de representação sindical abrangerá todos os integrantes da categoria representada pelo sindicato.

No entanto, em caso de improcedência por insuficiência de provas, qualquer legitimado poderá renovar a ação, pois não há formação de coisa julgada material, mas tão somente formal.

Por fim, em caso de improcedência por outro motivo que não seja insuficiência de provas, a coisa julgada será material apenas para os colegitimados ativos, não obstando que o pleito seja repetido em âmbito individual. Em todo caso não haverá o reconhecimento da litispendência ou coisa julgada entre a ação coletiva e a ação individual, conforme previsto expressamente nos §§ 2º e 3º do art. 103 do CDC, salvo no caso de participação litisconsorcial do interessado individual no processo coletivo que tutele direitos individuais homogêneos.

A única hipótese legal que impede a extensão dos efeitos da coisa julgada *erga omnes* ou *ultra partes* nas ações que tutelem direitos coletivos ou individuais

---

II — *ultra partes*, mas limitadamente ao grupo, categoria ou classe, salvo improcedência por insuficiência de provas, nos termos do inciso anterior, quando se tratar da hipótese prevista no inciso II do parágrafo único do art. 81;

III — *erga omnes*, apenas no caso de procedência do pedido, para beneficiar todas as vítimas e seus sucessores, na hipótese do inciso III do parágrafo único do art. 81.

§ 1º Os efeitos da coisa julgada previstos nos incisos I e II não prejudicarão interesses e direitos individuais dos integrantes da coletividade, do grupo, categoria ou classe.

§ 2º Na hipótese prevista no inciso III, em caso de improcedência do pedido, os interessados que não tiverem intervindo no processo como litisconsortes poderão propor ação de indenização a título individual.

§ 3º Os efeitos da coisa julgada de que cuida o art. 16, combinado com o art. 13 da Lei n. 7.347, de 24 de julho de 1985, não prejudicarão as ações de indenização por danos pessoalmente sofridos, propostas individualmente ou na forma prevista neste código, mas, se procedente o pedido, beneficiarão as vítimas e seus sucessores, que poderão proceder à liquidação e à execução, nos termos dos arts. 96 a 99.

§ 4º Aplica-se o disposto no parágrafo anterior à sentença penal condenatória.

(212) DIDIER JR., Fredie. *Curso de direito processual civil*: processo coletivo. 7. ed. Salvador: Juspodivm, 2012. p. 379.

homogêneos, ocorre quando o autor de uma demanda individual com o mesmo objeto e a mesma causa de pedir da ação coletiva não requer a suspensão da ação individual até o trânsito em julgado da ação coletiva, conforme redação prevista no art. 104 do CDC.[213] Essa medida está de acordo com a economia processual e a finalidade preventiva do instituto da ação coletiva, evitando ações repetitivas individuais, por meio do desestímulo processual ao individualmente lesado quando já em curso uma ação coletiva que contemple o objeto de sua pretensão. Não há neste caso ofensa ao direito fundamental de acesso à justiça, haja vista que não há impedimento para o ingresso da ação do individualmente lesado, o que há é uma suspensão da ação individual como ônus de se beneficiar da procedência da ação coletiva, evitando, assim, atos processuais inúteis ou desnecessários diante de uma possível procedência da ação coletiva.

A execução da ação coletiva, inclusive da ação civil pública está disciplinada no art. 95 e seguintes do CDC[214] c/c art. 13 da LACP. Quando houver condenação pecuniária e a ação coletiva tutelar interesses difusos e coletivos, que tem como característica a indivisibilidade do direito pleiteado, o valor pecuniário será revertido ao fundo monetário gerido pelo Estado e com participação do Ministério Público, destinado a reconstituição do bem lesado, conforme disposição prevista no art. 13 da LACP.[215] Na Justiça do Trabalho esse fundo é denominado de FAT — Fundo de Amparo ao Trabalho, onde sua renda é destinada ao orçamento do seguro desemprego, salário família e outros benefícios sociais.

Já quando houver condenação pecuniária e a ação coletiva *lato sensu*, inclusive a ação civil coletiva, tutelar direitos individuais homogêneos, onde se caracteriza pela divisibilidade do direito pleiteado, a sentença será genérica, afirmando a existência ou não do direito pretendido e fixando a responsabi-

---

(213) Art. 104. As ações coletivas, previstas nos incisos I e II e do parágrafo único do art. 81, não induzem litispendência para as ações individuais, mas os efeitos da coisa julgada *erga omnes* ou ultra partes a que aludem os incisos II e III do artigo anterior não beneficiarão os autores das ações individuais, se não for requerida sua suspensão no prazo de trinta dias, a contar da ciência nos autos do ajuizamento da ação coletiva.

(214) Art. 95. Em caso de procedência do pedido, a condenação será genérica, fixando a responsabilidade do réu pelos danos causados.

Art. 97. A liquidação e a execução de sentença poderão ser promovidas pela vítima e seus sucessores, assim como pelos legitimados de que trata o art. 82.

Art. 98. A execução poderá ser coletiva, sendo promovida pelos legitimados de que trata o art. 82, abrangendo as vítimas cujas indenizações já tiveram sido fixadas em sentença de liquidação, sem prejuízo do ajuizamento de outras execuções.

(215) Art. 13. Havendo condenação em dinheiro, a indenização pelo dano causado reverterá a um fundo gerido por um Conselho Federal ou por Conselhos Estaduais de que participarão necessariamente o Ministério Público e representantes da comunidade, sendo seus recursos destinados à reconstituição dos bens lesados.

lidade dos réus, cabendo aos individualmente lesados — vítimas e sucessores— promoverem a liquidação e execução nos termos propostos na sentença.

Essa medida de liquidação e execução individualizada está consoante com a eficiência e economia processual proposta pela segunda onda de acesso à justiça, onde a regulamentação do processo coletivo aparece como importante instrumento de efetividade da prestação jurisdicional, especialmente na prevenção do tumulto processual e da morosidade processual ocasionada por incidentes protelatórios de diversos legitimados.

6.6.3. Ação de cumprimento

A ação de cumprimento, nos termos previsto no art. 872 da CLT[216], constitui uma ação que tem a finalidade de dar cumprimento aos termos do acordo ou convenção coletiva homologada ou aos termos da sentença normativa.

A ação de cumprimento, assim como ocorre com o dissídio coletivo, são ações coletivas de previsão e atuação exclusivas no âmbito trabalhista. Diferente das demais ações coletivas, a ação de cumprimento tem a peculiaridade de ser exercida de forma individual ou coletiva. Isso porque o parágrafo único do art. 872 da CLT disponibiliza o seu exercício diretamente por seus empregados, inclusive mediante ação plúrima, ou por meio de substituição processual ou representação autônoma realizada por sindicato, a depender da espécie do direito a ser tutelado. Ressalta-se que o próprio dispositivo legal reconhece a desnecessidade da outorga dos poderes dos integrantes da categoria representada, haja vista que não se trata de representação judicial de processo individual, mas sim caso de substituição processual ou representação autônoma, conforme a espécie de direito coletivo a ser tutelado.

Assim, se na ação de cumprimento o sindicato estiver defendendo o não cumprimento de negociação coletiva ou sentença normativa a fim de beneficiar um grupo de empregados determinados, trata-se, no caso, de substituição processual, pois os interesses tutelados na presente ação são individuais homogêneos e neste caso o sindicato está pleiteando em nome próprio direito

(216) Art. 872. Celebrado o acordo, ou transitada em julgado a decisão, seguir-se-á o seu cumprimento, sob as penas estabelecidas neste Título.

Parágrafo único. Quando os empregadores deixarem de satisfazer o pagamento de salários, na conformidade da decisão proferida, poderão os empregados ou seus sindicatos, independentes de outorga de poderes de seus associados, juntando certidão de tal decisão, apresentar reclamação à Junta ou Juízo competente, observado o processo previsto no Capítulo II deste Título, sendo vedado, porém, questionar sobre a matéria de fato e de direito já apreciada na decisão.

alheio. No entanto, quando o sindicato estiver tutelando interesses difusos ou coletivos, por meio de uma ação de cumprimento, será o caso de representação autônoma, pois o sindicato estará pleiteando em nome próprio direito próprio da categoria representada. Tanto a substituição processual como a representação autônoma não necessitam de outorga de poderes de seus representados ou substituídos.

Não se fala em execução, mas tão somente em cumprimento, em razão da peculiaridade da negociação coletiva trabalhista ou sentença normativa criar normas jurídicas, que deveriam ser cumpridas espontaneamente e não executadas. Em razão disso, Carlos Henrique Bezerra Leite[217] conceitua a ação de cumprimento como sendo: "o meio processual adequado para a defesa dos interesses ou direitos dos trabalhadores constantes de sentença normativa, convenção coletiva ou acordo coletivo de trabalho não cumpridos espontaneamente pelo(s) empregador(es)".

Assim, deduz-se que a ação de cumprimento é uma ação de conhecimento de cunho condenatório, em razão do descumprimento de negociação coletiva ou sentença normativa. Não se discute matéria de fato ou de direito, mas tão somente o cumprimento ou não dos termos da negociação coletiva ou da sentença normativa. A legitimidade nesta ação é concorrente dos empregados, que sozinhos poderão pleitear a ação, ou por meio de sindicatos. Em casos de categoria inorganizada em sindicatos, as federações possuem legitimidade, e na inexistência destas as confederações assumem a legitimidade. As centrais sindicais não possuem legitimidade, pois não fazem parte da estrutura sindical brasileira.

Não obstante a sentença normativa tenha sido prolatada pelos Tribunais, a competência para julgar as ações de cumprimento decorrentes do descumprimento das sentenças normativas é das varas do trabalho e não dos Tribunais Regionais do Trabalho ou do Tribunal Superior do Trabalho. Essa regra de competência foge da regra comum prevista no art. 575 do CPC, pois o órgão competente para julgar o descumprimento não é o mesmo órgão prolator da decisão. No entanto, essa medida facilita o acesso à justiça dos empregados, pois as varas do trabalho do local da prestação de serviço são os órgãos judiciais mais próximos dos empregados.

Não se exige o trânsito em julgado da sentença normativa para se pleitear a ação de cumprimento, nos termos da Súmula n. 246 do TST. A ação de cumprimento pode ser proposta apenas com a certidão de julgamento a partir do 20º dia da data do julgamento, salvo se a decisão conceder efeito suspensivo.

---

(217) LEITE, Carlos Henrique Bezerra. *Ação civil pública na perspectiva dos direitos humanos*, cit., p. 1054.

Situação engenhosa e peculiar ocorre quando a sentença normativa é reformada em grau de recurso. Neste caso não há que se falar em devolução de salários ou vantagens pagas mediante ação de cumprimento, em razão do caráter alimentar do crédito trabalhista. Acerca dessa característica ímpar: Ronaldo Lima dos Santos:

> "Trata-se de uma peculiaridade do processo trabalhista, pela qual se procede ao cumprimento da execução de sentença normativa sem que esta esteja revestida pelo manto da coisa julgada material; a execução provisória, *in casu*, adorna-se com as características de definitiva, dotada de executoriedade plenamente satisfativa, sem o risco de devolução das quantias recebidas."(218)

6.6.4. Mandado de segurança coletivo

O mandado de segurança coletivo é remédio constitucional, criado pela Constituição Federal de 1988, como forma de legitimar corpos intermediários ou coletivos para a propositura de uma ação civil de conhecimento com comando mandamental, em face de atos ilegais ou abusivos cometidos por autoridade pública ou pessoa em exercício de atribuições públicas, na defesa de direito líquido e certo de interesses metaindividuais, desde que esses interesses não estejam amparados por habeas corpus ou habeas data, conforme desenhado no art. 5º, LXX(219), alíneas *a* e *b*, da Constituição Federal.

Não obstante a Constituição Federal não contemple em um mesmo inciso o mandado de segurança individual e coletivo, o que *data vênia*, seria a melhor redação, a maioria da doutrina não concebe autonomia ao mandado de segurança coletivo, entendendo que tanto o mandado de segurança individual como o coletivo são espécie do remédio constitucional mandamental, neste sentido Ronaldo Lima dos Santos(220), "o mandado de segurança coletivo, observa os mesmos requisitos e possui estrutura semelhante, mutatis mutandis, à do mandado de segurança individual, uma vez que ambos são espécies de ação mandamental emergencial". Acompanha o mesmo raciocínio Manoel Antônio Teixeira Filho:

---

(218) SANTOS, Ronaldo Lima dos. *Sindicatos e ações coletivas*. 4. ed. São Paulo: LTr, 2014. p. 352.

(219) LXX — o mandado de segurança coletivo pode ser impetrado por:

a) partido político com representação no Congresso Nacional;

b) organização sindical, entidade de classe ou associação legalmente constituída e em funcionamento há pelo menos um ano, em defesa dos interesses de seus membros ou associados.

(220) SANTOS, Ronaldo Lima dos. *Sindicatos e ações coletivas*. 4. ed. São Paulo: LTr, 2014. p. 498.

> "Se bem verificarmos, aliás, chegaremos à conclusão de que o único ponto expressivo em que o mandado de segurança *coletivo* se desassemelha do *individual* reside na legitimidade ativa para a causa, porquanto aquele pode ser naturalmente impetrado por partido político com representação no Congresso Nacional, por organização sindical, entidade de classe ou associação legalmente constituída e em funcionamento, pelo menos, há um ano, em defesa dos 'interesses' de seus membros ou associados, ao passo que este, em princípio, só pode ser impetrado pelo titular do direito subjetivo lesado ou ameaçado de lesão por ato ilegal ou abusivo de poder, de autoridade pública." (221)

A principal diferença entre o mandado de segurança individual para o coletivo constitui a sua legitimidade ativa, tanto que a Constituição Federal fez questão de destacar o rol de legitimados em sua redação, o que demonstra a sua importância perante o constituinte, que não delegou esse poder de seleção dos legitimados para norma infraconstitucional.

Conforme inciso LXX do art. 5º da Constituição, o mandado de segurança pode ser impetrado pelos seguintes corpos intermediários: partido político com representação no Congresso Nacional, organização sindical, entidade de classe ou associação legalmente constituída e em funcionamento há pelo menos um ano, em defesa dos interesses de seus membros ou associados.

Da mesma forma como ocorre em caso de legitimação das demais ações coletivas, como ação civil pública, ação civil coletiva, não se exige o requisito da pré-constituição de um ano dos sindicatos, conforme entendimento predominante do STF (RE 198.919-DF). Da mesma forma que não se exige autorização dos representados para a formalização da impetração, haja vista a natureza anômala de representação (quando estiver diante de direitos difusos e coletivos) e a natureza de substituição processual (quando estiver diante de direitos individuais homogêneos), conforme Súmula n. 629 do STF.(222)

O legitimado passivo é qualquer autoridade pública que ordene o ato impugnado, que na Justiça do Trabalho esse ato tem que está relacionado com relações de trabalho, podendo recair na figura do juiz, do desembargador, do ministro, da autoridade competente do Ministério do Trabalho e Emprego, ou qualquer autoridade pública integrante dos poderes da União, Estados, Distrito Federal e Municípios, bem como autarquia, fundações e empresas públicas e sociedade de economia mista. Nos termos do § 1º, equiparam-se às autorida-

---

(221) TEIXEIRA FILHO, Manoel Antônio. *Mandado de segurança na justiça do trabalho*: individual e coletivo. 3. ed. São Paulo: LTr, 2010. p. 310.

(222) SÚMULA N. 629 DO STF. A IMPETRAÇÃO DE MANDADO DE SEGURANÇA COLETIVO POR ENTIDADE DE CLASSE EM FAVOR DOS ASSOCIADOS INDEPENDE DA AUTORIZAÇÃO DESTES.

des, os representantes ou órgãos de partidos políticos e os administradores de entidades autárquicas, bem como os dirigentes de pessoas jurídicas ou as pessoas naturais no exercício de atribuições do poder público, somente no que disser respeito a essas atribuições.

O art. 21 da Lei n. 12.016/2009, que regulamenta o mandado de segurança, dispõe que a finalidade do mandado de segurança coletivo é a tutela dos interesses coletivos e individuais homogêneos. A única interpretação em consonância com o direito fundamental de acesso à justiça é no sentido de que o termo interesse coletivo deve ser interpretado em sentido amplo, englobando os direitos difusos, coletivos *stricto sensu* e os individuais homogêneos. No entanto, da forma que foi redigido o art. 21 parece que o legislador ordinário quis excluir a tutela do direito difuso, o que entendo ser inconstitucional por afrontar o direito fundamental de acesso à justiça, bem como o amplo direito de representatividade sindical previsto no art. 8º, III, da Constituição Federal.

A competência para o julgamento do mandado de segurança quando a matéria envolver as relações de trabalho é da Justiça do Trabalho, nos termos do inciso IV do art. 114 da Constituição Federal[223]. Em regra, a competência funcional do mandado de segurança é tomada conforme a hierarquia do agente prolator da conduta comissiva ou omissa passível de correção pelo *writ*. Assim, se o juiz for a autoridade coatora, os Tribunais serão competentes para julgamento, assim por diante, conforme a hierarquia funcional e o regimento interno dos Tribunais. Ocorre, entretanto, que a partir da ampliação da competência da Justiça do Trabalho, a competência do mandado de segurança fugiu da regra da hierarquia funcional, quando a autoridade coatora não fizer parte da estrutura funcional da Justiça do Trabalho, como, por exemplo, quando a autoridade coatora for um agente público, no caso prefeito. Nesse sentido Ronaldo Lima dos Santos:

> "Desse modo, a EC n. 45/2004 alterou o critério de competência dos citados remédios constitucionais para atrair a competência da Justiça do Trabalho nas hipóteses de matérias sujeitas à sua jurisdição, independentemente da pessoa da autoridade coatora. Assim, os mandados de segurança, de competência da Justiça do Trabalho, contra atos de autoridades federais, que não sejam juízes do primeiro grau de jurisdição trabalhista, são de competência das Varas do Trabalho."[224]

---

(223) Art. 114. Compete à Justiça do Trabalho processar e julgar:

(...)

IV — os mandados de segurança, *habeas corpus* e *habeas data* quando o ato questionado envolver matéria sujeita à sua jurisdição.

(224) SANTOS, Ronaldo Lima dos. *Sindicatos e ações coletivas*. 4. ed. São Paulo: LTr, 2014. p. 504.

A decisão do mandado de segurança coletivo constitui um provimento de caráter mandamental, que decide a existência ou não do direito líquido e certo suscitado, que envolvam interesses metaindividuais relacionados à relação de trabalho.

Como o mandado de segurança coletivo constitui uma ação coletiva, o alcance e os efeitos da decisão serão os mesmos efeitos previstos para ação coletiva prevista no microssistema processual coletivo, formado pela LACP, o CDC, a CLT e subsidiariamente o CPC.

Nos termos dos arts. 103 e 110 do CDC c/c e 21 da LACP, a coisa julgada ocorrerá *secundum eventum probationes.*

Assim, a coisa julgada terá efeitos de acordo com o tipo de qualidade probatória do resultado da lide e a espécie de interesse tutelado. Se o resultado for de procedência, a sentença terá efeito *erga omnes* quando o interesse tutelado for difuso, beneficiando a todos os titulares do interesse tutelado; já no caso de procedência, em ação que tutela de interesses coletivos ou individuais homogêneos o alcance da sentença será *ultra partes,* beneficiando as partes representadas em juízo, que em casos de representação sindical abrangerá todos os integrantes da categoria representada pelo sindicato. Em caso de improcedência por insuficiência de provas, qualquer legitimado poderá renovar a ação, pois não há formação de coisa julgada material, mas tão somente formal. Por fim, em caso de improcedência com suficiência probatória, a coisa julgada será material apenas para os colegitimados ativos, não obstando que o pleito seja repetido em âmbito individual.

6.6.5 Ação anulatória de cláusulas convencionais

A ação anulatória de cláusulas convencionais está prevista no inciso IV do art. 83 da Lei Complementar n. 75/1993 (Lei Orgânica do Ministério Público da União)[225], onde se confere competência ao Ministério Público do Trabalho para: "propor as ações cabíveis para declaração de nulidade de cláusula de contrato, acordo coletivo ou convenção coletiva que viole as liberdades individuais ou coletivas ou os direitos individuais indisponíveis dos trabalhadores". A partir

(225) Art. 83. Compete ao Ministério Público do Trabalho o exercício das seguintes atribuições junto aos órgãos da Justiça do Trabalho:

(...)

IV — propor as ações cabíveis para declaração de nulidade de cláusula de contrato, acordo coletivo ou convenção coletiva que viole as liberdades individuais ou coletivas ou os direitos individuais indisponíveis dos trabalhadores.

da referida disposição legal que se delineia toda a estrutura da referida ação coletiva, como a sua natureza jurídica, a legitimidade e o seu objeto.

No que tange ao conceito e a natureza jurídica, percebe-se pelo texto legal que se trata de uma ação de cognição genuinamente trabalhista que possui a finalidade de declarar a nulidade ou anulabilidade de contrato, acordo coletivo ou convenções coletivas de trabalho, em caráter abstrato e com efeito *erga omnes,* quando houver cláusula que viole liberdades individuais ou coletivas ou direitos indisponíveis dos trabalhadores. Depreende-se também o caráter coletivo da ação, uma vez que o termo "contrato" no dispositivo legal acima, depois de interpretado sistematicamente, compreende-se como "contrato coletivo". Nesse sentido Ronaldo Lima dos Santos:

> "A ação anulatória de cláusulas convencionais consiste na ação de conhecimento que tem por objeto a declaração de nulidade ou de anulação de cláusula de acordo coletivo, convenção coletiva, contrato coletivo, ou de qualquer norma coletiva autônoma que regulamente as relações individuais e coletivas de trabalho e coletivas de trabalho."[226]

Percebe-se que a ação anulatória de cláusulas convencionais proposta pela Lei Complementar n. 75/1993 pressupõe a emissão de declaração de nulidade ou anulabilidade de cláusula prevista em norma contratual coletiva, de forma abstrata e com aptidão de surtir efeitos *erga omnes*. Tais características não podem decorrer de declaração de nulidade de cláusula de contrato de trabalho individual, onde a decisão é aferida com base no caso concreto e apenas vincula as partes processuais. Ademais, tanto a competência funcional da referida ação (Tribunais Regionais e o Tribunal Superior do Trabalho), bem como a legitimidade do Ministério Público do Trabalho, apontam para a semelhança da referida ação com o dissídio coletivo de natureza declaratória, demonstrando a natureza coletiva da ação anulatória. Em sentido diverso, Carlos Henrique Bezerra Leite afirma que a referida ação prevista na LC n. 75/1993 pode ser tanto coletiva, quando estiver por objeto a anulação de cláusula constante em acordo ou convenção coletiva ou de dissídio individual, como também pode ter caráter individual, quando a declaração de nulidade recair sobre cláusula contratual de contrato individual. Vejamos:

> "de outro giro, se o objeto da ação for a declaração de nulidade de cláusula inserta em contrato individual do trabalho, a competência será inexoravelmente da Vara do Trabalho no local da prestação de

(226) SANTOS, Ronaldo Lima dos. *Sindicatos e ações coletivas*. 4. ed. São Paulo: LTr, 2014. p. 536.

serviço do empregado lesado, consoante as regras de competência estabelecidas no art. 651 da CLT."(227)

Discordamos do referido argumento, haja vista que a ação anulatória ora tratada é decorrente da disposição prevista na Lei Orgânica do Ministério Público da União, onde se conferiu ao Ministério Público a atribuição de pleitear judicialmente a nulidade de cláusulas convencionais. Caso a vontade da lei fosse viabilizar a declaração de nulidade de cláusulas de contrato individual, por via individual, ela deveria ampliar o rol de legitimados para a propositura da ação, incluindo os interessados pela nulidade contratual (empregado e empregador), o que não ocorre. A restrição legal no que tange à legitimidade possui fundamento. Não seria seguro juridicamente conferir legitimidade a um lesado individual para pleitear nulidade de cláusula que iria repercutir juridicamente em uma coletividade, em razão do efeito *erga omnes* da decisão decorrente da ação anulatória. Nesse sentido, Ronaldo Lima dos Santos. Vejamos:

> "Tratando-se de uma demanda com sentença *erga omnes*, abrangente de terceiros, o trabalhador individual não possui legitimidade para a propositura (Leis ns. 7.347/85 e 8.078/90). Equívoco doutrinário que atribui ao trabalhador a legitimidade para uma tutela coletiva."(228)

Assim, com base no sistema processual e constitucional trabalhista, entende-se que a ação anulatória de cláusulas convencionais é uma ação coletiva, restando ao individualmente lesado a possibilidade de pleitear nulidade de cláusula de contrato de trabalho individual apenas de forma *incidenter tantum* (art. 469, III, do CPC), ou seja, sem a capacidade de produzir efeito *erga omnes* e vinculando apenas as partes processuais à decisão. Corrobora acerca do caráter coletivo da ação anulatória, Raimundo Simão de Melo:

> "Trata-se de mais um instrumento processual de caráter coletivo, voltado à facilitação da tutela de interesses ou direitos metaindividuais dos trabalhadores, que têm os seus direitos aviltados muitas vezes pelos próprios sindicatos que têm o dever de defendê-los."(229)

O referido autor critica a nomenclatura utilizada pela doutrina acerca da referida ação, que segundo o autor deveria ser chamada de *ação de nulidade*, conforme se depreende de seus argumentos:

---

(227) LEITE, Carlos Henrique Bezerra. *Ação civil pública na perspectiva dos direitos humanos*, cit., p. 1165.

(228) SANTOS, Ronaldo Lima dos. *Sindicatos e ações coletivas*. 4. ed. São Paulo: LTr, 2014. p. 537.

(229) MELO, Raimundo Simão de. *Processo coletivo do trabalho*: dissídios coletivos, ação de cumprimento, ação anulatória. 3. ed. São Paulo: LTr, 2013. p. 248-249.

> "Com efeito, o art. 9º da CLT declara nulos de pleno direito os atos praticados com o objetivo de desvirtuar ou fraudar a aplicação dos direitos trabalhistas e, não anuláveis, como reza o art. 171, inciso II, do Código Civil, com relação aos vícios de erro, dolo, coação, simulação ou fraude. Ademais, o inciso IV do art. 83 da Lei Complementar n. 75/1993 diz expressamente sobre nulidade.
>
> Assim, a denominação correta para o referido instrumento processual é *Ação de Nulidade* e não *Ação Anulatória*, como costumeiramente chamado."(230)

Já Ronaldo Lima dos Santos defende a possibilidade da referida ação pleitear tanto a nulidade como a anulabilidade de cláusulas convencionais, conforme se observa:

> "Embora consagrada a expressão *ação anulatória de cláusulas convencionais*, este instrumento processual pode ser utilizado tanto para a *declaração de nulidade*, nas situações de nulidade absoluta, como para a anulação de cláusulas convencionais, nas hipóteses de nulidade relativa (anulabilidade). No primeiro caso, a sentença de procedência possuirá natureza declaratória; na segunda hipótese, o provimento jurisdicional será constitutivo-negativo (desconstitutiva)."(231)

Independentemente do *nomen iuris* concedido à ação, o que se deve observar é a sua essência como ação coletiva de natureza declaratória ou constitutiva negativa, que possui a finalidade de expurgar do mundo jurídico cláusulas convencionais previstas em contratos coletivos *lato sensu* que violem as liberdades individuais ou coletivas ou os direitos individuais indisponíveis do trabalhador.

A legitimidade, conforme redação legal, é conferida ao Ministério Público do Trabalho. No entanto, com base no direito fundamental de acesso à justiça, entende-se a viabilidade de se conceder a legitimidade aos entes coletivos que firmaram a norma contratual coletiva impugnada, em razão da existência do interesse jurídico dos mesmos. Nesse sentido Ronaldo Lima dos Santos:

> "São legitimados ativos para as ações anulatórias o MPT (LC n. 75/93, art. 83, IV), as partes convenentes, as federações e confederações e as centrais sindicais. As associações sem caráter sindical possuem legitimidade para a propositura de ação anulatória, quando presente

(230) MELO, Raimundo Simão de. *Processo coletivo do trabalho*: dissídios coletivos, ação de cumprimento, ação anulatória. 3. ed. São Paulo: LTr, 2013. p. 251.
(231) SANTOS, Ronaldo Lima dos. *Sindicatos e ações coletivas*. 4. ed. São Paulo: LTr, 2014. p. 536.

a pertinência temática (Lei n. 7.347/85, art. 5º; Lei n. 8.078/90, art. 82; CCB, art. 168) e presente o interesse jurídico, consubstanciado na defesa de coletividade representada pela associação."[232]

A competência funcional da ação anulatória é dos Tribunais Regionais do Trabalho e do TST, conforme a abrangência territorial da norma coletiva objeto de litígio, nos mesmos termos expostos para dissídios coletivos.

Questão polêmica ocorre no que tange à natureza do provimento jurisdicional da ação anulatória. Por ser uma ação que tem a finalidade de declarar a nulidade ou a anulabilidade de uma cláusula contratual, tecnicamente, o provimento jurisdicional esperado é uma decisão com natureza declaratória (quando reconhecer a nulidade da cláusula) ou constitutiva-negativa (quando for causa de anulação). Ocorre que em casos de reconhecimento de nulidade ou anulabilidade de cláusulas convencionais, muitas vezes se faz necessário um provimento jurisdicional com caráter não apenas declaratório ou constitutivo, mas também condenatório, especialmente com a imposição da obrigação de fazer ou não fazer, como, por exemplo, a obrigação de abstenção de inserção de cláusula que foi anulada pela ação anulatória em futuros instrumentos normativos.

Com o fundamento na economia processual e no aproveitamento máximo dos atos processuais, doutrinariamente se defende que a ação anulatória possa produzir comandos condenatório, para que a tutela dos interesses metaindividuais possa ser concretizada de forma plena. Nesse sentido Raimundo Simão de Melo:

> "Seguindo a orientação jurisprudencial majoritária, nas ações ajuizadas pelo Ministério Público do Trabalho tem-se pedido a nulidade da cláusula e a imediata suspensão de seus efeitos, até que seja decidida, definitivamente, a pendência. Com isso, busca-se dar efetividade, pelo menos em parte, ao comando judicial, porque o mais adequado, principalmente em termo de economia e celeridade processuais, é o primeiro entendimento, com base no qual se deveria fazer, numa mesma ação, os pedidos de declaração *in abstracto* de invalidade do instrumento normativo, de reparação dos prejuízos decorrentes (por exemplo, devolução de eventuais valores já descontados nos salários dos trabalhadores) e da proibição de renovação do mesmo com idêntico teor, nas próximas negociações coletivas ou contratações de trabalhadores."[233]

---

(232) SANTOS, Ronaldo Lima dos. *Sindicatos e ações coletivas*. 4. ed. São Paulo: LTr, 2014. p. 537.

(233) MELO, Raimundo Simão de. *Processo coletivo do trabalho*: dissídios coletivos, ação de cumprimento, ação anulatória. 3. ed. São Paulo: LTr, 2013. p. 260-261.

Ocorre, entretanto, que o Tribunal Superior do Trabalho não entende dessa forma, restringindo o provimento da ação anulatória a tão somente comandos de natureza declaratória e constitutiva. Vejamos:

> "AÇÃO ANULATÓRIA — CLÁUSULA CONVENCIONAL INSTITUIDORA DE DESCONTOS A TÍTULO DE CONTRIBUIÇÃO CONFEDERATIVA — PRETENSÃO DE NATUREZA COLETIVA — DEVOLUÇÃO DOS DESCONTOS EFETUADOS — PRETENSÃO DE NATUREZA INDIVIDUAL — CUMULAÇÃO — IMPOSSIBILIDADE. A jurisprudência da Seção Especializada em Dissídios Coletivos é pacífica no sentido da impossibilidade de cumulação de pedidos de nulidade de cláusula convencional e devolução de descontos, considerando que são provimentos jurisdicionais distintos, não atendidos, assim, os requisitos previstos no art. 292 do CPC. De outra parte, no âmbito do Processo do Trabalho, os critérios de fixação da competência funcional diferem entre o dissídio individual e o coletivo. Realmente, os primeiros serão sempre apreciados no âmbito das Varas do Trabalho, na forma prevista nos arts. 650 e 652 da CLT. Já no tocante aos dissídios coletivos, entretanto, é a extensão territorial do conflito que serve de base para a fixação da competência. Nesse contexto, se o conflito exaure-se no território jurisdicionado por um só TRT, será deste a competência para dirimi-lo. Se, ao contrário, o conflito extrapolar aquela base territorial, a competência transfere-se para o Tribunal Superior do Trabalho (CLT, art. 702, *b*). Nesse contexto, não há como se pretender, em sede de ação anulatória de cláusula de acordo coletivo, de competência dos Tribunais Regionais do Trabalho, a apreciação de pedido de devolução de descontos efetuados com base na cláusula, cuja nulidade se postula, por se tratar de pretensão de natureza individual, que se insere no âmbito da competência das Varas do Trabalho. Recurso ordinário do autor não provido." (TST, Relator: Milton de Moura França, Data de Julgamento: 13.6.2002, Seção Especializada em Dissídios Coletivos)

Percebe-se, pelos argumentos da decisão acima transcrita, que o fundamento da impossibilidade de cumulação de pedidos com natureza condenatória está baseado estritamente em questão de técnica processual, desconsiderando a efetividade da tutela dos interesses metaindividuais, bem como a economia e a celeridade processual. Fere o princípio da instrumentalidade do processo a sobreposição de um empecilho técnico em face da efetividade da tutela pretendida, se não houver prejuízo processual para as partes.

Considerando que as normas contratuais coletivas na seara trabalhista têm prazo determinado de vigência, de nada adiantaria o reconhecimento da nulidade de uma cláusula em um determinado instrumento normativo coletivo, por exemplo, se depois do fim da vigência da norma, esta cláusula pudesse ser repetida no novo instrumento normativo coletivo produzido pelas partes.

Essa restrição de cumulação de pedidos de natureza diversa da declaratória e constitutiva na ação anulatória constitui medida ofensiva ao direito fundamental de acesso à justiça, pois limita a tutela efetiva dos direitos metaindividuais, sendo contraproducente no que tange a economia e a celeridade processual, prejudicando, assim, a efetividade da prestação jurisdicional.

7

TERCEIRA ONDA DE ACESSO À JUSTIÇA

A terceira onda de acesso à justiça, segundo Mauro Cappelletti e Bryant Garth (1988), centra a sua atenção no "conjunto geral de instituições e mecanismos, pessoas e procedimentos utilizados para processar e mesmo prevenir disputas nas sociedades modernas". Em razão da sua abrangência, é conceituada como "enfoque de acesso à Justiça".

Essa terceira onda renovatória incentiva a resolução de conflito por via alternativa à judicial, por entender que o processo judicial não constitui a melhor forma de pacificação social. Destaca essa posição Mauro Cappelletti[(234)], quando afirma que: "em certas áreas ou espécies de litígios, a solução normal — o tradicional processo litigioso em juízo — pode não ser o melhor caminho para ensejar a vindicação efetiva de direitos". Percebe-se, portanto, pelo caráter permanente de alguns vínculos, que a justiça conciliatória possui potencialidade de constituir uma melhor opção do que o litígio judicial, especialmente nas resoluções de conflitos de vizinhança, e em conflitos onde as pessoas convivem em instituições totais (bairros, escolas, escritórios, hospitais etc.), pois a conciliação tem a possibilidade de preservar ou restaurar a relação entre as partes em conflito, o que dificilmente servirá uma sentença judicial.

Em razão da existência de vínculos de permanência nos locais de trabalho, a Justiça do Trabalho pode ser um interessante campo de aplicação da justiça reparadora e conciliatória, haja vista a existência de vínculos de convívio entre os empregados e empregadores. Nesse sentido, Mauro Cappelletti:

---

(234) CAPPELLETTI, Mauro. Os métodos alternativos de solução de conflitos no quadro do movimento universal de acesso à justiça. *Revista de Processo*, São Paulo, n. 74, abr./jun. 1994.

> "Há situações em que a justiça conciliatória (ou coexistencial) é capaz de produzir resultados que, longe de serem 'segunda classe' são melhores até qualitativamente, do que os resultados do processo contencioso. A melhor ilustração é ministrada pelos casos em que o conflito não passa de um episódio em relação complexa e permanente; aí a justiça conciliadora, ou — conforme se lhe poderia chamar — a 'justiça reparadora' tem a possibilidade de preservar a relação, tratando o episódio litigioso antes como perturbação temporária do que como ruptura definitiva daquela."[235]

Assim, o novo enfoque do acesso à justiça — terceira onda renovatória — reconhece a necessidade de utilizarmos de forma efetiva os mecanismos alternativos, judiciais e extrajudiciais, para se buscar uma melhor resolução do conflito, por meio da mediação, arbitragem e conciliação, como sendo a forma preferencial para a pacificação social e a preservação das relações interpessoais dos litigantes. Também esse novo enfoque reconhece a necessidade de especificação de litígios com características próprias e a sua correlação com um procedimento processual adequado às suas peculiaridades; e, por fim, modernizar e otimizar o procedimento judicial, para aperfeiçoar a prestação jurisdicional, tornando-a mais célere e produtiva.

7.1. TENDÊNCIAS NO USO DO ENFOQUE DO ACESSO À JUSTIÇA

O novo enfoque de acesso à justiça é apresentado, sob a ótica de Mauro Cappelletti e Bryant Garth[236], como implementações de reformas processuais e aplicações de métodos alternativos de resolução de conflitos, que estão em curso em diversos graus de desenvolvimento no mundo contemporâneo. Essas implementações são denominadas pelos referidos autores como tendências, as quais serão analisadas a seguir.

7.1.1. A reforma dos procedimentos judiciais em geral

A primeira tendência reconhece que por mais imprescindível que seja a criação de meios extrajudiciais para a resolução de conflitos, o litígio judicial

(235) CAPPELLETTI, Mauro. Os métodos alternativos de solução de conflitos no quadro do movimento universal de acesso à justiça. *Revista de Processo*, São Paulo, n. 74, p. 90, abr./jun. 1994.

(236) CAPPELLETTI, Mauro; GARTH, Bryant. *Acesso à justiça*. Tradução de Ellen Gracie Northfleet. reimpr. 2012. Porto Alegre: Fabris, 1988.

constitui uma necessidade social permanente, especialmente na resolução de causas de alta complexidade ou de relevância pública ou social. Em razão disso, faz-se necessário um aperfeiçoamento da prestação jurisdicional, no sentido de melhorar e modernizar o processo judicial e seus procedimentos. Nesse sentido segue a primeira tendência do enfoque ao acesso à justiça, qual seja, a reformulação de procedimentos judiciais ante a exigência de uma nova visão social do processo e por conseguinte de uma nova postura processual com o fim de se chegar mais próximo da verdade dos fatos. Mauro Cappelletti descreve a inserção dos novos valores processuais, como a oralidade, concentração de atos processuais, livre apreciação da prova e imediação da prova, como exemplos dessa reforma de procedimentos:

Pelo menos desde o início do século, tem havido esforços importantes no sentido de melhorar e modernizar os tribunais e seus procedimentos. No continente europeu, por exemplo, podemos apontar os bem conhecidos movimentos de reforma que foram agrupados sob a designação de "oralidade" e ocuparam-se essencialmente com "a livre apreciação da prova", a "concentração" do procedimento e o contato "imediato" entre juízes, partes e testemunhas, bem como com a utilização dos juízos de instrução para investigar a verdade e auxiliar a colocar as partes em pé de igualdade.[237]

Outro elemento reformador dos procedimentos judiciais relatado foi a revolucionária mudança de postura do juiz, que sempre foi pautado pelos princípios da inércia e da demanda, exigência para se garantir a imparcialidade do órgão julgador. Aceitar uma postura mais proativa do juiz na colheita da prova judicial foi uma superação de um importante paradigma processual.

> "Nos Estados Unidos, o exagerado sistema de neutralidade judicial tem sofrido críticas consideráveis desde o famoso discurso de *Roscoe Pound*, em 1906. Atualmente admite-se em geral que a utilização de um juiz mais ativo pode ser um apoio, não um obstáculo, num sistema de justiça basicamente contraditório, uma vez que, mesmo em litígios que envolvam exclusivamente duas partes, ele maximiza as oportunidades de que o resultado seja justo e não reflita apenas as desigualdades entre as partes."[238]

Acerca desta tendência de acesso à justiça no processo do trabalho, pode-se inferir que a Consolidação das Leis do Trabalho absorveu de forma intensa as

---

(237) CAPPELLETTI, Mauro. Os métodos alternativos de solução de conflitos no quadro do movimento universal de acesso à justiça. *Revista de Processo*, São Paulo, n. 74, p. 76, abr./jun. 1994.

(238) *Idem.*

tendências propostas pela terceira onda renovatória. A oralidade (art. 840[239] da CLT), a maior liberdade do juiz na busca da verdade dos fatos (arts. 765[240] e 852-D[241]) e o princípio da concentração dos atos processuais (art. 852-C[242] da CLT), por exemplo, são características marcantes do processo laboral. Também se verifica no processo laboral a previsão de julgamento por equidade (o § 1º do art. 852-I[243]), exercendo o princípio conciliatório (arts. 764 da CLT[244]), um importante papel na Justiça do Trabalho.

Contemporaneamente podemos apontar como reforma dos procedimentos judiciais no Brasil enquadrados na terceira onda renovatória do acesso à justiça a implantação do processo judicial eletrônico, haja vista que essa implantação possui a finalidade de modernizar e otimizar a prestação jurisdicional. No entanto, em razão da relevância do tema e por organização didática, o processo judicial eletrônico será estudado em tópico específico.

Outra reforma nos procedimentos judiciais que implica como tendência da terceira onda renovatória no Brasil recentemente constitui a entrada em vigor no Novo Código de Processo Civil de 2015, quando traz como arcabouço fundamentador a interpretação das leis processuais conforme a Constituição Federal, enfatizando a necessidade da colaboração mútua entre os sujeitos do processo na busca de uma decisão justa e efetiva em tempo razoável. Essa nova codificação civil clama também por uma maior lealdade processual entre os litigantes, exigindo de todas as partes processuais uma postura condizente com a boa-fé processual. Destacam-se entre as normas fundamentais dessa nova codificação civil o incentivo aos meios alternativos e adequados na resolução do conflito, métodos esses estudados nesta terceira onda renovatória de acesso à justiça ora objeto de análise.

---

(239) Art. 840. A reclamação poderá ser escrita ou verbal.

(240) Art. 765. Os juízos e Tribunais do Trabalho terão ampla liberdade na direção do processo e velarão pelo andamento rápido das causas, podendo determinar qualquer diligência necessária ao esclarecimento delas.

(241) Art. 852-D. O juiz dirigirá o processo com liberdade para determinar as provas a serem produzidas, considerado o ônus probatório de cada litigante, podendo limitar ou excluir as que considerar excessivas, impertinentes ou protelatórias, bem como para apreciá-las e dar especial valor às regras de experiência comum ou técnica.

(242) Art. 852-C. As demandas sujeitas a rito sumaríssimo serão instruídas e julgadas em audiência única, sob a direção de juiz presidente ou substituto, que poderá ser convocado para atuar simultaneamente com o titular.

(243) Art. 852-I. A sentença mencionará os elementos de convicção do juízo, com resumo dos fatos relevantes ocorridos em audiência, dispensado o relatório. § 1º O juízo adotará em cada caso a decisão que reputar mais justa e equânime, atendendo aos fins sociais da lei e as exigências do bem comum.

(244) Art. 764. Os dissídios individuais ou coletivos submetidos à apreciação da Justiça do Trabalho serão sempre sujeitos à conciliação.

7.1.2. Métodos alternativos e adequados para decidir causas judiciais

Os métodos alternativos para a resolução de conflitos, como a arbitragem, a mediação e a conciliação não constituem remédios dessa nova sociedade contemporânea. Na verdade, esses institutos foram criados há bastante tempo, no entanto o novo enfoque ao acesso à justiça propõe uma nova ordem de preferência para a utilização desses métodos alternativos de resolução de conflito, por meio de uma maior estimulação social para a utilização desses veículos pacificadores. Nesse sentido:

> "Essa ideia decerto não é nova: a conciliação, a arbitragem, a mediação foram sempre elementos importantes em matéria de solução de conflitos. Entretanto, há um novo elemento consistente em que as sociedades modernas descobriram novas razões para preferir tais alternativas. É importante acentuar que essas novas razões incluem a própria essência do movimento de acesso à justiça, a saber, o fato de que o processo judicial agora é, ou deveria ser, acessível a segmentos cada vez maiores da população. Esse é sem dúvida o preço do acesso à justiça, o qual é o preço da democracia: um preço que as sociedades avançadas devem sentir-se dispostas (e felizes) em pagar."(245)

No Brasil, desde a época colonial, havia-se preocupação, embora incipiente, com a resolução consensual de conflitos. No entanto a previsão mais abrangente acerca da necessidade de se incentivar a resolução não litigiosa de conflitos é datada pela primeira Constituição de 1824, conforme bem explicita Kazuo Watanabe:

> "Já nas Ordenações Filipinas, de 1603, que esteve em vigor no país até a independência e a promulgação de legislação própria, em substituição à legislação reinícola, encontramos expressa preocupação pela solução consensual dos conflitos de interesses (Livro III, T. 20, § 1º).
>
> Proclamada a independência em 1822, tivemos a primeira Constituição em 1824, e nela foi adotada a mais abrangente política pública de tratamento dos conflitos de interesses, dispondo seu art. 161 que, 'sem se fazer constar que se tem intentado o meio de reconciliação, não se começará processo algum'.
>
> Na vigência do atual Código de Processo Civil, de 1973, que menciona a conciliação em vários dispositivos, algumas experiências esparsas

(245) CAPPELLETTI, Mauro. Os métodos alternativos de solução de conflitos no quadro do movimento universal de acesso à justiça. *Revista de Processo*, São Paulo, n. 74, p. 88, abr./jun. 1994.

foram adotadas por juízes e tribunais. Porém, a conciliação como importante mecanismo de solução consensual de conflitos somente foi adotada em 1984, pela Lei dos Juizados Especiais de Pequenas Causas, que elegeu a composição amigável dos conflitos como pedra de toque de sua efetividade."[246]

Diante do movimento de acesso à justiça, que reconhece a necessidade de se utilizar de métodos alternativos de resolução de conflito, bem como pela necessidade de implementar o comando previsto no art. 5º, inciso LXXVII[247] da Constituição Federal, um importante passo foi tomado na implementação e fortalecimento dos meios alternativos de conflitos, que foi a publicação da Resolução n. 125/2010 do CNJ. Kazuo Watanabe enfatizou esse fato:

> "A retomada abrangente dos mecanismos consensuais de resolução de controvérsias, em especial da mediação e da conciliação, somente ocorreu em 2010, com a resolução n. 125/2010, do Conselho Nacional de Justiça (CNJ), que instituiu a 'política judiciária nacional de tratamento adequado dos conflitos de interesses'."[248]

A referida resolução instituiu a política judiciária nacional de tratamento adequado dos conflitos de interesses. A utilização da nomenclatura "adequado" no lugar de "alternativo" tem por fim demonstrar a preferência pela utilização dos meios consensuais de resolução de conflitos, o que reflete exatamente a tendência prevista na terceira onda de acesso à justiça. Além desse objetivo a referida resolução, segundo o citado autor, também tinha o objetivo de transformar a sociedade brasileira, por meio do prevalecimento da cultura da pacificação, em vez da hoje dominante "cultura da sentença".

> "Após a efetiva implementação da Resolução n. 125, teremos a atualização do conceito de acesso à justiça, tornando-o não mais mero acesso aos órgãos judiciários, e sim, acesso à ordem jurídica justa. Não será mais apropriado referir-se à mediação e à conciliação como mecanismos 'alternativos' à solução sentencial, devendo ser considerados como "meios adequados" de resolução de controvérsias."[249]

Antes de adentrarmos na aplicação dos referidos métodos adequados de resolução de conflitos na seara trabalhista, vale realizar a devida conceituação

(246) WATANABE, Kazuo. Mediação como política pública social e judiciária. *Revista do Advogado*, São Paulo, v. 34, n. 123, p. 36, ago. 2014.

(247) LXXVIII a todos, no âmbito judicial e administrativo, são assegurados a razoável duração do processo e os meios que garantam a celeridade de sua tramitação.

(248) WATANABE, Kazuo. Mediação como política pública social e judiciária. *Revista do Advogado*, São Paulo, v. 34, n. 123, p. 36, ago. 2014.

(249) *Idem.*

e distinção entre os referidos instrumentos de pacificação de conflito, quais sejam, a arbitragem, mediação e conciliação.

Como já foi mencionado no tópico anterior, os métodos hoje alternativos de resolução de conflitos existem há bastante tempo na humanidade. A arbitragem, por sua vez, teve a sua fase áurea a partir do século XIV, durante o florescimento do comércio europeu. Nesse sentido, Mauro Cappelletti:

> "Na verdade a arbitragem comercial tem história gloriosa. Mercadores de cidades comerciais como Florença, Veneza, Barcelona, dirigindo-se a mercados e feiras internacionais (recorde-se que em séculos passados a Europa era um Mercado comum tanto ou talvez mais do que é agora), não podiam, nem certamente queriam esperar, digamos, em Londres pela solução, lá de um processo comum; por isso, confiavam a decisão do caso a seus pares, os quais podiam decidir depressa, informalmente e com especialistas."[250]

A arbitragem é uma forma alternativa de resolução de conflitos, onde as partes submetem a resolução de seu conflito de direitos disponíveis à terceiro (árbitro eleito), e a decisão proferida por este terá natureza jurídica de título executivo judicial. Esse árbitro normalmente é remunerado pelas partes, o que a depender do caso pode não ser dispendioso o custo, quando considerado o pagamento de honorários advocatícios, custas, perícia e demais despesas de um processo judicial. Até o próprio tempo do processo judicial, pode onerar financeiramente as partes do processo, sendo que a resolução do laudo arbitral é praticamente imediata.

A arbitragem pode ser obrigatória ou facultativa. A arbitragem obrigatória ocorre quando for decorrente de lei ou de imposição contratual prévia estipulada pelas próprias partes, neste último caso é denominada de cláusula compromissória. Já a arbitragem facultativa, denominada de compromisso arbitral, surge como um método escolhido espontaneamente pelas partes para a resolução de conflitos extrajudiciais ou judiciais.

A conciliação como forma adequada e não meramente alternativa de resolução de conflitos, possui variados benefícios às partes conflitantes, como a celeridade na pacificação do conflito, diminuição do desgaste emocional das partes, a decisão não é imposta por um terceiro, mas construída por meio do bom senso entre as partes. Ressalta-se, também, que a conciliação exerce também uma importante função na preservação ou mesmo restauração de vínculo e relacionamentos prolongados. Essa função pode ser muito bem sentida em relacionamentos de vizinhança e no trabalho, onde se pressupõe uma convi-

(250) CAPPELLETTI, Mauro. Os métodos alternativos de solução de conflitos no quadro do movimento universal de acesso à justiça. *Revista de Processo*, São Paulo, n. 74, p. 90, abr./jun. 1994.

vência de caráter habitual entre as partes conflitantes. Alertam acerca desse benefício, Mauro Cappelletti e Bryant Garth:

> "É significativo que um processo dirigido para a conciliação — ao contrário do processo judicial, que geralmente declara uma parte 'vencedora' e a outra 'vencida' — ofereça a possibilidade de que as causas mais profundas de um litígio sejam examinadas e restaurado um relacionamento complexo e prolongado."(251)

A conciliação, contudo, não deve ser confundida com a transação, especialmente quando se tratar de relações trabalhistas, pois a depender do instituto a ser tratado ocorrerá variados efeitos jurídicos.

A transação, figura prevista no art. 840 e seguintes do CC/02, para Alice Monteiro de Barros(252), constitui "uma relação jurídica em que as partes fazem concessões recíprocas, nascendo daí o direito de ação para os transigentes". Já a conciliação, diferente da transação, para a referida jurista, é praticada no curso do processo, mediante a iniciativa e a intervenção do magistrado. Na conciliação não há necessidade de concessões mútuas entre as partes para poder se caracterizar. Já para Delgado(253), a transação se diferencia da conciliação uma vez que aquela "ocorre exclusivamente entre as próprias partes, sem interferência de um agente exterior".

O entendimento de Alice Monteiro de Barros parece ser o mais acertado, haja vista que o essencial na diferenciação não é a interferência de um agente externo como mero mediador, pois trata-se ambas as figuras de métodos autocompositivos de conflitos, o essencial é a caracterização do caráter judicial ou não da transação. Os sujeitos da conciliação e da transação são os responsáveis exclusivos pelos termos alinhados no acordo, que é caracterizado por concessões mútuas das partes para a composição do conflito. Tanto isso é verdade, que não raramente pode ocorrer que as partes sozinhas em mesa de audiência negociem um acordo judicial, sem a mediação do juiz, e neste caso será formalizada uma conciliação e não uma transação, em razão da homologação judicial. Como também pode ocorrer que as partes extrajudicialmente tenham se valido de um mediador particular para a formalização de um acordo, que neste caso não se tratará de conciliação, mas sim transação, não obstante a interferência desse agente externo como facilitador da composição do conflito.

---

(251) CAPPELLETTI, Mauro; GARTH, Bryant. *Acesso à justiça*. Tradução de Ellen Gracie Northfleet. reimpr. 2012. Porto Alegre: Fabris, 1988. p. 84.

(252) BARROS, Alice Monteiro de. *Curso de direito do trabalho*. 4. ed. rev. e ampl. São Paulo: LTr, 2008. p. 204.

(253) DELGADO, Mauricio Godinho. *Direito coletivo do trabalho*. 3. ed. São Paulo: LTr, 2008. p. 208.

Assim, diante de tais premissas, depreende-se que a conciliação, tecnicamente, constitui uma transação realizada em juízo, por meio de um processo judicial, podendo ou não sofrer mediação do magistrado ou conciliador para a formalização do acordo. Não obstante a possibilidade dessa mediação, a conciliação constitui, salvo melhor juízo, em método de autocomposição de conflitos, pois o juiz apenas realiza uma intermediação, demonstrando a realidade probatória constantes nos autos, os riscos processuais de cada litigante, bem como demonstra os benefícios da realização de uma conciliação, não realizando nenhum juízo de valor sobre o mérito da demanda. Os termos da conciliação são definidos pelas partes, não sendo em nenhum momento imposto pelo magistrado a obrigatoriedade da sua aceitação, nem tampouco os termos conciliados.

A mediação, por sua vez, é uma técnica de facilitação de composição de conflito, onde um terceiro imparcial (mediador) faz a intermediação de interesses entre as partes em conflito extrajudicial ou em litígio, incitando na busca da pacificação do conflito. Essa composição do conflito é realizada pelas próprias partes litigiosas, servindo o mediador apenas como instrumento de diálogo entre as partes na busca do consenso de interesses.

Recentemente foi publicada a Lei n. 13.140/14, que regulamentou o instituto da mediação. O referido dispositivo legal[(254)] conceitua a mediação como técnica exercida por terceiro imparcial sem poder decisório, que, escolhido ou aceito pelas partes, as auxilia e estimula a identificar ou desenvolver soluções consensuais para a controvérsia.

O art. 2º da referida norma[(255)] informa como princípios orientadores da mediação os princípios da imparcialidade do mediador, da isonomia entre as partes, da oralidade, da informalidade, da autonomia da vontade das partes, da busca do consenso, da confidencialidade e da boa-fé. Ressalta-se que o novo CPC/2015 em seu art. 166, *caput*, reiterou a necessidade de observância

---

(254) Art. 1º Esta Lei dispõe sobre a mediação como meio de solução de controvérsias entre particulares e sobre a autocomposição de conflitos no âmbito da administração pública.

Parágrafo único. Considera-se mediação a atividade técnica exercida por terceiro imparcial sem poder decisório, que, escolhido ou aceito pelas partes, as auxilia e estimula a identificar ou desenvolver soluções consensuais para a controvérsia.

(255) Art. 2º A mediação será orientada pelos seguintes princípios:

I — imparcialidade do mediador;

II — isonomia entre as partes;

III — oralidade;

IV — informalidade;

V — autonomia da vontade das partes;

VI — busca do consenso;

VII — confidencialidade;

VIII — boa-fé.

na mediação e conciliação dos princípios da independência, da autonomia da vontade, da confidencialidade, da oralidade, da informalidade e da decisão informada.

No que tange ao princípio da imparcialidade, ressalta-se que os mediadores, na função de auxiliares da justiça, devem se submeter às mesmas regras de suspeição e impedimento dos juízes, conforme determina art. 5º da Lei de Mediação.

A referida lei de Mediação também dispõe acerca da mediação judicial, extrajudicial e a mediação envolvendo conflito com a Administração Pública Federal. Essa técnica de mediação não impõe qualquer decisão ou condição para as partes em conflito, sendo que cabe exclusivamente às partes a decisão pacificadora do conflito, seja extrajudicialmente por meio da transação ou judicialmente, por meio da conciliação. Nesse sentido Mauricio Godinho Delgado(256): "A mediação, como visto, é mera técnica de auxílio à resolução de conflitos, pela qual um terceiro cumpre o papel de aproximar as partes, com elas debatendo os pontos de divergência e aproximação, sugerindo-lhes consenso sobre um resultado final pacificatório".

A mediação, portanto, pode servir de instrumento para uma transação, quando o mediador for particular e o acordo for realizado extrajudicialmente, como também pode servir de instrumento para a formalização de uma conciliação judicial, quando realizado diante de um processo judicial.

O enfoque ao acesso à justiça incentiva o desenvolvimento e o aprimoramento desses institutos alternativos de resolução de conflito, não apenas em razão do benefício quantitativo de redução da sobrecarga de litígios no aparelho judiciário, mas sobretudo pela potencialidade do benefício qualitativo da composição, conforme enfatiza Carla Teresa Martins Romar(257), onde

> "A negociação e a conciliação são os instrumentos de autocomposição aptos a identificar as peculiaridades do conflito, encontrando a solução mais adequada àquela realidade na qual se encontram as partes, criando-se uma normatização própria, específica e que atende de perto aos interesses dos atores sociais."

Mauro Cappellettti e Bryant Garth também enfatizam os benefícios dos métodos alternativos de solução de conflitos, vejamos:

---

(256) DELGADO, Mauricio Godinho. *Direito coletivo do trabalho*. 3. ed. São Paulo: LTr, 2008. p. 208.

(257) ROMAR, Carla Teresa Martins; SOUSA, Otávio Augusto Reis de (coords.). *Temas relevantes de direito material e processual do trabalho*. São Paulo: LTr, 2000. p. 529.

> "Existem vantagens óbvias tanto para as partes quanto para o sistema jurídico, se o litígio é resolvido sem necessidade de julgamento. A sobrecarga dos tribunais e as despesas excessivamente altas com os litígios podem tornar particularmente benéficas para as partes as soluções rápidas e mediadas, tais como juízo arbitral. Ademais, parece que tais decisões são mais facilmente aceitas do que decretos judiciais unilaterais, uma vez que eles se fundam em acordo já estabelecido entre as partes."[258]

No Brasil, recentemente, destacam-se os incentivos a meios autocompositivos de conflito trazidos com o Código de Processo Civil de 2015, sendo o princípio conciliatório um dos pilares fundamentadores dessa nova codificação processual civil brasileira.

O inciso V do art. 139 do CPC/2015 insere como dever do juiz promover a qualquer tempo a autocomposição do conflito, preferencialmente com auxílio de conciliadores e mediadores. A inovação trazida neste dispositivo se refere ao comando de utilização preferencial de conciliadores e mediadores, que segundo o art. 149 do CPC/2015[259] são agora considerados auxiliares da Justiça. O dispositivo 165 do CPC[260]/2015 constitui uma inovação processual, pois cria o dever de criação pelos tribunais de centros judiciários de solução consensual de conflitos, responsáveis pela realização de sessões, audiência de conciliação e mediação e pelo desenvolvimento de programas destinados a auxiliar, orientar e estimular a autocomposição. É claro o sentido da norma em proporcionar aos litigantes uma primeira oportunidade de resolução consensual de conflito, onde essa tentativa de conciliação seja realizada por terceiros, que não seja o

---

(258) CAPPELLETTI, Mauro; GARTH, Bryant. *Acesso à justiça*. Tradução de Ellen Gracie Northfleet. reimpr. 2012. Porto Alegre: Fabris, 1988. p. 83.

(259) Art. 149. São auxiliares da Justiça, além de outros cujas atribuições sejam determinadas pelas normas de organização judiciária, o escrivão, o chefe de secretaria, o oficial de justiça, o perito, o depositário, o administrador, o intérprete, o tradutor, o mediador, o conciliador judicial, o partidor, o distribuidor, o contabilista e o regulador de avarias.

(260) Art. 165. Os tribunais criarão centros judiciários de solução consensual de conflitos, responsáveis pela realização de sessões e audiências de conciliação e mediação e pelo desenvolvimento de programas destinados a auxiliar, orientar e estimular a autocomposição.

§ 1º A composição e a organização dos centros serão definidas pelo respectivo tribunal, observadas as normas do Conselho Nacional de Justiça.

§ 2º O conciliador, que atuará preferencialmente nos casos em que não houver vínculo anterior entre as partes, poderá sugerir soluções para o litígio, sendo vedada a utilização de qualquer tipo de constrangimento ou intimidação para que as partes conciliem.

§ 3º O mediador, que atuará preferencialmente nos casos em que houver vínculo anterior entre as partes, auxiliará aos interessados a compreender as questões e os interesses em conflito, de modo que eles possam, pelo restabelecimento da comunicação, identificar, por si próprios, soluções consensuais que gerem benefícios mútuos.

juiz da causa, e preferencialmente realizada fora do ambiente judicial, como forma de favorecer a possibilidade de conciliação. Nesse aspecto, destaca-se a imprescindibilidade do dever de sigilo dos conciliadores e dos mediadores, que inclusive ficam impedidos de depor em causas em que tenha atuado na tentativa conciliatória, o que favorece uma maior abertura das partes para expor na audiência de mediação e conciliação as reais razões que impedem ou que possibilitem a efetivação do acordo, sem o temor de que essa exposição seja utilizada como confissão no processo.

A nova codificação processual também descreve os princípios e os limites da atuação dos mediadores e conciliadores, diferenciando de forma inovadora a sua atuação, conforme se compreende dos §§ 2º e 3º do art. 165 do CPC(261). Nesse dispositivo determina-se que o conciliador atuará, preferencialmente, nos casos em que não houver vínculo anterior entre as partes, podendo sugerir soluções para o litígio. Já o mediador, segundo a nova codificação, atuará preferencialmente nos casos em que houver vínculo anterior entre as partes, auxiliando aos interessados a compreender as questões e os interesses em conflito, de modo que eles possam, pelo restabelecimento da comunicação, identificar, por si próprios, soluções consensuais que gerem benefícios mútuos.

Percebe-se, portanto, que o mediador atuaria de forma menos sugestiva nos conflitos em que já existisse vínculo entre as partes em conflito. Já o conciliador teria mais poder de sugestão de soluções em causas onde não existisse um vínculo prévio entre as partes, no entanto tanto na atuação do conciliador ou do mediador são as próprias partes que resolvem o conflito mediante a formalização do acordo, sem qualquer tipo de pressão ou constrangimento.

Destaca-se que o princípio conciliatório nesse novo diploma legal exerce uma importância tal, que se cria um capítulo de título "Da audiência de Conciliação e Mediação", onde o art. 334 do CPC(262) descreve todo o procedi-

---

(261) § 2º O conciliador, que atuará preferencialmente nos casos em que não houver vínculo anterior entre as partes, poderá sugerir soluções para o litígio, sendo vedada a utilização de qualquer tipo de constrangimento ou intimidação para que as partes conciliem.

§ 3º O mediador, que atuará preferencialmente nos casos em que houver vínculo anterior entre as partes, auxiliará aos interessados a compreender as questões e os interesses em conflito, de modo que eles possam, pelo restabelecimento da comunicação, identificar, por si próprios, soluções consensuais que gerem benefícios mútuos.

(262) Art. 334. Se a petição inicial preencher os requisitos essenciais e não for o caso de improcedência liminar do pedido, o juiz designará audiência de conciliação ou de mediação com antecedência mínima de 30 (trinta) dias, devendo ser citado o réu com pelo menos 20 (vinte) dias de antecedência.

mento para a designação e a realização da audiência prévia de conciliação e mediação. Esse dispositivo legal cria o dever de designação pelo juiz de uma audiência prévia à instrução processual com a finalidade exclusiva de conciliação e mediação, salvo manifesto desinteresse das partes pela composição do conflito. Caso uma das partes de forma desfundamentada falte a essa audiência de conciliação será considerado como ato atentatório à dignidade da justiça, apenando o litigante ausente à multa processual, nos termos do § 8º do art. 334 do CPC/15, fato que demonstra a importância da tentativa conciliatória nesse novo diploma processual.

No que tange a aplicabilidade desses dispositivos legais ao processo do trabalho, a Instrução Normativa n. 39/1916, por meio do seu inciso IV do art. 2º, vedou a aplicação do art. 334 do CPC/2015 ao processo do trabalho. Assim, o juiz do trabalho não tem a obrigação de designar uma audiência prévia de conciliação e mediação de conflitos. Acredita-se que a motivação dessa vedação ocorreu em virtude da incompatibilidade desse dispositivo com o princípio da concentração e da simplicidade que informam o processo trabalhista.

---

§ 1º O conciliador ou mediador, onde houver, atuará necessariamente na audiência de conciliação ou de mediação, observando o disposto neste Código, bem como as disposições da lei de organização judiciária.

§ 2º Poderá haver mais de uma sessão destinada à conciliação e à mediação, não podendo exceder a 2 (dois) meses da data de realização da primeira sessão, desde que necessárias à composição das partes.

§ 3º A intimação do autor para a audiência será feita na pessoa de seu advogado.

§ 4º A audiência não será realizada:

I — se ambas as partes manifestarem, expressamente, desinteresse na composição consensual;

II — quando não se admitir a autocomposição.

§ 5º O autor deverá indicar, na petição inicial, seu desinteresse na autocomposição, e o réu deverá fazê-lo, por petição, apresentada com 10 (dez) dias de antecedência, contados da data da audiência.

§ 6º Havendo litisconsórcio, o desinteresse na realização da audiência deve ser manifestado por todos os litisconsortes.

§ 7º A audiência de conciliação ou de mediação pode realizar-se por meio eletrônico, nos termos da lei.

§ 8º O não comparecimento injustificado do autor ou do réu à audiência de conciliação é considerado ato atentatório à dignidade da justiça e será sancionado com multa de até dois por cento da vantagem econômica pretendida ou do valor da causa, revertida em favor da União ou do Estado.

§ 9º As partes devem estar acompanhadas por seus advogados ou defensores públicos.

§ 10. A parte poderá constituir representante, por meio de procuração específica, com poderes para negociar e transigir.

§ 11. A autocomposição obtida será reduzida a termo e homologada por sentença.

§ 12. A pauta das audiências de conciliação ou de mediação será organizada de modo a respeitar o intervalo mínimo de 20 (vinte) minutos entre o início de uma e o início da seguinte.

Já no que se refere aos demais dispositivos do CPC/15 que tratam dos conciliadores e mediadores judiciais, a Instrução Normativa n. 39/2016 não se manifestou expressamente acerca da sua aplicabilidade ao processo do trabalho, o que induz aferir, com base na diretriz imposta pelo art. 1º da referida IN n. 39/2016, a possibilidade da sua aplicabilidade ao processo laboral, haja vista que *a prima facie* a atuação de conciliadores e mediadores na Justiça do Trabalho (sem a necessidade de audiência prévia) se coaduna com o princípio conciliatório que norteia o processo trabalhista. Tanto que o parágrafo único do art. 42 da Lei de Mediação(263) não exclui a sua aplicação às relações trabalhistas, apenas exige que uma lei específica a regulamente.

No entanto, uma vez aplicada a atuação de mediadores e conciliadores profissionais na Justiça do trabalho, caso se verifique na prática trabalhista que essa prática, da forma como preconizada pela nova codificação civil, prejudica a efetividade dos princípios norteadores do processo do trabalho, tais como a simplicidade, informalidade, concentração dos atos processuais, a celeridade processual, certamente a jurisprudência e a doutrina limitarão a forma de aplicação dos referidos dispositivos.

7.1.2.1. Arbitragem na Justiça do Trabalho

A arbitragem é uma forma de heterocomposição de conflito, e está regulamentada em nosso ordenamento jurídico pela Lei n. 9.307/96, recentemente alterada pela Lei n. 13.129/15. Ressalta-se que o novo Código de Processo Civil prevê expressamente em seu § 1º do art. 3º a permissão da arbitragem na forma da Lei, estimulando, portanto, os meios alternativos de resolução de conflito. Para Luiz Guilherme Marinoni(264) a arbitragem "pretende que a atividade de julgar um conflito, em alguns casos, seja substituída pela atividade de um árbitro privado". Segundo a Lei de Arbitragem, "pode ser árbitro qualquer pessoa capaz e que tenha confiança das partes".

O art. 3º da Lei n. 9.307/96 prevê a convenção de arbitragem como gênero, tendo como espécies a cláusula compromissória e o compromisso arbitral.

---

(263) Art. 42. Aplica-se esta Lei, no que couber, às outras formas consensuais de resolução de conflitos, tais como mediações comunitárias e escolares, e àquelas levadas a efeito nas serventias extrajudiciais, desde que no âmbito de suas competências.

Parágrafo único. A mediação nas relações de trabalho será regulada por lei própria.

(264) MARINONI, Luiz Guilherme; ARENHART, Sérgio Cruz. *Processo de conhecimento*. 7. ed. rev. e atual. São Paulo: Revista dos Tribunais, 2008. p. 35. v. 2: Curso de processo civil.

A cláusula compromissória[265] constitui um prévio ajuste contratual prevendo a utilização da arbitragem como forma de resolução de eventual conflito entre as partes, conforme se depreende do art. 4º da Lei n. 9.307. Já o compromisso arbitral[266], conforme inteligência dos arts. 6º c/c 9º da Lei n. 9.307/96, constitui um acordo entre as partes já em litígio em submeter o conflito à arbitragem como forma de resolução.

As partes poderão escolher as normas sobre os quais os árbitros se basearão para o julgamento do litígio, conforme previsão do art. 2º da Lei de Arbitragem[267]. Nesse caso, o juízo de valor dos árbitros poderá ser de direito, quando então os árbitros se utilizarão para seu julgamento as normas do direito comum ou especial nacional ou normas internacionais do comércio, ou poderão os árbitros se utilizarem do juízo de equidade, quando então decidirão o conflito conforme os princípios gerais de direito e os usos e costumes.

A eleição pela convenção de arbitragem, antes ou depois do surgimento do conflito, retira do Poder Judiciário a possibilidade de julgar o mérito do conflito submetido à arbitragem, podendo, apenas, o Poder Judiciário analisar a validade da convenção de arbitragem no que tange ao seu aspecto formal.

Assim, existindo uma convenção de arbitragem válida formalmente, ou seja, uma cláusula compromissória ou compromisso arbitral, há impedimento processual para o prosseguimento de uma ação judicial, conforme previsão do inciso VII do art. 267 e IX do art. 301 do CPC. Ressalta-se que esse impedimento é uma exceção e não objeção, haja vista que não pode ser conhecido de ofício pelo juiz. Entretanto, diferente do efeito dilatório das exceções processuais, uma vez acolhida a exceção de convenção de arbitragem, ocorrerá a extinção do processo judicial, conforme elucidação de Antônio Cláudio da Costa Machado[268]:

---

(265) Art. 4º A cláusula compromissória é a convenção por meio da qual as partes em um contrato comprometem-se a submeter à arbitragem os litígios que possam vir a surgir, relativamente a tal contrato.

(266) Art. 6º Não havendo acordo prévio sobre a forma de instituir a arbitragem, a parte interessada manifestará à outra parte sua intenção de dar início à arbitragem, por via postal ou por outro meio qualquer de comunicação, mediante comprovação de recebimento, convocando-a para, em dia, hora e local certos, firmar o compromisso arbitral.

Art. 9º O compromisso arbitral é a convenção por meio da qual as partes submetem um litígio à arbitragem de uma ou mais pessoas, podendo ser judicial ou extrajudicial.

(267) Art. 2º A arbitragem poderá ser de direito ou de equidade, a critério das partes.

§ 1º Poderão as partes escolher, livremente, as regras de direito que serão aplicadas na arbitragem, desde que não haja violação aos bons costumes e à ordem pública.

§ 2º Poderão, também, as partes convencionar que a arbitragem se realize com base nos princípios gerais de direito, nos usos e costumes e nas regras internacionais de comércio.

(268) MACHADO, Antônio Cláudio da Costa. *Código de processo civil interpretado*: artigo por artigo, parágrafo por parágrafo. 8. ed. rev. e atual. Barueri: Manole, 2009. p. 352.

"trata-se, contudo, não de objeção, mas de exceção, já que não é possível de reconhecimento de ofício (§ 4º). Como no entanto, provoca a extinção do feito, deve-se admitir que tal convenção é exceção processual peremptória, aliás a única no nosso sistema brasileiro (texto de acordo com a Lei n. 9.307/96)."

A decisão arbitral válida promoverá a formação da coisa julgada material, formando um título executivo judicial, sem a necessidade homologação judicial.

A Lei n. 13.129/15, basicamente, alterou a Lei de Arbitragem (Lei n. 9.307/96) no que tange à ampliação na aplicação da arbitragem, especificamente no campo da Administração Pública, bem como na disposição da escolha dos árbitros. Houve também a previsão da interrupção da prescrição pela instituição da arbitragem, bem como a concessão de tutelas cautelares e de urgência nos casos de arbitragem, por meio da carta arbitral ou de sentença arbitral.

Como a prescrição é um instituto tratado em leis de direito material, a Lei n. 9.307/96 não fixa prazo prescricional, pois a depender da espécie de matéria ou litígio a prescrição será a correspondente na lei civil. No entanto a Lei n. 13.129/15 reconheceu a interrupção da prescrição quando a convenção de arbitragem for instaurada, o que fortalece o instituto da arbitragem, pois estimula a tentativa de arbitragem em casos que estejam próximos à prescrição.

Importante inovação trazida pela Lei n. 13.129/15 foi a possibilidade do árbitro, mediante carta arbitral ou sentença arbitral, conceder tutelas cautelares e de urgência.(269) Essas medidas podem, inclusive, serem concedidas antes mesmo de instauração do juízo arbitral, caso em que deverão ser requeridas diretamente ao Poder Judiciário. No entanto, depois de instaurado o juízo arbitral, o árbitro decidirá acerca da manutenção, revogação ou modificação da tutela requerida.

Essa inovação fortalece significativamente o poder do árbitro, já que adquire o poder de conceder tutela cautelar ou de urgência durante o procedimento arbitral, por meio da carta arbitral enviada ao Poder Judiciário, bem como adquire o poder de revogar, modificar ou manter a tutela cautelar ou de

---

(269) Art. 22-A. Antes de instituída a arbitragem, as partes poderão recorrer ao Poder Judiciário para a concessão de medida cautelar ou de urgência.

Parágrafo único. Cessa a eficácia da medida cautelar ou de urgência se a parte interessada não requerer a instituição da arbitragem no prazo de 30 (trinta) dias, contado da data de efetivação da respectiva decisão.

Art. 22-B. Instituída a arbitragem, caberá aos árbitros manter, modificar ou revogar a medida cautelar ou de urgência concedida pelo Poder Judiciário.

Parágrafo único. Estando já instituída a arbitragem, a medida cautelar ou de urgência será requerida diretamente aos árbitros.

urgência deferida preventivamente à instauração da arbitragem. Não há previsão na lei de análise do mérito pelo Poder Judiciário das referidas medidas, o que demonstra que essa carta arbitral terá o mesmo poder e características das cartas de ordem e das cartas precatórias já existentes em nosso ordenamento jurídico, cabendo ao juiz apenas emitir a ordem judicial das medidas solicitadas. Esse aumento do poder do juiz arbitral deve corresponder também ao maior controle acerca da qualificação profissional dos árbitros, sob pena do Poder Judiciário se deparar com injustiças legalizadas e arbitrariedades de árbitros que não poderão ser revistas pelo Poder Judiciário em seu mérito.

No que tange à ampliação da aplicação da arbitragem trazida pela Lei n. 13.129/15, as inovações trazidas foram bem tímidas.(270) Possibilitou-se a Administração Pública Direta e Indireta a se utilizar do instituto da arbitragem quando se tratar de direito patrimonial disponível. Neste caso, somente a arbitragem de direito poderá ser realizada, conforme §§ 1º, 2º e 3º do art. 1º da Lei n. 13.129/15. Em razão dos vetos presidenciais, que impediram a aplicação da arbitragem para determinados litígios na seara trabalhista, continua a inexistir previsão na Lei de Arbitragem acerca da aplicação da arbitragem nas relações de trabalho, em razão da hipossuficiência do trabalhador e da indisponibilidade do direito, conforme argumento do veto presidencial.

Na Justiça do Trabalho, no âmbito individual, a arbitragem é prevista de forma bem discreta e pontual. Como o objeto dos conflitos trabalhistas são verbas de caráter indisponível e de natureza alimentar, como, por exemplo, salário, férias, reconhecimento de vínculo, entre tantos pedidos que envolvem direitos sociais, a aplicação da arbitragem torna-se quase inviável na Justiça do Trabalho no âmbito individual, diante da vedação prevista no art. 1º da Lei de Arbitragem (n. 9.307/96)(271), conforme explanação acima. A jurisprudência majoritária, inclusive do TST, não admite a arbitragem na esfera individual do trabalho.(272) Entretanto existe previsão legal da aplicação da arbitragem

(270) Art. 1º (...)

§ 1º A administração pública direta e indireta poderá utilizar-se da arbitragem para dirimir conflitos relativos a direitos patrimoniais disponíveis.

§ 2º A autoridade ou o órgão competente da administração pública direta para a celebração de convenção de arbitragem é a mesma para a realização de acordos ou transações. (NR)

"Art. 2º (...)

(...)

§ 3º A arbitragem que envolva a administração pública será sempre de direito e respeitará o princípio da publicidade." (NR).

(271) Art. 1º As pessoas capazes de contratar poderão valer-se da arbitragem para dirimir litígios relativos a direitos patrimoniais disponíveis.

(272) AGRAVO DE INSTRUMENTO. RECURSO DE REVISTA. ARBITRAGEM. DIREITO INDIVIDUAL DO TRABALHO. INCOMPATIBILIDADE. JURISPRUDÊNCIA DOMINANTE DO TST. Verificando-se que a decisão agravada guarda consonância jurisprudência iterativa,

em dissídios individuais, inclusive arbitragem obrigatória. Essa previsão está inserida na nova lei que regulamenta o trabalho portuário (Lei n. 12.815/13[(273)]), que por sinal revogou as disposições da antiga Lei Portuária n. 8.630/93.

A nova lei manteve a mesma redação da lei antiga, na medida em que prevê a arbitragem obrigatória, na espécie ofertas finais, em caso de impasse na solução posta pela comissão paritária. A arbitragem de ofertas finais, o árbitro, obrigatoriamente, tem que escolher de forma integral uma das propostas oferecidas pelas partes. Como o referido dispositivo trata de administração portuária e trabalhadores avulsos e não empregados, entendo a validade da arbitragem nesse contexto. Da mesma forma, entendo a viabilidade da arbitragem em conflitos individuais em relações de trabalho, distintas das relações de emprego, haja vista a inexistência da subordinação jurídica típica da relação empregatícia. Por exemplo, o trabalhador autônomo pode se valer da arbitragem com a respectiva empresa de representação que esteja em conflitos acerca de valores de comissão.

Outra previsão legal de arbitragem no âmbito do direito individual do trabalho, está prevista no inciso do art. 83 da Lei Complementar n. 75/1993[(274)], quando se legitimou os membros do Ministério Público para atuarem como árbitros em dissídios trabalhistas, o que salvo melhor juízo, seria viável em dissídios individuais ante a imparcialidade do membro do Ministério Público.

A arbitragem regulamentada em nosso ordenamento jurídico, por meio da Lei n. 9.307/96, alterada pela Lei n. 13.129/2015, limita o objeto da arbitragem para litígios relativos a direitos patrimoniais disponíveis. Como os conflitos individuais trabalhistas tratam predominante de direitos indisponíveis sociais, a aplicação da arbitragem em conflitos individuais é rejeitada pela doutrina como pela jurisprudência dominante, razão pela qual a função de arbitragem exercida pelo *parquet* no campo do litígio individual é bem reduzido.

---

notória e atual desta Corte Superior, no sentido de reconhecer a incompatibilidade do instituto da arbitragem nos dissídios individuais trabalhistas, deve ser mantido o despacho agravado que denegou seguimento ao Recurso de Revista interposto pela empresa reclamada, por força do disposto no § 4º do art. 896 da CLT. Agravo de instrumento improvido. (TST — AIRR: 13579320125020040, Relator: Américo Bedê Freire, Data de Julgamento: 20.8.2014, 6ª Turma, Data de Publicação: DEJT 22.8.2014).

(273) Art. 37. Deve ser constituída, no âmbito do órgão de gestão de mão de obra, comissão paritária para solucionar litígios decorrentes da aplicação do disposto nos arts. 32, 33 e 35.

§ 1º Em caso de impasse, as partes devem recorrer à arbitragem de ofertas finais.

(274) XI — atuar como árbitro, se assim for solicitado pelas partes, nos dissídios de competência da Justiça do Trabalho.

No campo do direito coletivo de trabalho, a arbitragem possui uma maior viabilidade de aplicação em razão do princípio da autonomia privada coletiva, tendo, portanto, uma abertura bem maior de aplicabilidade e validade.

O § 1º do art. 114 da Constituição Federal dispõe que:

> "recusando-se qualquer das partes à negociação coletiva ou à arbitragem, é facultado às mesmas, de comum acordo, ajuizar dissídio coletivo de natureza econômica, podendo a Justiça do Trabalho decidir o conflito, respeitadas as disposições mínimas legais de proteção ao trabalho, bem como as convencionadas anteriormente."

Essa disposição constitucional afirma claramente a possibilidade da arbitragem facultativa para a resolução de conflito coletivo de trabalho. Já na legislação infraconstitucional, há previsão na Lei de greve (Lei n. 7.783/89)[275], onde expressamente se prevê a aplicabilidade da arbitragem como um dos métodos de resolução de conflito durante o período de suspensão das atividades. Também há previsão de arbitragem na Lei de Participação nos Lucros e Resultados — Lei n. 10.101/2000. Nos termos do inciso II[276] do art. 4º da referida lei, em caso de impasse nas negociações visando a participação nos lucros e resultados, poderão ser utilizados como métodos de resolução de conflito a mediação e a arbitragem de ofertas finais.

Percebe-se, portanto, que diferente do âmbito de conflitos individuais de trabalho, no âmbito coletivo, a própria Constituição Federal estimula a utilização da arbitragem para a composição do conflito trabalhista coletivo, o que demonstra a opção do constituinte pela prevalência da resolução de conflitos por métodos extrajudiciais. Nesse sentido Alice Monteiro de Barros:

> "Verifica-se, portanto, que no âmbito da demanda coletiva, a arbitragem tem respaldo legal. Já no campo da demanda individual a legislação é omissa e não há como socorrermos subsidiariamente à Lei n. 9.307/96, considerando que ela só autoriza arbitragem em relação aos direitos patrimoniais disponíveis."[277]

---

(275) Art. 7º Observadas as condições previstas nesta Lei, a participação em greve suspende o contrato de trabalho, devendo as relações obrigacionais, durante o período, ser regidas pelo acordo, convenção, laudo arbitral ou decisão da Justiça do Trabalho.

(276) Art. 4º Caso a negociação visando à participação nos lucros ou resultados da empresa resulte em impasse, as partes poderão utilizar-se dos seguintes mecanismos de solução do litígio:

I — mediação;

II — arbitragem de ofertas finais, utilizando-se, no que couber, os termos da Lei n. 9.307, de 23 de setembro de 1996.

(277) BARROS, Alice Monteiro de. *Curso de direito do trabalho*. 4. ed. rev. e ampl. São Paulo: LTr, 2008. p. 128.

7.1.2.2. Conciliação e transação na Justiça do Trabalho

A conciliação na Justiça do Trabalho exerce importância tal que constitui um dos seus pilares principiológicos característicos. O art. 764 da CLT[278] determina a tentativa de conciliação em todos os conflitos individuais e coletivos. Essa tentativa conciliatória deverá ser realizada com todo empenho e persuasão por juízes e tribunais, sob pena inclusive de nulidade processual. Não há preclusão para a tentativa de conciliação, podendo ser realizada a qualquer tempo, inclusive depois do trânsito em julgado da decisão.

Em razão da necessidade de estimular a resolução não litigiosa do conflito, especialmente depois da reforma do Judiciário, promovida pela Emenda Constitucional n. 45/2004, a publicação da Resolução n. 125 do CNJ e o Código de Processo Civil de 2015, cada vez mais o Judiciário brasileiro trabalhista está voltado para o reconhecimento de que o meio conciliatório constitui a forma mais adequada para a resolução do conflito, razão pela qual vem investindo na qualificação acerca da técnica de mediação a ser realizada pelos magistrados.

Feitas as devidas diferenciações em tópico anterior acerca da transação e conciliação, e partindo-se, portanto, da premissa de que a transação e a conciliação são métodos autocompositivos de conflito, diferenciando-se pelo fato da transação se efetivar extrajudicialmente, por meio de concessões mútuas das partes, nos termos do art. 843 do CC/2002, enquanto a conciliação se efetivar judicialmente na pendência de um processo judicial, passaremos analisar os efeitos da transação e da conciliação no âmbito do direito individual e coletivo de trabalho, por meio de seus vários instrumentos.

No que tange às transações relativas ao direito individual do trabalho, além da interpretação restritiva acerca das cláusulas previstas na transação extrajudicial, conforme preconiza o art. 843 do CC/2002, por mais razão a transação realizada durante o contrato de trabalho possui restrições em decorrência da hipossuficiência do empregado na relação jurídica travada com o seu empregador. A autonomia de vontade do empregado diante de mudanças ou transações realizadas pelo empregado durante a vigência do vínculo é bastante mitigada diante do temor da dispensa, de retaliações do empregador ou do

(278) Art. 764. Os dissídios individuais ou coletivos submetidos à apreciação da Justiça do Trabalho serão sempre sujeitos à conciliação.

§ 1º Para os efeitos deste artigo, os juízes e Tribunais do Trabalho empregarão sempre os seus bons ofícios e persuasão no sentido de uma solução conciliatória dos conflitos.

§ 2º Não havendo acordo, o juízo conciliatório converter-se-á obrigatoriamente em arbitral, proferindo decisão na forma prescrita neste Título.

§ 3º É lícito às partes celebrar acordo que ponha termo ao processo, ainda mesmo depois de encerrado o juízo conciliatório.

mero desagrado patronal, o que lhe poderia causar prejuízos diretos ou indiretos na carreira do empregado. Diante da constatação dessa hipossuficiência, a legislação trabalhista em nosso ordenamento jurídico impôs restrições na realização dessas transações, por meio dos limites impostos pelos arts. 9º[(279)], 444[(280)] e 468[(281)] da CLT.

Após a rescisão contratual, quando as partes não estão mais ligados pela subordinação da relação empregatícia, as limitações impostas à transação extrajudicial são bastante flexibilizadas, algumas até extirpadas, no entanto ainda subsistem alguns limites, conforme se depreende da Súmula n. 330[(282)] do TST, que trata do termo de quitação da rescisão homologada pelo sindicato ou Ministério do Trabalho e Emprego. Segundo o entendimento predominante da jurisprudência, por meio do citado Enunciado do TST, a quitação da rescisão prevista nesta espécie de transação extrajudicial (distrato contratual) não confere eficácia liberatória de todas as verbas devidas durante o contrato de trabalho, mas tão somente quanto às verbas expressamente consignadas no recibo.

Considerando que a quitação conferida pelo empregado por meio do termo de rescisão constitui uma espécie de transação extrajudicial, no caso distrato, o entendimento restritivo de eficácia liberatória do termo de rescisão contratual está consoante com a diretriz prevista no art. 843 do CC/02, onde se determina que a transação deve sempre ser interpretada de forma restritiva, quitando apenas as parcelas expressamente consignadas. Acerca da natureza de transação extrajudicial, Alice Monteiro de Barros[(283)] explica: "Em conse-

---

(279) Art. 9º Serão nulos de pleno direito os atos praticados com o objetivo de desvirtuar, impedir ou fraudar a aplicação dos preceitos contidos na presente Consolidação.

(280) Art. 444. As relações contratuais de trabalho podem ser objeto de livre estipulação das partes interessadas em tudo quanto não contravenha às disposições de proteção ao trabalho, aos contratos coletivos que lhes sejam aplicáveis e às decisões das autoridades competentes.

(281) Art. 468. Nos contratos individuais de trabalho só é lícita a alteração das respectivas condições por mútuo consentimento, e ainda assim desde que não resultem, direta ou indiretamente, prejuízos ao empregado, sob pena de nulidade da cláusula infringente desta garantia.

(282) Súmula n. 330 do TST. QUITAÇÃO. VALIDADE (mantida) — Res. n. 121/2003, DJ 19, 20 e 21.11.2003.

A quitação passada pelo empregado, com assistência de entidade sindical de sua categoria, ao empregador, com observância dos requisitos exigidos nos parágrafos do art. 477 da CLT, tem eficácia liberatória em relação às parcelas expressamente consignadas no recibo, salvo se oposta ressalva expressa e especificada ao valor dado à parcela ou parcelas impugnadas.

I — A quitação não abrange parcelas não consignadas no recibo de quitação e, consequentemente, seus reflexos em outras parcelas, ainda que estas constem desse recibo.

II — Quanto a direitos que deveriam ter sido satisfeitos durante a vigência do contrato de trabalho, a quitação é válida em relação ao período expressamente consignado no recibo de quitação.

(283) BARROS, Alice Monteiro de. *Curso de direito do trabalho*. 4. ed. rev. e ampl. São Paulo: LTr, 2008.

quência, como regra consubstanciada no art. 477 da CLT, dirige-se à quitação pela dissolução do contrato, encarada a transação como simples distrato, a sua eficácia é relativa, encontrando limite nesse dispositivo legal". No entanto, a renomada jurista possui uma posição que impõe uma interpretação ainda mais restritiva acerca da validade de quitação das parcelas consignadas no termo de rescisão contratual, na medida em que entende que nem mesmo as parcelas consignadas, mas que não foram efetivamente pagas não estão acobertadas pela quitação. Vejamos:

> "O só fato de o empregado encontrar-se assistido pelo sindicato no momento da rescisão não tem condão de estender a quitação a valores não pagos, embora a parcela esteja discriminada no recibo. Ora, o art. 477 da CLT não exige ressalva expressa. Condiciona a validade do recibo à especificação da parcela e do respectivo valor apenas."[284]

Essa posição de Alice Monteiro de Barros, embora possa aparentar radicalizada, possui tanto fundamento jurídico como senso de justiça. Isso porque a referida autora não retira do termo de quitação da rescisão a presunção de veracidade da quitação. Apenas não lhe confere um caráter absoluto de presunção, haja vista que sequer o instituto civil de transação não lhe confere esse caráter, prevendo hipóteses de anulação. Assim, caso durante a instrução processual se comprove que a referida transação extrajudicial (TRCT homologado) está elidida dos vícios elencados no art. 849 do CC[285], como, por exemplo, o caso em que um empregado é coagido física e psicologicamente a assinar o TRCT e esse fato fica comprovado nos autos. Por essa razão, faz-se importante que o juiz, durante a primeira audiência, quando estiver diante de um empregado analfabeto que resida em cidades de interior do Estado ou de difícil acesso, confira se o valor consignado no termo de rescisão contratual foi efetivamente o valor consignado no termo de quitação.

Nesse mesmo sentido vem entendendo a jurisprudência majoritária acerca de programas de incentivo à demissão voluntária, haja vista que o termo de adesão ao programa de demissão voluntária se encaixa na figura de transação extrajudicial, se submetendo à interpretação restritiva acerca das suas cláusulas liberatórias, nos termos da OJ n. 270 da SDI — I do TST[286].

---

(284) *Ibidem*, p. 206-207.

(285) Art. 849. A transação só se anula por dolo, coação, ou erro essencial quanto à pessoa ou coisa controversa.

(286) 270. PROGRAMA DE INCENTIVO À DEMISSÃO VOLUNTÁRIA. TRANSAÇÃO EXTRAJUDICIAL. PARCELAS ORIUNDAS DO EXTINTO CONTRATO DE TRABALHO. EFEITOS (inserida em 27.9.2002). A transação extrajudicial que importa rescisão do contrato de trabalho ante a adesão do empregado a plano de demissão voluntária implica quitação exclusivamente das parcelas e valores constantes do recibo.

Ocorre, contudo, que o plenário do Supremo Tribunal Federal na sessão de 30 de abril de 2015, mediante o julgamento do Recurso Extraordinário n. 590.415, posicionou-se a favor da quitação ampla e irrestrita da transação extrajudicial que importa a rescisão do contrato de trabalho mediante adesão a plano de desligamento voluntário, desde que essa condição esteja expressamente disposta em acordo coletivo que aprovou o plano e nos demais instrumentos celebrados com o empregado. Ou seja, a previsão em instrumento coletivo do plano de desligamento voluntário com efeito de quitação geral nos contratos de trabalho confere excepcionalmente a uma transação extrajudicial uma quitação ampla e irrestrita, contemplando inclusive parcelas não expressamente consignadas no título rescisório do plano de desligamento voluntário. Não obstante essa decisão contemple o direito social fundamental da autonomia privada coletiva prevista no XXVI do art. 7º da Constituição Federal, percebe-se um grave risco desse entendimento permitir quitações gerais coletivas, privando os trabalhadores de outros direitos sociais não consignados expressamente no termo de rescisão do PDV e nem tampouco quitados durante a relação de emprego. Isso porque, salvo melhor juízo, uma negociação coletiva não teria as melhores condições fáticas de aferir quais direitos individuais de cada empregado teria ou não sido contemplados no plano de demissão voluntária. Nesse sentido, destaco a crítica realizada por Lucyano Martinez:

> "Agora sob o ponto de vista crítico, é bom perceber que a decisão do STF, conquanto mereça respeito, traz em si o risco de estimular, mediante aplicações analógicas, a construção de cláusulas contratuais coletivas de quitação geral, capazes de afetar o patrimônio pessoal dos empregados. Cabe refletir se não haveria mesmo nenhum limite ao exercício da autonomia coletiva sindical em tais situações."[287]

Por outro lado, a conciliação homologada pelo juiz do trabalho confere eficácia geral liberatória de todo o contrato de trabalho, inclusive de valores não consignados na ata do acordo, conforme orientação jurisprudencial da SDI-II do TST.[288] Exceção ocorre quando na ata de conciliação constar que a quitação se restringe "ao objeto de pedido do extinto contrato de trabalho". Neste caso, quando se restringe a quitação quanto ao objeto de pedido, entende-se que abranger na referida quitação parcela não consignada no pedido constitui uma interpretação demasiadamente ampliativa, inclusive contrária à vontade das

---

(287) MARTINEZ, Luciano. *Curso de direito do trabalho:* relações individuais, sindicais e coletivas do trabalho Luciano Martinez. 7. ed. São Paulo: Saraiva, 2016. p. 688.

(288) 132. AÇÃO RESCISÓRIA. ACORDO HOMOLOGADO. ALCANCE. OFENSA À COISA JULGADA (DJ 4.5.2004). Acordo celebrado — homologado judicialmente — em que o empregado dá plena e ampla quitação, sem qualquer ressalva, alcança não só o objeto da inicial, como também todas as demais parcelas referentes ao extinto contrato de trabalho, violando a coisa julgada, a propositura de nova reclamação trabalhista.

partes manifestada no termo, descaracterizando, inclusive a característica da autocomposição de conflitos que é inerente à conciliação.

No que tange aos conflitos coletivos de trabalho a Constituição Federal, por meio do inciso XXVI da Constituição Federal, erigiu à categoria de direito fundamental social a autonomia privada coletiva, reconhecendo a validade dos acordos e convenções coletivas de trabalho. O art. 8º da CF/88[289] legitimou os sindicatos para a defesa dos interesses coletivos de sua categoria, tanto judicial ou extrajudicialmente, como também o art. 114 da CF/88,[290] remetendo à Justiça do Trabalho a competência para conciliar e julgar ações de representação sindical, as decorrentes de conflito de greve, o que demonstra a preocupação constitucional com a representatividade sindical no que tange à defesa de interesses coletivos *lato sensu,* priorizando sempre a resolução consensual do conflito.

A negociação coletiva pode ser realizada por meio de um acordo coletivo de trabalho ou de uma convenção coletiva de trabalho. O acordo coletivo de trabalho é uma espécie de transação extrajudicial, onde as condições de trabalho são pactuadas mediante a negociação entre o sindicato da categoria profissional e a empresa correspondente. Na ausência de categorias organizadas em sindicatos, possui legitimidade as federações e as confederações sucessivamente.

Segundo o art. 611 da CLT a convenção coletiva de trabalho é uma espécie de acordo de caráter normativo, pelo qual dois ou mais sindicatos representativos de categorias econômicas e profissionais estipulam condições de trabalho aplicáveis, no âmbito das respectivas representações, às relações individuais de trabalho. Já o acordo coletivo de trabalho é mais restrito, pois constitui um acordo entre os sindicatos representativos de categorias profissionais com uma ou mais empresas da correspondente categoria econômica, que estipulem condições de trabalho, aplicáveis no âmbito da empresa ou das acordantes respectivas relações de trabalho.

A negociação coletiva possui características bem peculiares. O prazo máximo de vigência da negociação coletiva não poderá ser estipulada superior a

---

(289) Art. 8º É livre a associação profissional ou sindical, observado o seguinte:

(...)

III — ao sindicato cabe a defesa dos direitos e interesses coletivos ou individuais da categoria, inclusive em questões judiciais ou administrativas.

(290) Art. 114. Compete à Justiça do Trabalho processar e julgar:

(...)

II — as ações que envolvam exercício do direito de greve;

III — as ações sobre representação sindical, entre sindicatos, entre sindicatos e trabalhadores, e entre sindicatos e empregadores.

dois anos. Enquanto os efeitos da negociação atingem duas esferas de sujeitos, segundo Mauricio Godinho Delgado, que são:

> "As partes convenentes (que sofrem as repercussões diretas das cláusulas obrigacionais) e as bases profissionais e econômicas respectivamente representadas na dinâmica negocial (que recebem as repercussões diretas dos dispositivos normativos elaborados)."[291]

Ou seja, as cláusulas contratuais têm eficácia *inter partes*, já as cláusulas normativas (criação de condições de trabalho) têm eficácia *erga omnes*, limitando-se na base territorial da respectiva representação.

Como a negociação coletiva não possui a característica da hipossuficiência entre os sujeitos, pois as partes em negociação são entes coletivos, a autonomia da vontade nessa transação extrajudicial trabalhista não é tão mitigada quanto à negociação no âmbito individual do trabalho. No entanto, como o objeto da negociação são as condições de trabalho de uma categoria profissional ou empregados de uma ou mais empresa, essa autonomia não pode ser irrestrita, devendo existir alguns limites. Mauricio Godinho Delgado propõe a aplicação de uma regra por ele denominada de "Princípio da Adequação Setorial Negociada", onde o mesmo impõe como limite na criação das normas juscoletivas a observância da implementação de direitos superiores ao padrão previsto na lei (melhoria nas condições de trabalho), como também limita a transação acerca de direitos de indisponibilidade absoluta, como direitos fundamentais sociais (salário mínimo, férias remuneradas, 13º salário, entre outros direitos).

> "Pelo princípio da adequação setorial negociada as normas autônomas juscoletivas construídas para incidirem sobre certa comunidade econômico-profissional podem prevalecer sobre o padrão geral heterônomo justrabalhista desde que respeitados certos critérios objetivamente fixados. São dois esses critérios autorizativos: a) quando as normas autônomas juscoletivas implementam um padrão setorial de direitos superior ao padrão geral oriundo da legislação heterônoma aplicável; b) quando as normas autônomas juscoletivas transacionam setorialmente parcelas justrabalhistas de indisponibilidade apenas relativa (e não de indisponibilidade absoluta)."[292]

No que tange à primeira condição, qual seja, a implementação de um padrão setorial de direitos superior ao padrão geral oriundo da legislação heterônoma, não constitui novidade no sistema trabalhista acerca da hierarquia na aplicação das normas, razão pela qual não há divergência da validade de

---

(291) DELGADO, Mauricio Godinho. *Direito coletivo do trabalho*. 3. ed. São Paulo: LTr, 2008.
(292) *Ibidem*, p. 159.

uma norma coletiva que impõe um direito mais favorável ao trabalhador. Isso porque diferente do sistema do direito comum, no qual existe uma pirâmide escalonada de hierarquia normativa, sendo a nossa Constituição Federal a norma hierarquicamente superior às demais, devendo sempre prevalecer quando em conflito com outras normas, na jurisdição trabalhista prevalece sempre a norma mais favorável ao trabalhador. Assim, mesmo uma norma convencional (acordo ou convenção coletiva) que no sistema do direito comum deve sempre obedecer à legislação heterônoma (Constituição, leis complementares, ordinárias etc.), estando entre os graus mais baixo de hierarquia normativa no direito comum, no sistema de aplicação de normas trabalhistas, desde que imponha melhores condições de trabalho do que a legislação heterônoma, deverá sempre prevalecer, inclusive sobre a própria Constituição, pois implementou um padrão de direitos superior ao padrão geral previsto nas leis ou na Constituição.

A controvérsia existe acerca da segunda condição imposta pelo princípio da adequação setorial negociada, qual seja, que as normas autônomas juscoletivas transacionem apenas parcelas trabalhista as de indisponibilidade apenas relativa, como forma de pagamento, tipo de jornada pactuada, entre outras. A jurisprudência dominante[293] aponta nesse sentido, qual seja, não reconhecendo a validade de cláusulas convencionais coletivas que reduzam direitos sociais indisponíveis de trabalhadores. O critério que vem sendo utilizado para reconhecer a indisponibilidade dos direitos transacionados constitui o reconhecimento de matéria de ordem pública, referentes à higiene, saúde e segurança do trabalho, conforme se percebe pelo entendimento sumulado na Súmula n. 437 do TST[294]. Assim, somente matérias de indisponibilidade relati-

---

(293) AGRAVO DE INSTRUMENTO EM RECURSO DE REVISTA — ACORDO COLETIVO — LIMITES À NEGOCIAÇÃO COLETIVA. A Constituição Federal de 1988, em seu art. 7º, XXVI, ao permitir que as categorias profissionais e econômicas disciplinem as relações por ela travadas, não o fez de maneira a possibilitar o vilipêndio a direitos indisponíveis dos trabalhadores. Dessa forma, o negociado somente se afigurará passível de se sobrepor ao legislado, naquelas situações em que ausente a afronta aos aludidos direitos, o que não ocorre nos casos em que desrespeita normas inerentes à saúde do trabalhador, como é o caso da duração diária da jornada do trabalho. Agravo de instrumento desprovido. (TST — AIRR: 89006520025190060 8900-65.2002.5.19.0060, Relator: Luiz Philippe Vieira de Mello Filho, Data de Julgamento: 05/08/2009, 1ª Turma, Data de Publicação: 7.8.2009).

(294) Súmula n. 437 do TST. INTERVALO INTRAJORNADA PARA REPOUSO E ALIMENTAÇÃO. APLICAÇÃO DO ART. 71 DA CLT (conversão das Orientações Jurisprudenciais ns. 307, 342, 354, 380 e 381 da SBDI-1) — Res. n. 185/2012, DEJT divulgado em 25, 26 e 27.9.2012.

I — Após a edição da Lei n. 8.923/94, a não concessão ou a concessão parcial do intervalo intrajornada mínimo, para repouso e alimentação, a empregados urbanos e rurais, implica o pagamento total do período correspondente, e não apenas daquele suprimido, com acréscimo de, no mínimo, 50% sobre o valor da remuneração da hora normal de trabalho (art. 71 da CLT), sem prejuízo do cômputo da efetiva jornada de labor para efeito de remuneração.

va, como, por exemplo, modalidade de jornada de trabalho, pode ser pactuada por convenção coletiva, nos termos da súmula n. 449 do TST(295).

Percebe-se que o posicionamento protecionista de se reconhecer a invalidade de quaisquer cláusulas que imponham uma condição desfavorável ao trabalhador, não apenas descaracteriza a natureza transacional dos acordos coletivos, já que uma transação pressupõe-se concessões mútuas entre as partes em negociação, como também afronta o direito fundamental social da autonomia privada coletiva prevista no art. 7º, XXVI, da Constituição Federal, tornando altamente desestimulante a composição pacífica do conflito mediante a formalização de acordos e convenções coletivas, o que reflexamente também afronta o direito ao acesso à justiça, em seu sentido contemporâneo de acesso à ordem jurídica justa.

Assim, entendo que a imposição de limites deve existir, no entanto de forma pontual, razoável e limitada às matérias estritamente referentes à higiene, saúde e segurança do trabalho, sob pena de esvaziar o conteúdo normativo do direito social fundamental da autonomia privada coletiva, como também afrontar o direito fundamental de acesso à justiça, haja vista que desestimularia a composição por medidas adequadas de solução de conflito, como a transação extrajudicial, nas espécies acordos e convenções coletivas de trabalho.

7.1.2.2.1. Termo de Ajustamento de Conduta

O Termo de Ajustamento de Conduta (TAC) constitui um compromisso firmado entre os entes públicos legitimados para a propositura da ação civil

---

II — É inválida cláusula de acordo ou convenção coletiva de trabalho contemplando a supressão ou redução do intervalo intrajornada porque este constitui medida de higiene, saúde e segurança do trabalho, garantido por norma de ordem pública (art. 71 da CLT e art. 7º, XXII, da CF/1988), infenso à negociação coletiva.

III — Possui natureza salarial a parcela prevista no art. 71, § 4º, da CLT, com redação introduzida pela Lei n. 8.923, de 27 de julho de 1994, quando não concedido ou reduzido pelo empregador o intervalo mínimo intrajornada para repouso e alimentação, repercutindo, assim, no cálculo de outras parcelas salariais.

IV — Ultrapassada habitualmente a jornada de seis horas de trabalho, é devido o gozo do intervalo intrajornada mínimo de uma hora, obrigando o empregador a remunerar o período para descanso e alimentação não usufruído como extra, acrescido do respectivo adicional, na forma prevista no art. 71, *caput* e § 4º da CLT.

(295) SÚMULA N. 449 DO TST. JORNADA DE TRABALHO. NORMA COLETIVA. LEI. ESCALA DE 12 POR 36. VALIDADE. — Res. n. 185/2012, DEJT divulgado em 25, 26 e 27.9.2012 — republicada em decorrência do despacho proferido no processo TST-PA-504.280/2012.2 — DEJT divulgado em 26.11.2012. É valida, em caráter excepcional, a jornada de doze horas de trabalho por trinta e seis de descanso, prevista em lei ou ajustada exclusivamente mediante acordo coletivo de trabalho ou convenção coletiva de trabalho, assegurada a remuneração em dobro dos feriados trabalhados. O empregado não tem direito ao pagamento de adicional referente ao labor prestado na décima primeira e décima segunda horas.

pública, inclusive o Ministério Público, e o agente que ameace ou cause danos a interesses metaindividuais, no sentido de ajustar a conduta do agente infrator às determinações legais, sem prejuízo de medidas reparadoras caso já existam danos coletivos *lato sensu*, sempre mediante cominações para se garantir o cumprimento da obrigação. Sérgio Shimura conceitua o TAC como:

> "O instrumento pelo qual os órgãos públicos (Ministério Público, União, Estados, Municípios) tomam dos interessados a obrigação a determinada conduta, mediante cominação, com eficácia de título executivo extrajudicial, tendo por escopo proteger direitos *transindividuais* ou coletivos *lato sensu*."[296]

O TAC está previsto para a tutela de interesses coletivos no § 6º da Lei de Ação Civil Pública[297], por meio da alteração trazida pelo Código de Defesa do Consumidor — Lei n. 8.078, de 11.9.1990. No entanto, a sua primeira previsão em nosso ordenamento jurídico ocorreu com o Estatuto da Criança e do Adolescente, conforme prevê Sérgio Shimura[298]: "O compromisso de ajustamento surgiu com o Estatuto da Criança e do Adolescente (art. 211, Lei n. 8.069/90) e logo depois com o acréscimo feito pelo art. 113, CDC, ao art. 5º, § 6º, Lei n. 7.347/85".

Deduz-se do conceito do TAC, que a finalidade do instituto é cessar imediatamente com a conduta contrária às normas protetivas dos direitos metaindividuais, promovendo a prevenção do litígio judicial. Em razão desse caráter preventivo, falta interesse jurídico o ajuizamento de uma ação civil pública que tenha o mesmo objeto do TAC. Da mesma forma não existirá utilidade no prosseguimento de inquérito civil instaurado pelo Ministério Público do Trabalho com o mesmo objeto do TAC, quando esta for formalizada extrajudicialmente. No entanto, a formalização do TAC não inviabiliza o pleito do individualmente lesado pela conduta danosa do agente infrator. Assim, por exemplo, se uma empresa que não estava há anos obedecendo às normas de segurança de trabalho formalizar um TAC, ajustando sua conduta às normas pertinentes, esse compromisso não impede o pleito judicial do empregado que tenha sofrido um acidente por inobservância das normas de segurança realizada por essa mesma empresa. Ressalta-se que o direito ao pleito judicial do individualmente lesado não sofre qualquer limitação, seja por inobservância do infrator de normas legais ocorridas antes ou depois da formalização do

(296) SHIMURA, Sérgio. *Tutela coletiva e sua efetividade*. São Paulo: Método, 2006. p. 131.

(297) § 6º Os órgãos públicos legitimados poderão tomar dos interessados compromisso de ajustamento de sua conduta às exigências legais, mediante cominações, que terá eficácia de título executivo extrajudicial. *(Incluído pela Lei n. 8.078, de 11.9.1990)*.

(298) SHIMURA, Sérgio. *Tutela coletiva e sua efetividade*. São Paulo: Método, 2006. p. 131.

TAC. A ausência de interesse jurídico ocorre apenas para demandas coletivas com idêntico objeto do compromisso de ajustamento.

Esse compromisso de ajustamento de conduta comumente é formalizado extrajudicial, tendo eficácia de título executivo extrajudicial. A Justiça do Trabalho prevê expressamente a competência para a execução do TAC, quando este for formalizado pelo Ministério Público do Trabalho, conforme inteligência do art. 876 da CLT[299]. Nada obsta, contudo, que durante o trâmite de uma ação civil pública, possa ser formalizado um termo de ajustamento de conduta, que depois da homologação judicial no referido processo, passará a ter natureza jurídica de conciliação judicial, tendo eficácia de título executivo judicial.

Não constitui meio adequado tecnicamente denominar o termo de ajustamento de conduta como uma modalidade de transação, haja vista que os direitos transindividuais, em princípio, não podem ser transacionados pelo ente legitimado autônomo ou extraordinário, haja vista a indisponibilidade do direito metaindividual, conforme bem explicita Sérgio Shimura:

> "Como corolário da ideia de que o autor da ação não tem à disposição do direito material controvertido — porque legitimado apenas para agir na condução do processo ou na defesa de direito de terceiros —, tem-se, em linhas de princípio, que não seria possível a transação nesses casos. É que, por definição, a transação constitui ato jurídico bilateral, pelo qual as partes, fazendo-se concessões recíprocas, previnem ou terminam um litígio, eliminando a incerteza de uma relação jurídica."[300]

Em razão dessa indisponibilidade do direito coletivo *lato sensu* para a realização da transação, que pressupõe concessões mútuas entre as partes, o TAC, a meu ver, está mais próximo da figura do "reconhecimento jurídico do pedido", previsto no art. 487, III, "a" do CPC/15. O compromissado na formalização do TAC apenas reconhece a infrações legais cometidas e se compromete a se ajustar às determinações normativas, sob pena de arcar com as cominações impostas pelo Ministério Público ou por outro ente estatal legitimado. Não há concessões mútuas de interesse, pois o interesse metaindividual não é transacionado no TAC.

---

(299) Art. 876. As decisões passadas em julgado ou das quais não tenha havido recurso com efeito suspensivo; os acordos, quando não cumpridos; os termos de ajuste de conduta firmados perante o Ministério Público do Trabalho e os termos de conciliação firmados perante as Comissões de Conciliação Prévia serão executada pela forma estabelecida neste Capítulo. *(Redação dada pela Lei n. 9.958, de 12.1.2000)*

(300) SHIMURA, Sérgio. *Tutela coletiva e sua efetividade*. São Paulo: Método, 2006. p. 133.

Não se pode negar que o termo de ajustamento de conduta, quando devidamente cumprido, põe fim ao conflito, seja extrajudicialmente, por meio do arquivamento de inquérito civil com o mesmo objeto; seja judicialmente, por meio da extinção da ação civil pública com idêntico objeto, mediante a formalização de acordo judicial.

Desta forma, o termo de ajustamento de conduta constitui um importante meio de resolução adequada de conflito coletivo na Justiça do Trabalho, pois o rápido ajuste da conduta do agente ofensor às determinações legais, sem a necessidade de se buscar uma liminar ou esperar o trânsito em julgado da ação civil pública, promove a celeridade na resolução do conflito, prevenindo ações coletivas.

7.1.2.3. Incentivos econômicos

Dentre os procedimentos alternativos para decidir causas judiciais descritos na obra *Acesso à Justiça*, há um terceiro instrumento denominado de "incentivos econômicos", que tem a finalidade de estimular ofertas de propostas de acordos durante o processo judicial e a formalização da conciliação judicial.

O referido procedimento utilizado predominantemente na Inglaterra, consiste em penalizar o autor com o pagamento dobrado das custas quando não seja aceita uma proposta razoável (próxima do valor da sentença) oferecida pelo réu. Explicitam esse método, Mauro Cappelletti e Bryant Garth:

> "O mais conhecido desses mecanismos é o chamado 'sistema de pagar o julgamento', usado prevalentemente na Inglaterra, mas também empregado na Austrália e no Canadá. A ideia básica é a de apenar o autor que não aceite uma proposta de conciliação oferecida à corte pela outra parte, quando, após o julgamento, se comprove ter sido razoável essa proposta. A penalidade é o pagamento pelo autor dos custos de ambas as partes."(301)

Embora esse método force uma análise mais acurada acerca da proposta oferecida, em razão do temor da penalização financeira, não constitui, salvo melhor juízo, em uma solução que trata de forma igualitária as partes.

Especialmente em países que tanto o vencido como o vencedor arcam com custas sejam integrais ou proporcionais, a penalização de uma só parte,

---

(301) CAPPELLETTI, Mauro; GARTH, Bryant. *Acesso à justiça*. Tradução de Ellen Gracie Northfleet. reimpr. 2012. Porto Alegre: Fabris, 1988. p. 88-89.

que no caso é o autor, constitui um tratamento desigual das partes processuais, merecendo, portanto, nos referidos países uma reformulação desse método para tratar de forma isonômica as partes submetidas a esse procedimento.

Outro aspecto importante para a utilização desse método constitui a necessidade de se conceder ao autor uma ferramenta de se verificar a razoabilidade ou não da proposta oferecida pelo réu, especialmente quando se tratar de um processo de cálculos complexos. Nesse caso a Justiça deveria viabilizar um contador ou perito que atestasse que a referida proposta contábil tem uma proximidade fática com a realidade dos autos. Ou em casos de pedido único de dano moral para casos em situações semelhantes, o juiz informar a média indenizatória que o Tribunal vem adotando como parâmetro como forma de demonstrar a razoabilidade da proposta oferecida.

Diante da constatação dos referidos equívocos do método inglês, Mauro Cappelletti e Bryant Garth defendem o método de mediação de Michigan, o qual:

> "embora limitado a casos de indenização por danos, corrige os dois principais defeitos do procedimento britânico. Primeiramente, o sistema de Michigan apena o réu, tanto quanto o autor, por recusar uma proposta razoável de acordo. Em segundo lugar, o sistema de Michigan proporciona uma determinação imparcial, por meio de especialistas, de um acordo razoável. Isso propicia dessa forma, até certo ponto, a falta de experiência do autor. O sistema de Michigan demonstra que o princípio de pagar pelo julgamento pode auxiliar a dignificar o acesso à justiça."(302)

Na Justiça do Trabalho brasileira entendo ser absolutamente viável a aplicação do método Michigan, nos seguintes termos: Quando qualquer das partes negasse, sem uma justificativa plausível, uma proposta de acordo razoável, não obstante a disponibilização judicial de uma certificação contável de que a proposta oferecido pela parte contrária é bem próxima da probabilidade do comando sentencial ou até melhor do que a esperada na sentença, a parte recusante deve ser penalizada pela conduta processual, por meio do pagamento de uma multa processual, no valor mínimo de 50% do valor das custas processuais, mesmo quando vencedora da ação, pois prolongou desnecessariamente a utilização da máquina judiciária. Essa metodologia está em sintonia com fundamento do direito fundamental da razoável duração do processo previsto no inciso XXVIII do art. 5º da Constituição Federal.(303)

---

(302) CAPPELLETTI, Mauro; GARTH, Bryant. *Acesso à justiça*. Tradução de Ellen Gracie Northfleet. reimpr. 2012. Porto Alegre: Fabris, 1988. p. 89-90.

(303) XXVIII — a todos, no âmbito judicial e administrativo, são assegurados a razoável duração do processo e os meios que garantam a celeridade de sua tramitação.

Embora a negativa na aceitação de um acordo razoável não chegue a caracterizar a deslealdade processual prevista no inciso II do art. 77 do CPC/2015, já que não formulou pretensão infundadas, a negativa no aceite de um acordo razoável sem uma justificativa plausível, além de prolongar a utilização da máquina judiciária, também cria mais custos processuais à parte contrária, razão pela qual constitui medida de justiça essa penalização ao vencedor da demanda que não aceitou com o pagamento de uma multa processual. Ressalta-se, contudo, que não há previsão da referida multa processual em nosso ordenamento jurídico, razão pela qual essa metodologia ora sugerida precisaria ser criada mediante lei.

O que existe em nosso ordenamento jurídico muito parecido com a metodologia ora analisada está inserto na Lei de Mediação — Lei n. 13.140/15, por meio do § 2º do art. 22[304], onde se aplica em certa medida um método de desestímulo financeira à parte que se recusar a comparecer, embora devidamente convidada, na primeira reunião de mediação extrajudicial, quando em contrato não houver outra penalidade descrita. Nesse caso, mesmo que a parte que tenha se recusado a se submeter ao procedimento de mediação seja vencedora em procedimental arbitral ou judicial que envolva o escopo da mediação, mesmo assim essa parte arcará com cinquenta por cento das custas e dos honorários sucumbenciais. O novo Código de Processo Civil, por sua vez, espelhando-se na referida regra criou uma nova modalidade de ato atentatório à dignidade da justiça não prevista no rol do art. 77 do CPC. O disposto no § 8º do art. 334 do CPC/15 impõe uma punição à parte que devidamente intimada para audiência de conciliação e mediação injustificadamente não comparecer.[305] Essa conduta da parte em se opor à tentativa conciliatória, sem qualquer justificativa para tal, constitui para o Novo Código de Processo Civil uma conduta considerada como ato atentatório à dignidade da justiça, estando a referida parte sujeita à aplicação de multa de até dois por cento da vantagem econômica pretendida

(304) § 2º Não havendo previsão contratual completa, deverão ser observados os seguintes critérios para a realização da primeira reunião de mediação:

(...)

IV — o não comparecimento da parte convidada à primeira reunião de mediação acarretará a assunção por parte desta de cinquenta por cento das custas e honorários sucumbenciais caso venha a ser vencedora em procedimento arbitral ou judicial posterior, que envolva o escopo da mediação para a qual foi convidada.

(305) Art. 334. Se a petição inicial preencher os requisitos essenciais e não for o caso de improcedência liminar do pedido, o juiz designará audiência de conciliação ou de mediação com antecedência mínima de 30 (trinta) dias, devendo ser citado o réu com pelo menos 20 (vinte) dias de antecedência.

§ 8º O não comparecimento injustificado do autor ou do réu à audiência de conciliação é considerado ato atentatório à dignidade da justiça e será sancionado com multa de até dois por cento da vantagem econômica pretendida ou do valor da causa, revertida em favor da União ou do Estado.

ou do valor da causa, revertida em favor da União ou do Estado. Nesse aspecto, não obstante pareça ser a *prima facie* uma postura radical do legislador do novo processo Civil, nada mais coerente com os princípios basilares invocados nessa nova codificação, dentre eles o princípio conciliatório e o colaborativo. Não se pode admitir que uma das partes se recuse de forma desfundamentada à tentativa de conciliação, haja vista que a conciliação constitui o meio mais adequado, célere e menos oneroso dentro do processo judicial para a resolução do conflito, sendo que o prolongamento desnecessário do tempo do processo causa prejuízos não apenas às partes envolvidas no conflito de interesse mas também ao Estado, que possui o dever de prestar da forma mais efetiva e produtiva a prestação jurisdicional. A parte deve colaborar com a prestação jurisdicional, se empenhando na tentativa da resolução de conflito de forma adequada, sem protelar desnecessariamente o processo.

Entraves jurídicos surgem quando a parte recusante da proposta razoável de acordo for beneficiária de justiça gratuita, haja vista que o referido benefício possui amparo constitucional, por meio do preceito disposto no LXXIV[306] do art. 5º da Constituição.

Ocorre, entretanto que essa dificuldade resta ultrapassada diante do comando trazido pelo CPC/2015, na medida em que o § 4º do art. 98 prevê expressamente que a concessão de gratuidade não afasta o dever de o beneficiário pagar, ao final, as multas processuais que lhe sejam impostas. Ademais, não há que se falar, neste caso, em ofensa ao direito fundamental da assistência judiciária gratuita, pois neste caso a fundamentação está pautada em outro direito fundamental (colisão entre princípios), que no caso deve prevalecer, qual seja, o direito à razoável duração do processo e o direito ao acesso à justiça em seu sentido contemporâneo — acesso à ordem jurídica justa. Não é proporcional admitir que o direito à gratuidade da justiça, inviabilize a promoção de um método de incentivo a resolução consensual dos conflitos, método este considerado o mais adequado pelo nosso ordenamento jurídico (Resolução n. 125 do CNJ), que diminui a duração do conflito, trazendo para as partes vantagem financeira e psicológica pelo término antecipado do processo.

A utilização desse método em nosso ordenamento jurídico não constitui ofensa ao acesso à justiça previsto no inciso XXXV[307] do art. 5º da Constituição Federal, mas ao contrário, a sua efetivação, como medida incentivadora para a composição adequada de conflitos, atingindo, reflexamente, o direito fundamental da razoável duração do processo.

---

(306) LXXIV — o Estado prestará assistência jurídica integral e gratuita aos que comprovarem insuficiência de recursos.

(307) XXXV — a lei não excluirá da apreciação do Poder Judiciário lesão ou ameaça a direito.

Por fim, o novo Código de Processo Civil (Lei n. 13.105/15), que tem como seu pilar axiológico o princípio conciliatório e colaborativo entre as partes processuais, contém outro dispositivo que se enquadraria em incentivos econômicos favorecedores da conciliação, só que não mais apenando financeiramente à parte recusante na tentativa conciliatória, mas agora abonando financeiramente às partes que colaboraram para a formalização do acordo judicial. Nesse sentido o § 3º do art. 90 do CPC/15 concede às partes a dispensa de custas processuais remanescentes caso ocorra a transação antes da prolação da sentença.[308] Nada mais razoável do que o referido dispositivo, haja vista que o acordo encurta a vida do processo e por conseguinte diminui as despesas processuais.

No que tange à aplicabilidade do disposto no § 3º do art. 90 do NCPC, reconheço a possibilidade da concessão desse incentivo financeiro no processo laboral, pois existente lacuna normativa acerca do referido tema, como também não afronta a principiologia do Processo do Trabalho, conforme reza o art. 769 da CLT c/c art. 15 do CPC/15. Essa previsão legal expressa da dispensa das custas antes da prolação da sentença na Justiça do Trabalho acabaria por estimular significativamente o reclamado-empregador para a conciliação, pois na Justiça do Trabalho não há sucumbência recíproca quando se trata de relação de emprego, arcando o vencido pelas custas totais do processo quando vencido em pelo menos um pedido da demanda.

7.1.3. Instituições e procedimentos especiais para determinados tipos de causas de particular "importância social". Uma nova tendência no sentido de especialização de instituições e procedimentos judiciais

Essa tendência constitui importante pilar da terceira onda renovatória do acesso à justiça, promovendo uma mudança na hierarquia dos valores do processo civil, onde a preocupação fundamental é cada vez mais com a justiça social. Essa tendência visa a uma especialização de tramitação de demandas com características próprias e consequentemente a criação de Tribunais ou Justiças Especializadas.

A reunião de demandas com características comuns para serem submetidas a Tribunal Especializado tem por fim facilitar o acesso à justiça de causas

(308) Art. 90. Proferida sentença com fundamento em desistência, em renúncia ou em reconhecimento do pedido, as despesas e os honorários serão pagos pela parte que desistiu, renunciou ou reconheceu.

(...)

§ 3º Se a transação ocorrer antes da sentença, as partes ficam dispensadas do pagamento das custas processuais remanescentes, se houver.

com valores pequenos, onde se sobressai a hipossuficiência dos pequenos lesados diante do poderio das grandes instituições. Os autores de pequenas causas têm que ultrapassar diversos obstáculos para poderem ver reparadas a sua lesão.

> "Os novos direitos substantivos das pessoas comuns têm sido particularmente difíceis de fazer valer ao nível individual. As barreiras enfrentadas pelos indivíduos relativamente fracos com causas relativamente pequenas, contra litigantes organizacionais — especialmente corporações ou governos — têm prejudicado o respeito a esses novos direitos. Tais indivíduos, com tais demandas, frequentemente não têm conhecimento de seus direitos, não procuram auxílio ou aconselhamento jurídico e não propõem ações."[309]

Dentre diversos obstáculos dos litigantes de pequenas causas, destacam-se as despesas processuais, tornando desvantajoso o pleito judicial diante do valor da pretensão objeto do pedido, como também a formalidade e a complexidade do direito material e processual. Em razão disso os Tribunais Especializados devem facilitar esse acesso por meio de isenção de taxas ou prorrogação de seu pagamento, como também deve tornar mais informal e simples os procedimentos processuais. No que tange aos honorários advocatícios, a tendência contemporânea é no sentido de conceder o *jus postulandi* às partes nos referidos Tribunais Especializados, em contrapartida, ampliar o poder do magistrado, exatamente para sanar eventuais desigualdades na condução do processo. Ocorre, entretanto, que a concessão do *jus postulandi* sem limitações, provoca um grave risco processual, especialmente no que tange à correta identificação do direito, bem como na dificuldade processual de se provar e recorrer adequadamente, o que merece ser melhor analisado. Não condiz com o espírito da terceira onda renovatória de acesso a proibição de representação por advogados, haja vista que torna as partes ainda mais desiguais processualmente, em razão da desigualdade cultural e de conhecimentos técnicos entre os litigantes, fato que interfere no resultado da lide.

A simplificação do direito e a informalidade na condução do processo também são característicos dessa tendência, pois somente um processo menos formal, célere e com mais facilidade na compreensão do direito material e processual poderia atender adequadamente o litigante de pequenas causas, conforme bem descreve Mauro Cappelletti e Bryant Garth[310], para quem

---

(309) CAPPELLETTI, Mauro; GARTH, Bryant. *Acesso à justiça*. Tradução de Ellen Gracie Northfleet. reimpr. 2012. Porto Alegre: Fabris, 1988. p. 92.

(310) *Ibidem*, p. 94.

"Um sistema destinado a servir pessoas comuns, tanto como autores, quanto como réus, deve ser caracterizado pelos baixos custos, informalidade e rapidez, por julgadores ativos e pela utilização de conhecimentos técnicos bem como jurídicos."

Por esse caráter informal e simplificado, muitos críticos afirmam que essa tendência de tribunais especializados, na verdade, produz uma justiça de segunda classe, como se as pequenas causas não tivessem a importância social das grandes causas fosse de segunda importância. Nesse sentido, Mauro Cappelletti e Bryant Garth:

"Alega-se que procedimentos mais rápidos, informais e modernos facilitam principalmente a lesão em larga escala dos direitos de devedores individuais. Pequenas causas, afinal, não são necessariamente simples e desimportantes; elas podem envolver leis complexas em casos de vital importância para litigantes de nível econômico baixo ou médio."[311]

Na realidade, a celeridade de tramitação, a simplificação do direito material e dos procedimentos, a informalidade na condução do processo são condições indispensáveis para que o jurisdicionado se sinta à vontade em pleitear as suas pretensões judiciais. Ou seja, tais tendências possuem a finalidade de não intimidar o litigante diante da estrutura judicial, que normalmente é complexa e intimidadora.

A simplificação e a informalidade não podem subtrair garantias constitucionais e processuais, como por exemplo, a ampla defesa, contraditório, a presunção de inocência, sob pena de não apenas criar uma justiça de "segunda classe", mas sobretudo de criar novas injustiças, subvertendo, assim, a finalidade do instituto.

Assim, a simplificação e a informalidade, características de Tribunais Especializados não podem ser ilimitados, haja vista que grande parte das formalidades processuais, como citação, oitiva de partes em juízo, são absolutamente necessárias para a garantia do devido processo legal, conforme preconizado pela nossa Constituição Federal.

No Brasil, mais especificamente nos Juizados Especiais Cíveis, ao juiz leigo é delegada a direção da instrução processual, bem como a produção da sentença, que será submetida a mera homologação judicial, conforme se depreende de expressa disposição legal[312] do art. 40 da Lei n. 9.099/96 e Resolução n. 174

---

(311) CAPPELLETTI, Mauro; GARTH, Bryant. *Acesso à justiça*. Tradução de Ellen Gracie Northfleet. reimpr. 2012. Porto Alegre: Fabris, 1988. p. 97.

(312) Art. 40. O Juiz leigo que tiver dirigido a instrução proferirá sua decisão e imediatamente a submeterá ao Juiz togado, que poderá homologá-la, proferir outra em substituição ou, antes de se manifestar, determinar a realização de atos probatórios indispensáveis.

do CNJ. Não obstante o CNJ[313] entenda que atos decisórios somente podem ser realizados por juiz togado nos Juizados Especiais Criminais, entretanto nos Juizados Cíveis não há essa limitação, o que desprestigia o valor de ações cíveis de pequeno valor, desvirtuando a finalidade do instituto.

A condução de uma instrução processual e a produção de sentença, pendente apenas de mera homologação judicial, constitui, salvo melhor juízo, uma delegabilidade do poder jurisdicional não amparada pelo ordenamento jurídico, correndo o risco de se caracterizar em uma prestação jurisdicional de má

---

(313) EMENTA. PROCEDIMENTO DE CONTROLE ADMINISTRATIVO. JUIZ LEIGO. ATUAÇÃO NOS JUIZADOS ESPECIAIS CRIMINAIS. PRÁTICA DE ATOS DECISÓRIOS. IMPOSSIBILIDADE. Não se pode conferir a juiz leigo todas as competências e atribuições imputadas a magistrado de carreira, pois este exerce o monopólio estatal da jurisdição e determinados atos são por ele indelegáveis para preservar-se tal premissa. Em outras palavras, reputa-se afrontosa ao devido processo legal a norma que, não emanada do Poder Legislativo, preste-se a disciplinar de forma inovadora questões referentes ao procedimento processual. Necessária a manifestação desse Conselho com vistas a conferir uniformidade de tratamento aos juízes leigos e sua competência. Nesse norte proponho seja orientado aos Tribunais Estaduais e, por seguinte, aos seus magistrados, que não promovam atos tendentes a conferir aos juízes leigos atribuição para a prolação de atos decisórios. A atuação combatida viola por certo o princípio da indelegabilidade do poder júri PROCEDIMENTO DE CONTROLE ADMINISTRATIVO. JUIZ LEIGO. ATUAÇÃO NOS JUIZADOS ESPECIAIS CRIMINAIS. PRÁTICA DE ATOS DECISÓRIOS. IMPOSSIBILIDADE. Não se pode conferir a juiz leigo todas as competências e atribuições imputadas a magistrado de carreira, pois este exerce o monopólio estatal da jurisdição e determinados atos são por ele indelegáveis para preservar-se tal premissa. Em outras palavras, reputa-se afrontosa ao devido processo legal a norma que, não emanada do Poder Legislativo, preste-se a disciplinar de forma inovadora questões referentes ao procedimento processual. Necessária a manifestação desse Conselho com vistas a conferir uniformidade de tratamento aos juízes leigos e sua competência. Nesse norte proponho seja orientado aos Tribunais Estaduais e, por seguinte, aos seus magistrados, que não promovam atos tendentes a conferir aos juízes leigos atribuição para a prolação de atos decisórios. A atuação combatida viola por certo o princípio da indelegabilidade do poder jurisdicional e fica sujeita a análise disciplinar dos que a desrespeitarem. Voto no sentido de desconstituir a decisão do Conselho Gestor do Sistema JEPASC, pautada no voto relator do processo n. 270.187-2007.1, por entender que os juízes leigos, no âmbito dos juizados especiais criminais, somente podem atuar na condição de auxiliares da justiça, com participação restrita à fase preliminar, sem que possam proferir sentenças, executar penas ou decretar prisões, atividades privativas de juiz togado. A atuação de juiz leigo na instrução de processos, ainda que de menor potencial ofensivo, sem a supervisão ou orientação de juiz togado, afronta o princípio da indelegabilidade da jurisdição e o monopólio estatal da jurisdição e fica sujeita a análise disciplinar dos que a desrespeitarem. Voto no sentido de desconstituir a decisão do Conselho Gestor do Sistema JEPASC, pautada no voto relator do processo n. 270.187-2007.1, por entender que os juízes leigos, no âmbito dos juizados especiais criminais, somente podem atuar na condição de auxiliares da justiça, com participação restrita à fase preliminar, sem que possam proferir sentenças, executar penas ou decretar prisões, atividades privativas de juiz togado. A atuação de juiz leigo na instrução de processos, ainda que de menor potencial ofensivo, sem a supervisão ou orientação de juiz togado, afronta o princípio da indelegabilidade da jurisdição e o monopólio estatal da jurisdição. (CNJ — PCA — Procedimento de Controle Administrativo — 0000303- 58.2011.2.00.0000 — Rel. Jefferson Luis Kravchychyn — 121ª Sessão — j. 1º.3.2011).

qualidade, que segundo Mauro Cappelletti e Bryant Garth[314], deve ser sempre lembrada: "O risco, no entanto, é que o uso de procedimentos rápidos e de pessoal com menor remuneração resulte num produto barato e de má qualidade. Esse risco não pode ser nunca esquecido". A informalidade e a simplicidade processuais, neste caso, abandonou garantias processuais constitucionais, o que não pode ser admitido. O juiz leigo não constitui autoridade competente para processar e julgar, conforme garantia prevista pelo inciso LIII[315] do art. 5º da Constituição Federal, haja que não possui conhecimento técnico jurídico, nem tampouco possui a independência funcional que se exige para a magistratura. Ademais, a população em geral não tem conhecimento de que as sentenças e a condução da instrução processual serão realizadas por juiz leigo, que não são magistrados, pois esse fato não é noticiado ou publicamente informado. No mínimo, caso se entenda que essa delegação de poder jurisdicional seja constitucional, exige-se que a população seja informada obrigatoriamente acerca da referida delegação de poder nos Juizados Especiais desde o momento da distribuição do processo, o que irá conceder ao jurisdicionado a opção de escolha entre um processo onde se é julgado e processado por um juiz leigo, com mera supervisão do magistrado ou a opção pelo procedimento ordinário, onde o processo e a decisão é proferida e conduzida por juiz togado, evitado, assim, o indesejado efeito surpresa.

A Justiça do Trabalho é um belo exemplo onde essa tendência da criação de um Tribunal Especializado, com características da informalidade, celeridade, conciliação e simplicidade não constitui uma justiça de "segunda classe", como os críticos dos reformadores processualistas assim denominavam a criação de Tribunais Especializados, sob tais características. Mais uma vez Mauro Cappelletti e Bryant Garth:

> "Outra questão árdua é a de determinar os padrões e garantias mínimos a ser mantido nessas espécies alternativas de órgãos julgadores e procedimentos. O risco, obviamente, é o de que a alternativa só proporcione uma justiça de segunda classe, porque é quase inevitável que falte aos julgadores nos tribunais alternativos, pelo menos em parte, as salvaguardas de independência e treino de que dispõem os juízes ordinários."[316]

(314) Cappelletti e Garth menciona no texto a crítica no que tange à criação de tribunais especializados e simplificados, onde o crítico afirma que essa justiça proposta para pequenas causas estaria sendo uma justiça de segunda classe. (CAPPELLETTI, Mauro; GARTH, Bryant. *Acesso à justiça*. Tradução de Ellen Gracie Northfleet. reimpr. 2012. Porto Alegre: Fabris, 1988. p. 97).

(315) LIII — ninguém será processado nem sentenciado senão pela autoridade competente.

(316) CAPPELLETTI, Mauro. Os métodos alternativos de solução de conflitos no quadro do movimento universal de acesso à justiça. *Revista de Processo*, São Paulo, n. 74, p. 90, abr./jun. 1994.

Na Justiça do Trabalho tanto a conciliação como a instrução processual, seja em procedimentos sumários ou sumaríssimos, são sempre da competência de juiz togado, devidamente selecionado em concurso de provas e títulos, amparado pelas prerrogativas e vedações que a função exige como forma de garantir a necessária imparcialidade e independência funcional. Essa formalidade, salvo melhor juízo, se faz necessária, para garantir a imparcialidade e a qualidade das decisões judiciais.

7.1.4. Mudanças nos métodos utilizados para a prestação de serviços jurídicos

Na obra *Acesso à Justiça*, Mauro Cappelletti e Bryant Garth(317) propõem novos métodos para a prestação de serviços jurídicos. Segundo a referida obra constitui uma implementação de utilidade pública a disponibilização do serviço jurídico prestado pelos chamados "parajurídicos", como forma de prestação jurídica de caráter educacional e informativo acerca dos direitos do cidadão. Também se propõe uma maior utilização de convênios ou seguros para garantir a prestação de representação jurídica qualificada por um custo mais acessível ao cidadão comum.

No que tange ao serviço jurídico prestado pelos chamados "parajurídicos", essa tendência propõe uma flexibilização no que tange à vedação do exercício profissional de atividades privativas de advogados para serem exercidos por estudantes ou graduados em direito, que ainda não possuem registro profissional competente para o exercício da advocacia.

Nos Estados Unidos é comum que as prestações de serviços jurídicos, como aconselhamento jurídico e o preparo de provas para uma futura ação judicial, sejam realizados por profissionais em diversos graus de treinamento em direito, mas que não são advogados, pois estes são profissionais altamente qualificados e de alto custo processual. Os parajurídicos ou advogados leigos "desde 1970 têm sido crescentemente utilizados, principalmente nos Estados Unidos, para fazerem pesquisas, entrevistar clientes, investigar as causas e preparar os casos para julgamento".(318)

No Brasil o estatuto da advocacia, Lei n. 80.906/94, reconhece como atividades privativas de advocacia a postulação em qualquer órgão do Poder Judiciário, com a exceção dos Juizados Especiais, da Justiça de Paz e da Justiça do Trabalho, conforme pronunciamento do Supremo Tribunal Federal, por

(317) CAPPELLETTI, Mauro. Os métodos alternativos de solução de conflitos no quadro do movimento universal de acesso à justiça. *Revista de Processo*, São Paulo, n. 74, p. 90, abr./jun. 1994.

(318) *Idem.*

meio da ADIN n. 1.127-8. No entanto, o estatuto reconhece como atividades privativas da advocacia a consultoria, assessoria e direções jurídicas.

A realização de petições, audiência, ou seja, atividades privativas da advocacia, só podem ser realizadas por estagiários em ato conjunto com advogados, recaindo sobre estes a responsabilidade pelos atos praticados por aqueles. Ou seja, a nossa legislação não possui muita abertura para o exercício de atividades jurídicas oficiais de parajurídicos. Aqui no Brasil essa função poderia ser exercida pelos estagiários, no entanto estes acabam trabalhando internamente nos escritórios, muitas vezes confeccionando sozinhos petições, que oportunamente serão apenas assinadas pelos advogados, já que se torna impraticável qualquer fiscalização quanto à produção intelectual de petições. O excesso de formalidade e exigência para o reconhecimento de atividades de estagiários na prestação de alguns serviços jurídicos, inviabiliza a ocorrência de alguns exemplos bem-sucedidos, como o caso alemão relatado por Mauro Cappelletti e Bryant Garth:

> "A Federação dos Sindicatos de Trabalhadores Alemães (*Deutscher Gewerkschaftbund: DGB*) utiliza os parajurídicos num programa destinado a servir seus sete milhões de membros. Funcionários especialmente treinados (*Rechtsskretare*), por meio de um programa de onze meses, numa escola localizada em Frankfurt e dirigida pela DGB, proporcionam serviços jurídicos aos membros dos sindicatos, em áreas tais como: emprego, segurança social, benefícios aos veteranos e imposto de renda. Além do aconselhamento jurídico e serviços semelhantes os funcionários, quando necessário, até mesmo representam os trabalhadores perante a Justiça do Trabalho."(319)

Na Justiça do Trabalho, salvo melhor juízo, não cabe a utilização de estagiários ou parajurídicos na prestação de serviços de consultoria ou serviços jurídicos de representação judicial, em razão do óbice previsto no art. 1º do Estatuto da Ordem dos Advogados, onde se prevê como atividade privativa de advogados a consultoria jurídica. No entanto, nada obsta que bacharéis em direito possam realizar palestras de orientação e aconselhamento para prevenção de litígios e acidentes de trabalho, bem como possam responder dúvidas acerca de direitos previdenciários e sociais, prestando esse serviço educativo dentro do âmbito da empresa ou sindicato, por um baixo custo e sem configurar consultoria jurídica, mas tão somente atividade educativa.

Não há dúvidas de que para a efetividade do acesso à justiça faz-se imprescindível que a sociedade tenha ciência de seus direitos. Para isso, entendo

---

(319) CAPPELLETTI, Mauro; GARTH, Bryant. *Acesso à justiça*. Tradução de Ellen Gracie Northfleet. reimpr. 2012. Porto Alegre: Fabris, 1988. p. 146.

que no âmbito trabalhista brasileiro deve-se incentivar as atividades jurídicas de caráter educativo e informativo de "parajurídicos" em âmbito organizacional (empresas, sindicatos, associações etc.), o que irá não apenas ampliar o acesso à justiça quantitativamente, mas principalmente qualitativamente, na medida que ações educativas e informativas tendem a repercutir positivamente na prevenção de litígios e acidentes de trabalho.

No que tange ao segundo enfoque desta tendência, qual seja, o desenvolvimento de planos de assistência jurídica mediante convênio ou em grupo, pode ser um importante instrumento para a acessibilidade de uma representação jurídica de alta qualidade para um jurisdicionado de pouca possibilidade financeira.

Essa tendência consiste no incentivo civil e governamental para a viabilização à popularização de planos de assistência jurídica, seja formalizado em grupo ou mediante convênio, com o objetivo de tornar mais acessível à população o serviço jurídico prestado por advogado. Da mesma forma que é possível realizar seguros de carro, casa, da saúde, pode-se realizar o seguro de assistência jurídica do empregado, do consumidor ou de qualquer cidadão, que deseje ver coberto seu eventual custo com honorários, perícia, custas e demais despesas processuais, caso seja surpreendido com a necessidade de litigar em juízo.

Os países europeus possuem longa experiência acerca da assistência jurídica prestada por convênios, conforme descrevem Mauro Cappelletti e Bryant Garth:

> "Os países europeus têm tido uma experiência longa e crescentemente positiva com o 'seguro de despesas jurídicas', ou seja, planos de assistência jurídicas, pagos antecipadamente e com sistema de livre escolha do profissional, operados por companhias de seguros. (...) Por prêmio relativamente baixo, um operário alemão e sua família podem receber cobertura para despesas jurídicas decorrentes da propriedade e utilização de um automóvel, da propriedade de um imóvel, da indenização por danos, para defesa criminal, para causas trabalhistas ou de seguridade social, de direitos contratuais e de causas de direito de família ou de sucessões."[320]

No Brasil, no entanto, não há muita experiência acerca desta espécie de tendência, não obstante a total potencialidade de seu desenvolvimento, especialmente em razão do alto custo das despesas processuais no Brasil, em especial a despesa com honorários advocatícios, bem como o alto índice de litigiosidade existente.

---

(320) CAPPELLETTI, Mauro; GARTH, Bryant. *Acesso à justiça*. Tradução de Ellen Gracie Northfleet. reimpr. 2012. Porto Alegre: Fabris, 1988. p. 147.

Não há dúvidas de que essa implementação de planos de assistência jurídica caso fosse efetivada e popularizada, mediante incentivos fiscais ou subsídios de governo, a carga de litigiosidade no Brasil cairia assustadoramente depois dos primeiros anos de enxurrada de ações promovidas pelas seguradoras, o que compensaria os gastos iniciais com os referidos incentivos. Claro que os resultados positivos não seriam imediatamente sentidos. Inicialmente certamente ocorreria uma enxurrada de ações no Judiciário, especialmente diante das grandes empresas, que possui alta carga de litigiosidade (empresas de telefonia, instituições bancárias, prestadoras de serviços etc.), que comumente já contabilizam em seu lucro a compensação de se manter pequenas ilegalidades, diante da baixa litigiosidade do consumidor ou outro litigante individual.

No âmbito trabalhista, esse convênio poderia ser prestado tanto pela empresa como pelos sindicatos, e certamente também afetaria sensivelmente a postura de sonegações a direitos sociais, haja vista que o empregado estaria munido de qualificação jurídica de alta qualidade com baixo custo, o que criaria uma certa paridade de armas jurídicas. Existe, no entanto, um lado negativo da viabilidade dessa espécie de tendência, qual seja, o lucro da empresa de seguros está diretamente ligado com a ausência de informação acerca dos direitos do cidadão para a propositura de ações.

> "Logo, se esses planos não quiserem arriscar ou destruir sua viabilidade financeira, elas dificilmente buscarão educar as pessoas em relação aos seus direitos, encorajá-las a fazerem 'revisões de seus negócios sob o aspecto jurídico' e estimular a atividade jurídica — o que, presumivelmente, auxiliaria a reduzir as barreiras colocadas pela capacitação das partes a um acesso efetivo nas áreas das quais nos ocupamos."[321]

De certo, essa medida também aumentaria a litigiosidade nos primeiros anos, o que poderia comprometer a celeridade processual dos demais processos, mas certamente, a mudança postural de empresas altamente litigiosidade cumulada com ações preventivas de litígios, por meio de métodos adequados de solução de conflito, criaria uma diminuição significativa gradual e permanente de litigiosidade na Justiça do Trabalho.

7.1.5. Simplificando o direito

A quinta e última tendência do enfoque de acesso à justiça (terceira onda renovatória), consiste na tentativa de tornar o direito mais simples, seja no as-

(321) CAPPELLETTI, Mauro; GARTH, Bryant. *Acesso à justiça*. Tradução de Ellen Gracie Northfleet. reimpr. 2012. Porto Alegre: Fabris, 1988. p. 151.

pecto do direito material como também no aspecto processual. Essa tendência reconhece a indispensabilidade de que o cidadão jurisdicionado tenham conhecimento do direito que lhe assiste, por meio de uma legislação que externe com clareza o seu conteúdo, tornando a informação acessível a todos, conforme esclarece Mauro Cappelletti e Bryant Garth:

> "Nosso direito é frequentemente complicado e, se não em todas, pelo menos na maior parte das áreas, ainda permanecerá assim. Precisamos reconhecer, porém, que ainda subsistem amplos setores nos quais a simplificação é tanto desejável quanto possível. Se a lei é mais compreensível, ela se torna mais acessível às pessoas comuns."[322]

No entanto, além de uma legislação material mais clara e objetiva, faz-se necessário que a decisão seja também clara em todos os seus termos, levando para as partes o conhecimento objetivo e esclarecedor acerca dos fundamentos da decisão. Nesse aspecto, a simplicidade do direito promoverá também o caráter educativo da sentença judicial. Nessa tendência também se exige um processo mais simples, onde as partes possam entender e acompanhar todos os procedimentos processuais. Contudo, a simplicidade processual ora pretendida não significa abrir mão das formalidades processuais necessárias para a garantia do devido processo legal, do contraditório, da ampla defesa, do juiz natural, dentre outras garantias processuais constitucionais indispensáveis. Apenas espera-se um processo sem formalidades inúteis, remanescentes ainda do formalismo da época do liberalismo — época dos códigos, sendo que as formalidades que precisam ser mantidas sejam utilizadas como forma de aperfeiçoar a prestação jurisdicional, nunca criando um empecilho processual para a concretização da justiça, conforme reza o princípio da instrumentalidade previsto no art. 277do CPC/15.

Em nosso ordenamento jurídico ficou nítida essa mudança de paradigma do formalismo processual para a necessidade da simplificação do processo, por meio do histórico discurso de posse da Ministra Ellen Gracie Northfleet no dia 27 de abril de 2006, primeira mulher ministra na história do Supremo Tribunal Federal desde a sua implantação por meio da Constituição de 1891, discurso este que ora se transcreve um pequeno trecho:

> "Que todos os cidadãos tenham acesso fácil a um juiz que dê resposta pronta é o ideal a ser buscado. Que o enfrentamento das questões de mérito não seja obstaculizado por bizantino formalismo, nem se admita o uso de manobras procrastinatórias. Que a sentença

(322) CAPPELLETTI, Mauro; GARTH, Bryant. *Acesso à justiça*. Tradução de Ellen Gracie Northfleet. reimpr. 2012. Porto Alegre: Fabris, 1988. p. 156.

seja compreensível a quem apresentou a demanda e se enderece às partes em litígio. A decisão deve ter caráter esclarecedor e didático. Destinatário de nosso trabalho é o cidadão jurisdicionado, e não as academias jurídicas, as publicações especializadas ou as instâncias superiores. Nada deve ser mais claro e acessível do que uma decisão judicial bem fundamentada."[323]

A referida Ministra foi a tradutora da obra "Acesso à Justiça", argamassa teórica do presente trabalho, razão pela qual não foi por mera coincidência a exortação em seu discurso pela simplificação do processo, pela clareza da legislação e das decisões judiciais — tendências da terceira onda renovatória do acesso à justiça. Para Ellen Gracie Northfleet, "um sistema judiciário eficiente e operante tem como ponto central o acesso mais amplo ao serviço público essencial que é a Justiça".[324] Nesse sentido, a simplicidade do processo deve ser entendida também como a otimização da prestação jurisdicional, haja vista a necessária substituição de expedientes mais burocráticos por procedimentos mais céleres e eficientes, tornando o processo um veículo mais simples e efetivo para a melhor prestação jurisdicional. Dentro deste contexto de simplificação do processo, por meio de substituição de procedimentos arcaicos por procedimentos mais eficientes e modernos, insere-se o processo judicial eletrônico.

7.1.6. Processo judicial eletrônico como efetivação da terceira onda de acesso à justiça

O Processo Judicial Eletrônico (PJE) não será aqui examinado pela ótica operacional ou técnica do sistema de processamento de dados utilizado pelo Poder Judiciário, mas sim como instrumento de efetivação da terceira onda renovatória do acesso à justiça. Neste sentido Cláudio Brandão Mascarenhas:

> "Como decorrência do próprio princípio do acesso à justiça, o sistema de processo eletrônico deve possibilitar a mais ampla acessibilidade dos seus usuários, no caso as partes envolvidas, advogados e repre-

(323) POSSE na Presidência do Supremo Tribunal Federal. Sessão solene realizada em 27 de abril de 2006. Disponível em: <http://www.stf.jus.br/arquivo/cms/publicacaoPublicacaoInstitucionalPossePresidencial/anexo/plaquetaPosseMinistraEllenGraciePresidencia.pdf>. Acesso em: 21.7.2015.

(324) Trecho do discurso. POSSE na Presidência do Supremo Tribunal Federal. Sessão solene realizada em 27 de abril de 2006, cit.

> sentantes do Ministério Público do Trabalho, além de auxiliares do juízo (peritos, oficiais de justiça, calculistas etc.)."[325]

Em um primeiro momento a expectativa do processo judicial eletrônico se resumia na mera desmaterialização dos autos processuais, ou seja, o processo judicial não estaria mais materializado no papel, mas sim em meio eletrônico. Essa era a ideia inicialmente cogitada quando se falava em processo judicial eletrônico: mera digitalização do processo cartáceo.

Ocorre, entretanto, que o meio eletrônico não se limita em um meio único de comunicação e informação, como a escrita no processo tradicional (em papel) disponibilizava. Ao contrário, ele tem o poder de agregar imagens, sons e escritas, o que modifica profundamente a estrutura processual, trazendo consequências processuais inimagináveis inicialmente.

Não se pode subestimar a potencialidade que a transposição de autos físicos para autos eletrônicos pode causar na estrutura do nosso ordenamento jurídico, conforme sinaliza José Eduardo de Resende Chaves Júnior:

> "A desmaterialização dos autos, isto é, sua passagem do mundo analógico dos átomos, para o mundo digital dos *bits* — e até dos *qbites* com o iminente surgimento do computador quântico — sem dúvida já é uma revolução, por si só, comparável ao surgimento da imprensa para a cultura. Mas as mudanças decorrentes dessa desmaterialização são expandidas de forma exponencial a partir da percepção de que o processo eletrônico é e pode ser, sobretudo, um processo em rede. (...) Na rede tudo tende a crescer em proporções e escalas gigantescas e até fora do controle aparente."[326]

A visão inicial de que o processo eletrônico seria uma mera digitalização do processo de papel, constitui uma premissa calcada no equivocado entendimento da neutralidade absoluta do meio. O instrumento — informatização — tem o poder de influenciar o processo como um todo, tanto em seu aspecto material, como em seu aspecto formal:

> "O grande pensador da mídia no século XX, o canadense Marshal McLuhan, sintetizou na célebre ideia de que 'o meio é a mensagem' — isto é, na ideia de que o meio de comunicação e transmissão de

(325) MASCARENHAS, Cláudio Brandão. Processo eletrônico na justiça do trabalho. In: CHAVES, Luciano Athayde (org.). *Curso de processo do trabalho*. 2. ed. São Paulo: LTr, 2012. p. 757.

(326) CHAVES JÚNIOR, José Eduardo de Resende (coord.). *Comentários à lei do processo eletrônico*. São Paulo: LTr, 2010. p. 16-17.

mensagem não é neutro, pois ele condiciona inclusive seu conteúdo — a importância do meio de comunicação e informação para a própria racionalidade."(327)

O processo, como *meio* de resolução de conflito social, não é neutro, tanto no aspecto positivo, qual seja de influenciar a efetividade de direitos materiais, como também não é neutro no aspecto negativo, como de absorver a cultura social o qual está inserido. A constatação dessa assertiva está exatamente na informatização do processo judicial, que constitui a prova da absorção cultural da sociedade contemporânea pelo processo judicial.

A tecnologia de informação, por meio da internet, possui uma alta capacidade de interferência social, política e econômica. Logo, a utilização dessa tecnologia de informação como instrumento do processo judicial, também possui potencialidade de repercussão social, política e econômica, que o processo judicial em papel não permitia. Nesse sentido Otávio Pinto e Silva:

> "Não há dúvidas de que, de todos os recentes avanços tecnológicos experimentados pela humanidade, a internet foi o que mais provocou desdobramentos sociais, econômicos e políticos. Tome-se como exemplo a queda do Governo Hosni Mubaraki no Egito, em fevereiro de 2011, que é creditada em parte ao poder de mobilização da internet: afinal, foi por meio de contatos em redes sociais que muitos cidadãos egípcios resolveram se unir e protestar durante dezoito dias na praça Tahrir, no Cairo. Ou ainda a imensa repercussão internacional decorrente da divulgação na rede mundial de computadores, pela organização Wikileaks, do conteúdo dos telegramas diplomáticos secretos dos Estados Unidos da América, em 2010."(328)

Essa potencialidade do processo eletrônico pode ser observada por meio da acessibilidade e a publicidade disponibilizada no processo judicial. Os autos digitais ficam acessíveis 24 horas por dia em 365 dias por ano, disponíveis por meio de um simples acesso via internet em qualquer lugar do mundo, tornando a publicidade não mais como uma possibilidade, muitas vezes presumida, mas uma publicidade efetiva. Mais uma vez, José Eduardo de Resende Chaves Júnior:

> "A publicidade no processo de papel era uma mera possibilidade, a distância física e material transformava a publicidade em mera pre-

(327) CHAVES JÚNIOR, José Eduardo de Resende (coord.). *Comentários à lei do processo eletrônico*. São Paulo: LTr, 2010. p. 16-17.

(328) SILVA, Otávio Pinto e. *Processo eletrônico trabalhista*. São Paulo: LTr, 2013. p. 18.

sunção; com o processo virtual, contudo, ela, muito mais do que uma presunção, é uma realidade, isto é, a publicidade é uma virtualidade, mas não no sentido de possibilidade, senão de uma realidade-virtual efetiva, pois como já se viu, o virtual não se opõe ao real."[(329)]

A acessibilidade proporcionada pela informatização do processo judicial pode ser compreendida sob três vertentes, segundo Cláudio Brandão Mascarenhas:

> "A Acessibilidade, como visto, compreende tríplice dimensão no processo judicial eletrônico:
>
> 1. Estrutura necessária para que o usuário tenha acesso e possa praticar atos processuais;
>
> 2. Funcionalidades no sistema que facilitem o acesso do usuário à peças processuais ou ao processo como um todo; e
>
> 3. Ampliação do acesso à justiça.
>
> Tudo isso compatível com o princípio constitucional do amplo acesso à justiça, previsto no art. 5º, inciso XXXV, CF. Se a lei não pode restringi-lo, menos ainda as práticas adotadas no Poder Judiciário ou os sistemas informatizados em uso."[(330)]

A primeira dimensão, a nosso ver, compreende a necessária inclusão digital do jurisdicionado, especialmente o trabalhista, em razão da manutenção do *jus postulandi*. O Poder Judiciário deve manter estrutura física para que o jurisdicionado desprovido de computador ou internet, bem como os denominados *analfabetos digitais,* que não detêm nenhum conhecimento de informática, não fiquem excluídos do acesso ao processo. Nesse sentido, Cláudio Brandão Mascarenhas:

> "A preocupação com o denominado *analfabeto digital* deve ser permanente, sob pena de o emprego da tecnologia dificultar — ou mesmo inviabilizar — o acesso à Justiça e contribuir para a *exclusão digital.* Os órgãos devem prever rotinas que facilitem o ingresso da ação em juízo e o acompanhamento do processo em todas as suas fases."[(331)]

---

(329) CHAVES JÚNIOR, José Eduardo de Resende (coord.). *Comentários à lei do processo eletrônico.* São Paulo: LTr, 2010. p. 28.

(330) MASCARENHAS, Cláudio Brandão. Processo eletrônico na justiça do trabalho. In: CHAVES, Luciano Athayde (org.). *Curso de processo do trabalho.* 2. ed. São Paulo: LTr, 2012. p. 759.

(331) *Ibidem,* p. 758.

A segunda dimensão proposta consiste na utilidade das ferramentas eletrônicas para a facilitação de acesso aos autos virtuais e ao seu manuseio. Neste aspecto o Judiciário deve se manter sempre atento a formas de otimizar o processamento de dados do seu sistema eletrônico, com o fim de proporcionar maior velocidade para a transmissão de documentos, assinatura e registros de atos processuais, programas de fácil acesso ao seu usuário e assim por diante.

Por fim, a terceira dimensão equivaleria à ampliação do acesso à justiça como um todo, propiciando o alargamento da fiscalização dos atos processuais, maior participação das partes no acompanhamento dos trâmites processuais, facilidade no ajuizamento de ações judiciais, bem como a facilitação do acesso a meios alternativos e adequados na resolução de conflito, mediante conciliação, arbitragem e mediação instrumentalizadas por meios digitais.

Além da acessibilidade potencializada, o processo judicial eletrônico acentua o poder da publicidade dos atos processuais, fato que pode ocasionar ofensas graves aos direitos fundamentais, em especial aos direitos à privacidade e intimidade (inciso X do art. 5º da Constituição Federal). Isso porque a publicidade na internet possui uma dimensão social, política e econômica maior do que a publicidade por meio de papel, o que reflete diretamente na publicidade processual, especialmente porque os autos processuais encontram-se disponíveis eletronicamente pela rede mundial de computadores. Nesse sentido Otávio Pinto e Silva:

> "é preciso entender que a publicidade pela internet é diferente daquela a que estávamos habituados. Se antes alguém precisava ir à secretaria da vara para examinar os autos do processo e conhecer os detalhes da causa, hoje pode fazer o mesmo trabalho de investigação por meio da rede, acessando os documentos relativos ao processo, com riqueza de detalhes acerca da vida íntima das partes envolvidas."(332)

A Justiça do Trabalho constitui um terreno fértil para danos decorrentes da exposição da imagem e dados pessoais de litigantes, haja vista serem comumente tratados em ações questões privadas e íntimas das partes, como, por exemplo, processos envolvendo assédio sexual e moral no trabalho. Sem falar no efeito desastroso da publicidade de nomes das partes processuais na Justiça do Trabalho, criando as famosas "listas negras" de empregados. Essas listas são compostas com os nomes dos empregados que ajuízam ações judiciais em face de seus empregadores e em razão dessa exposição sofrem discriminações em novas contratações, muitas vezes sendo excluídos do mercado de trabalho. Observa novamente Otávio Pinto e Silva:

(332) SILVA, Otávio Pinto e. *Processo eletrônico trabalhista*. São Paulo: LTr, 2013. p. 252.

> "Imprescindível, portanto, que se estabeleçam mecanismos de preservação da privacidade das pessoas envolvidas nas relações jurídicas processuais, justamente para evitar que características da internet como a possibilidade de 'memória eterna' e a sua estrutura descentralizada possam potencializar a dimensão de punição, assédio e perseguição públicos."(333)

Assim as ferramentas eletrônicas no processo devem ser dirigidas de forma a preservar não apenas a intimidade e privacidade das partes, mas também a própria segurança física e virtual delas. Nesse sentido, Cláudio Brandão Mascarenhas:

> "A introdução de sistemas de gravação audiovisuais de audiências, por exemplo, possibilitaria a superexposição das partes e até mesmo permitiria que fossem submetidas a constrangimento público, diante de incidentes havidos no processo ou mesmo com a edição de vídeos, sem se falar na própria segurança pessoal, neste caso comprometida com a divulgação de sentenças condenatórias ou acordos celebrados de valor expressivo."(334)

Depreende-se, portanto, que o princípio da publicidade de atos processuais, previsto no art. 5º, LX, da Constituição Federal, não tem caráter absoluto, em razão da limitação imposta pelo princípio da inviolabilidade da honra e a imagem das pessoas, consagrado no art. 5º, X, da Constituição Federal. Em razão disso, a nosso ver, a Justiça do Trabalho deveria agir com comedimento no que tange à publicação de dados processuais, não permitindo a disponibilização dos nomes completos dos autores, dos dados e documentos pessoais das partes processuais para a rede externa de computadores (livre consulta pela internet), independentemente da declaração de sigilo de justiça. Assim, para a rede externa de computadores os nomes deveriam vir sempre abreviados, disponibilizando apenas os atos processuais e o teor das decisões, sem disponibilizar documentos com dados pessoais, como CPF, RG, endereço, contracheque e assim por diante. Somente às partes processuais e advogados em geral deveriam ter acesso integral aos autos processuais.

O potencial de repercussão social da mídia eletrônica, a dificuldade na descoberta da origem de publicações anônimas na internet, bem como a facilidade de acesso a dados pessoais no processo judicial impõem limitações ao princípio da publicidade processual como forma de se preservar o direito à

---

(333) SILVA, Otávio Pinto e. *Processo eletrônico trabalhista*. São Paulo: LTr, 2013. p. 253.

(334) MASCARENHAS, Cláudio Brandão. Processo eletrônico na justiça do trabalho. In: CHAVES, Luciano Athayde (org.). *Curso de processo do trabalho*. 2. ed. São Paulo: LTr, 2012. p. 772.

imagem, honra e privacidade prevista no inciso X do art. 5º da Constituição Federal.

7.1.6.1. Introdução de meios eletrônicos no processo brasileiro

A introdução de meios eletrônicos no processo no Brasil tem origem remota na Lei de criação dos Juizados Especiais de Pequenas Causas (Lei n. 7.244/1984), instituição inspirada pela terceira onda de acesso à justiça, que propõe o estímulo à conciliação dos conflitos, bem como à simplificação, especialização e modernização dos procedimentos judiciais. O § 3º do art. 14 da referida Lei[335] previa a utilização de gravação por meio de fitas magnéticas ou equivalentes para o registro da audiência, o que demonstra a tendência incipiente de modernização da terceira onda renovatória de acesso à justiça.

Posteriormente, a Lei do Inquilinato (Lei n. 8.245/91) prevê a citação de pessoa jurídica mediante a utilização do telex e o fac-símile, desde que autorizado em contrato[336], o que constituiu um importante avanço de incorporação da cultura tecnológica ao processo naquela época.

A Lei n. 9.099/95, que instituiu os Juizados Especiais Cíveis e Criminais, acabou por revogar a Lei dos Juizados Especiais de Pequenas Causas, no entanto manteve a previsão de gravação de audiência por meio de fita magnética ou equivalente.

A Lei do Fax (Lei n. 9.800/99) também trouxe importante iniciativa modernizadora do procedimento judicial, ao permitir às partes a utilização de sistema de transmissão de dados e imagens tipo *fac-simile* ou outro similar, para a prática de atos processuais, tendo, contudo, a necessidade de juntada de documentos originais no prazo de 5 dias depois do término do prazo legal. A brecha legal que permite outro sistema de transmissão similar ao *fac-simile*, viabilizou as primeiras transmissões via *email* de petições e documentos ao

---

(335) Art. 14. (...)

§ 3º Serão objeto de registro escrito exclusivamente os atos havidos por essenciais. Os atos realizados em audiência de instrução e julgamento deverão ser gravados em fita magnética ou equivalente, que será inutilizada após o trânsito em julgado da decisão.

(336) Art. 58. Ressalvados os casos previstos no parágrafo único do art. 1º, nas ações de despejo, consignação em pagamento de aluguel e acessório da locação, revisionais de aluguel e renovatórias de locação, observar-se-á o seguinte:

(...)

IV — desde que autorizado no contrato, a citação, intimação ou notificação far-se-á mediante correspondência com aviso de recebimento, ou, tratando-se de pessoa jurídica ou firma individual, também mediante telex ou *fac-símile*, ou, ainda, sendo necessário, pelas demais formas previstas no Código de Processo Civil.

Poder Judiciário, conforme se percebe pela jurisprudência do STJ da época.[337] Ressalta-se, contudo, que havia a necessidade de juntada dos documentos originais depois do transcurso de cinco dias do prazo legal.

Em 2001 a Lei dos Juizados Especiais Federais deu um grande salto para a informatização do processo, haja vista que contemplou expressamente a possibilidade de transmissão de atos processuais por meio eletrônico, conforme se percebe pelo § 2º do art. 8º da Lei n. 10.259/2001[338].

Neste mesmo ano foi instituída a Infraestrutura de Chaves Públicas Brasileiras — ICP Brasil, por meio da Medida Provisória n. 2.2002/2001. Essa medida regulamentou os requisitos para o reconhecimento da validade, integridade e a autenticidade da assinatura digital de documentos enviados eletronicamente. A regulamentação da assinatura digital foi um importante passo para se alcançar maior segurança na prática de atos processuais por meios eletrônicos, conforme bem define José Ivanildo Simões:

> "Esta chamada infraestrutura de chaves públicas, ou certificação digital, nada mais é do que uma chave dupla que permite a manipulação e envio de arquivos pela internet com garantia de autenticidade de origem. Uma parte da chave é dada pela autoridade certificadora, outra parte da chave é controlada pelo usuário. Para verificar se realmente o documento foi originado por seu subscritor, ou seja, se a assinatura eletrônica corresponde ao subscritor, basta acessar a base de dados da infraestrutura de chaves públicas e comparar com a chave arquivada."[339]

O Tribunal Superior do Trabalho, por meio da Instrução Normativa n. 28/2005, instituiu um sistema facultativo de peticionamento eletrônico,

---

(337) CIVIL — RECURSO — APRESENTAÇÃO — CORREIO ELETRÔNICO — INTERNET — POSSIBILIDADE — LEI N. 9.800/99. I — O art. 1º da Lei n. 9.800/99, outorga às partes a faculdade de utilizar sistema de transmissão de dados e imagens tipo fac-símile ou outro similar, para a prática de atos processuais que dependam de petição escrita. II — E plenamente eficaz, como ato processual, a petição remetida por correio eletrônico (internet), quando os originais, devidamente assinados, são entregues até cinco dias da data do término do prazo recursal. Inteligência da Lei n. 9.800/99. III — Ausência de omissão. Preclusão das questões levantadas, que deveriam ter sido discutidas na instância *a quo*. IV — Embargos conhecidos, mas rejeitados. (STJ, Relator: Ministro Humberto Gomes de Barros, Data de Julgamento: 27.5.2003, T1 — Primeira Turma).

(338) Art. 8º As partes serão intimadas da sentença, quando não proferida esta na audiência em que estiver presente seu representante, por ARMP (aviso de recebimento em mão própria).

(...)

§ 2º Os tribunais poderão organizar serviço de intimação das partes e de recepção de petições por meio eletrônico.

(339) SIMÕES, José Ivanildo. *Processo virtual trabalhista*. São Paulo: LTr, 2010. p. 64.

permitindo a transferência eletrônica de documentos e de petições, que era denominado de *E-DOC*. Nesse sistema, diferentemente do que ocorria com o envio de petições por *fax* ou *email*, não havia necessidade de juntada de documentos originais posteriormente. Para isso bastava o interessado se cadastrar no sistema do Tribunal e adquirir uma assinatura digital.

Esse sistema visava a disponibilização do serviço de protocolização e juntada de documentos por via eletrônica de forma uniforme por toda a Justiça do Trabalho.

A Lei n. 11.280/06, ao introduzir o parágrafo único do art. 154 do CPC[340], abriu as portas para a regulamentação da prática e da comunicação oficial dos atos processuais por meio eletrônico pelos Tribunais.

A Lei n. 11.382/2006 foi um notável divisor de águas na execução processual, em especial na seara trabalhista, haja vista que previu expressamente a possibilidade da *penhora on line*, importante instrumento de efetividade da execução judicial brasileira. Essa espécie de penhora é concretizada mediante bloqueio de valores em conta bancária ou aplicações financeiras do executado, por meio de acesso ao sistema do Banco Central, realizada diretamente pelo Poder Judiciário, sem a necessidade de intermediação de funcionários da instituição bancária para o seu cumprimento. Essa lei também prevê penhora de imóveis, publicação de edital de hasta pública por meios eletrônicos e outras previsões de comunicações de atos processuais por via eletrônica na fase executiva.

Percebe-se pelos antecedentes legislativos à Lei de Informatização do Processo Judicial — Lei n. 11.419/06, que o sistema jurídico brasileiro já vinha adotando há algum tempo a prática de meios eletrônicos no processo, no entanto não havia uma regulamentação que uniformizasse os procedimentos em âmbito nacional. A Lei n. 11.419/06 foi instituída com essa finalidade, qual seja, de regulamentar de forma uniformizada o uso do meio eletrônico no âmbito dos processos civil, penal e trabalhista, bem como aos juizados especiais, em qualquer grau de jurisdição.

7.1.6.2. A Lei de Informatização do Processo Judicial — Lei n. 11.419/06

Acerca da terminologia adotada pela Lei n. 11.419/06, faz-se necessário tecer crítica no que tange a utilização do termo *processo judicial eletrônico*, haja

(340) "Art. 154. (...)

Parágrafo único. Os tribunais, no âmbito da respectiva jurisdição, poderão disciplinar a prática e a comunicação oficial dos atos processuais por meios eletrônicos, atendidos os requisitos de autenticidade, integridade, validade jurídica e interoperabilidade da Infraestrutura de Chaves Públicas Brasileira — ICP — Brasil." (NR)

vista a necessária diferenciação técnica entre *processo* e *procedimento* e a inaptidão da utilização do primeiro termo para a proposta contida na referida lei. Segundo Luiz Guilherme Marinoni:[341] "Se a Jurisdição é apenas uma das manifestações do poder do Estado, é lógico que ela deve ser exercida por alguém e por meio de algo, isto é, do processo." Ou seja, o processo é o instrumento para o exercício da jurisdição de caráter complexo e abstrato.

O procedimento judicial, por sua vez, constitui a concretização e a formalização do processo, caracterizando-se pelo trajeto sucessivo de atos e formalidades necessárias para se alcançar a prestação jurisdicional. Sendo assim, torna-se inadequada a utilização do termo *processo,* haja vista que a relação jurídica processual, entendida como exercício do poder jurisdicional, de forma abstrata, não sofre o efeito da informatização. Apenas o procedimento é passível de informatização, já que constitui a exteriorização do conjunto de atos e formalidades processuais do ser abstrato processo. Assim, salvo melhor juízo, comungo do entendimento que a terminologia mais adequada para denominação do instituto seria a *informatização do procedimento judicial*. No entanto, em razão da cultura já sedimentada na utilização do termo *Processo Judicial Eletrônico* (PJE), será esse o termo utilizado neste trabalho, deixando registrado as devidas ressalvas.

A Lei n. 11.419/06 nasceu de pressões internas e externas em busca do aperfeiçoamento da prestação jurisdicional, especialmente na questão da celeridade processual.

A pressão interna foi decorrente da aprovação da Proposta de Emenda à Constituição n. 45 (PEC n. 45/2004), que por tratar de vários temas ligados ao melhoramento da máquina judiciária, como o Conselho Nacional de Justiça, súmulas vinculantes, novas competência da Justiça do Trabalho, critérios para ingresso e promoção dos membros da magistratura, dentre outros, foi denominado de *Reforma do Judiciário*. Essa Emenda Constitucional n. 45/2004 erigiu a direito fundamental a razoável duração do processo, por meio da inserção do inciso LXXVIII ao art. 5º da Constituição Federal, fortalecendo, assim, a preocupação social e política pela otimização do serviço público prestado pelo Poder Judiciário.

Durante o período que antecedia a aprovação da PEC n. 45/2004, a imagem do Judiciário estava bastante comprometida em razão da instauração da Comissão Parlamentar de Inquérito (CPI) do Judiciário. O clamor social solicitava mais moralidade, transparência e celeridade no Poder Judiciário. Acerca desse período, Otávio Pinto e Silva descreve o contexto histórico e político:

> "Criada a partir de requerimento do senador Antônio Carlos Magalhães, a CPI destinava-se à apuração de denúncias acerca de irre-

(341) MARINONI, Luiz Guilherme; ARENHART, Sérgio Cruz. *Processo de conhecimento*. 7. ed. rev. e atual. São Paulo: Revista dos Tribunais, 2008. p. 55. v. 2: Curso de processo civil.

gularidades praticadas por integrantes dos Tribunais Superiores, de Tribunais Regionais e de Tribunais de Justiça.

A comissão foi presidida pelo senador Ramez Tebet, teve como relator o senador Paulo Souto e investigou principalmente a ligação do senador Luiz Estevão com o desvio de R$ 169 milhões nas obras de construção de edifício do Tribunal Regional do Trabalho (TRT) em São Paulo. Na CPI também foram discutidos assuntos ligados à Reforma do Judiciário, razão pela qual o tema estava em grande efervescência."[342]

Percebe-se, portanto, por meio da instauração da *CPI do Judiciário*, que o momento político necessitava de respostas imediatas à sociedade, no sentido de moralizar e aperfeiçoar o Poder Judiciário.

Já a pressão externa era decorrente do Pacto de San José da Costa Rica — Convenção Interamericana de Direitos Humanos[343], o qual o Brasil é signatário. Nesse pacto se prevê a necessidade de que a prestação jurisdicional seja realizada em tempo razoável. Ressalta-se que a referida Emenda Constitucional n. 45/2004, por meio da inserção do § 3º do art. 5º da Constituição Federal[344], concedeu força normativa equivalente a Emendas Constitucionais aos Tratados Internacionais sobre Direitos Humanos, o que fortaleceu ainda mais o comando normativo do direito fundamental à razoável duração do processo.

Assim, a regulamentação e a implantação da informatização do processo judicial no Brasil tornaram-se prioridade na agenda política e administrativa do Poder Judiciário, tornando-se a Lei n. 11.419/06 a promessa do tão almejado aperfeiçoamento da prestação jurisdicional. A possibilidade de utilização da tecnologia para o melhoramento da eficiência, transparência e da celeridade no serviço prestado pelo Poder Judiciário criava uma alta expectativa na implantação do sistema eletrônico no Judiciário. Alerta, contudo, Otávio Pinto e Silva, que o processo judicial eletrônico, por si só, não trará todas as soluções para os problemas do Judiciário:

"Enfim, não se pretende sustentar a ideia de que o processo eletrônico, por si só, transformará o modo como o Estado, trabalhadores,

---

(342) SILVA, Otávio Pinto e. *Processo eletrônico trabalhista*. São Paulo: LTr, 2013. p. 38.

(343) Art. 8º Toda pessoa terá o direito de ser ouvida, com as devidas garantias e dentro de um prazo razoável, por um juiz ou Tribunal competente, independente e imparcial, estabelecido anteriormente por lei, na apuração de qualquer acusação penal formulada contra ela, ou na determinação de seus direitos e obrigações de caráter civil, trabalhista, fiscal ou de qualquer outra natureza.

(344) § 3º Os tratados e convenções internacionais sobre direitos humanos que forem aprovados, em cada Casa do Congresso Nacional, em dois turnos, por três quintos dos votos dos respectivos membros, serão equivalentes às emendas constitucionais.

empregadores lidam com as questões trabalhistas. Contudo, é o caso de se apontar algumas modificações práticas pelas quais deve passar o direito processual do trabalho, sob a perspectiva ideológica da informatização do processo judicial como mecanismo para a produção de decisões justas, fundamentadas na aplicação adequada da lei e amparadas na verdade dos fatos."[345]

A Lei de Informatização do Processo não apenas admitiu a utilização do meio eletrônico no processo judicial, como também estimulou a uniformização de seu uso em detrimento do uso do papel. Dentre as alterações legislativas trazidas, destacam-se as definições de *meio eletrônico, assinatura eletrônica* e *transmissão eletrônica*, a fim de auxiliar na hermenêutica jurídica desse novo procedimento; observou-se a exigência da certificação digital para o reconhecimento da autenticidade e validade do documento eletrônico; regulamentou-se a prática do peticionamento eletrônico, transmissão de documentos eletrônicos, cartas precatórias eletrônicas, e recursos por veículos eletrônicos. Autorizou-se a criação de diários oficiais eletrônicos pelos Tribunais; reconheceu-se a validade de citações e intimações por via eletrônica, enfim, regulamentou-se a prática de atos processuais por meios eletrônicos no âmbito nacional.

Após a publicação dessa lei, a Justiça do Trabalho editou a Instrução Normativa n. 30/2006, com o fim de adequar os procedimentos por meios eletrônicos já em prática com os comandos da nova Lei de Informatização do Processo.

Por fim, a introdução dessa lei em nosso ordenamento jurídico só veio a confirmar o pioneirismo brasileiro na informatização em larga escala, como já ocorreu com voto eletrônico e a declaração fiscal eletrônica, conforme relata Alexandre Atheniense:

> "Os ditames do processo eletrônico, tal qual preceituado pela Lei n. 11.419/2006, não encontram precedentes em qualquer país do mundo, seja pela variedade de rotinas do Judiciário — até então apenas presenciais e que passarão a ser executadas a distância — seja pelo volume de processos já mencionados, que serão gerenciados por meio eletrônico.
>
> O pioneirismo brasileiro em implantar projetos bem-sucedidos de informatização em larga escala — como já ocorreu, principalmente, no tocante ao voto eletrônico e à declaração de imposto de renda aliados a inigualável facilidade do povo brasileiro de adaptação a estas modernidades tecnológicas foi fundamental para acreditar nesta nova ousadia."[346]

(345) SILVA, Otávio Pinto e. *Processo eletrônico trabalhista*. São Paulo: LTr, 2013. p. 237.

(346) ATHENIENSE, Alexandre. Comentários à Instrução Normativa n. 30/2007 do TST. In: CHAVES JÚNIOR, José Eduardo de Resende (coord.). *Comentários à lei do processo eletrônico*. São Paulo: LTr, 2010. p. 193.

7.1.6.3. Princípios processuais decorrentes da informatização do processo judicial eletrônico

A incorporação de novas tecnologias ao processo judicial trouxe um novo desafio aos processualistas contemporâneos, qual seja, a necessidade de adaptação processual a uma nova forma de atuação dos juízes, advogados e dos jurisdicionados frente ao processo judicial eletrônico, fato que demanda um profundo estudo sobre o tema.

Essas mudanças procedimentais alteraram tão profundamente a rotina processual, que o estudo processual está direcionado para uma nova concepção ideológica do processo, onde intricadas questões, antinomias e as lacunas normativas derivadas dessas modificações necessitam serem avaliadas e supridas com base nessa nova realidade cultural. Otávio Pinto e Silva comenta acerca dessa nova concepção ideológica do processo:

> "O uso intensificado da tecnologia para o redimensionamento do modelo processual trabalhista, assim, corresponde a uma opção ideológica, em que se busca estabelecer um sistema de solução de conflitos do trabalho que seja capaz de atender melhor as expectativas da sociedade."(347)

A partir dessa necessidade principiológica, alguns estudiosos desenvolveram trabalhos especificamente sobre os efeitos da informatização do processo judicial, o que acabou surgindo na doutrina processualista contemporânea, vários princípios processuais decorrentes dessa mudança procedimental. Corrobora esse entendimento, Sebastião Tavares Pereira:

> "As balizas para esse movimento de renovação e avanço do procedimento judicial têm sido expressas por inúmeros princípios, ventilados por diferentes autores, às vezes sob nomenclatura diversa. Eles são indispensáveis porque os conflitos de interesse gerados pelas inovações vão esbarrar em vazios normativos onde a solução será feita pelo recurso aos princípios."(348)

Serão tratados aqui cinco princípios específicos do processo judicial eletrônico, que salvo melhor juízo, são os pilares ideológicos da informatização do processo judicial contemporâneo, pois reconstituem as principais características, os efeitos e as posturas processuais a serem adotadas para que a incorporação da tecnologia de informação ao processo surta os desejáveis

(347) SILVA, Otávio Pinto e. *Processo eletrônico trabalhista*. São Paulo: LTr, 2013. p. 236.

(348) PEREIRA, Sebastião Tavares. *O processo eletrônico e o princípio da dupla instrumentalidade*. Disponível em: <http://jus2.uol.com.br/doutrina/texto.asp?id=11824>. Acesso em: 20.10.2008.

efeitos da celeridade e efetividade processual, sem resultar em prejuízo para os direitos e garantias constitucionais. Ressalta-se, contudo, que ao processo judicial eletrônico aplicar-se-ão também os tradicionais princípios processuais tradicionais, conforme alerta Cláudio Brandão Mascarenhas:

> "No processo eletrônico, por óbvio, aplicam-se todos os princípios relativos ao Direito Processual do Trabalho em si. Contudo, faz-se necessário apontar alguns que lhe são específicos, diante do fato de não se tratar — repita — da mera representação digital do modelo tradicional do processo — o denominado processo em papel — e outros antigos, mas que devem ser revisitados sob nova perspectiva do mundo virtual, somados aos afetos à construção do sistema informatizado."[349]

No que tange à construção doutrinária dos novos princípios peculiares ao processo judicial eletrônico serão utilizados, neste trabalho, os princípios idealizados por José Eduardo de Resende Chaves Júnior.[350] O referido doutrinador prevê a existência de sete princípios específicos do processo judicial eletrônico, quais sejam: o princípio da imaterialidade, o princípio da conexão, o princípio da intermidialidade, o princípio da hiper-realidade, o princípio da interação, o princípio da instantaneidade e o princípio da desterritorialização.

No presente estudo, contudo, o princípio da imaterialidade é compreendido, data vênia, como um princípio abrangente da intermidialidade, hiper-realidade e instantaneidade do processo eletrônico. Os demais princípios, como os princípios da interação, princípio da desterritorialização e o princípio da conexão serão tratados separadamente, por se entender que o princípio da imaterialidade juntamente com estes três últimos possuem autonomia normativa ante os demais em produzir efeitos próprios que auxiliam na interpretação e integração das normas atinentes ao processo judicial eletrônico.

Por fim, será estudado o princípio da dupla instrumentalidade, capitaneado por Sebastião Tavares Pereira.[351]

Diante do exposto, serão analisados a seguir os seguintes princípios: princípio da imaterialidade, princípio da conexão, princípio da interação, princípio da desterritorialização e o princípio da dupla instrumentalidade.

---

(349) MASCARENHAS, Cláudio Brandão. Processo eletrônico na justiça do trabalho. In: CHAVES, Luciano Athayde (org.). *Curso de processo do trabalho*. 2. ed. São Paulo: LTr, 2012. p. 756.

(350) CHAVES JÚNIOR, José Eduardo de Resende (coord.). *Comentários à lei do processo eletrônico*. São Paulo: LTr, 2010.

(351) PEREIRA, Sebastião Tavares. *O processo eletrônico e o princípio da dupla instrumentalidade*. Disponível em: <http://jus2.uol.com.br/doutrina/texto.asp?id=11824>. Acesso em: 20.10.2008.

7.1.6.3(a) Princípio da imaterialidade

Esse princípio decorre da característica mais marcante do processo judicial eletrônico, qual seja, a sua imaterialidade. Não existe mais no processo judicial informatizado a figura dos *autos processuais*, pelo menos como era tradicionalmente compreendido: materialização em papel da sequência dos atos processuais registrados no processo.

O registro escrito em papel era uma cultura que priorizava pela segurança jurídica. No entanto, em razão da característica materializada dos autos processuais havia limitações espaciais e temporais para a sua publicidade, disponibilidade e acessibilidade. Um exemplo disso consistia na dificuldade de deslocamento dos autos processuais a depender de seu tamanho, como também a sua indisponibilidade para uma das partes, quando os autos estivessem em "carga", seja com o juiz ou com a outra parte processual, o que gerava dispêndio de tempo processual. O gasto público com a necessidade sempre crescente de mais impressões em papel, bem como a contramão da sustentabilidade ambiental que o processo cartáceo propiciava foram também empecilhos para a permanência da cultura do papel no processo judicial.

Já no processo judicial eletrônico *os autos* correspondem à disponibilização virtual de todos os atos processuais realizados, que são acessíveis pela rede mundial de computadores.

A imaterialidade do processo judicial viabiliza a agilidade na transferência de informações, peças e diligências processuais, criando um avanço sem precedentes na celeridade processual. Um exemplo desse avanço constitui a carta precatória eletrônica, que reduz significativamente o tempo do processo judicial.

Como não há materialização dos autos processuais, a acessibilidade e a publicidade dos atos processuais é potencializada no processo eletrônico. Os autos digitais ficam disponíveis em tempo real à movimentação do processo, mediante consulta pela rede mundial de computadores. Em razão dessa disponibilidade em qualquer dia ou hora e em qualquer lugar (desde que tenha acesso à internet), a partir da implantação do processo eletrônico deixou de existir no mundo jurídico os pedidos de vista ou de carga dos autos, conforme descreve José Eduardo de Resende Chaves Júnior:

> "O processo eletrônico não se diferencia simplesmente pela desmaterialização, mas sobretudo pela possibilidade dessa desmaterialização viabilizar a transmissão incessante, em tempo real, do conteúdo dos atos e práticas processuais."[352]

(352) CHAVES JÚNIOR, José Eduardo de Resende (coord.). *Comentários à lei do processo eletrônico*. São Paulo: LTr, 2010. p. 28.

A instantaneidade na transmissão e acompanhamento de atos processuais constitui também um efeito gerado pela imaterialidade, haja vista que a utilização da internet na transmissão de informações processuais possibilita o acompanhamento em tempo real dos atos realizados no processo. Em razão da quase ausência de mediação no processo eletrônico, e a consequente agilidade processual, o caráter instantâneo do processo judicial eletrônico criou questões processuais que ainda estão em fase de consolidação jurisprudencial e doutrinária. Exemplo disso é o caso da oposição prematura de embargos de declaração, quando a decisão já se encontrava disponível na internet, no entanto sem a devida publicação oficial. Inicialmente a jurisprudência majoritária entendia que esses embargos eram intempestivos, no entanto hodiernamente esse entendimento vem mudando, conforme se depreende da recente decisão do STJ(353).

Outro efeito da imaterialidade é a possibilidade de utilização de várias espécies de mídias (intermidialidade) no processo eletrônico, como som, imagem, escrita e suas combinações. Essa característica torna o processo judicial como um todo mais complexo, no entanto a prova judicial tem a potencialidade de reproduzir com maior fidedignidade a realidade dos fatos, como, por exemplo, a possibilidade da gravação em vídeo da audiência de instrução. O tom da voz e a maneira como a testemunha ou as partes relatam um fato registrado na gravação aproxima o julgador da verdade dos fatos, esteja esse julgador em primeiro ou segundo grau de jurisdição, indistintamente. Essa característica da intermidialidade certamente modificará em um futuro próximo o entendimento acerca do princípio da imediação previsto no inciso II do art. 446 do CPC.(354)

A razão que nesta obra a intermidialidade é tratada como característica inerente ao princípio da imaterialidade, e não como princípio próprio, decorre da origem direta e dependente ao princípio da imaterialidade. Destaca-se, inclusive, que o próprio idealizador do princípio da intermidialidade, José Eduardo de Resende Chaves Júnior, admite a origem decorrente da imaterialidade. Vejamos:

---

(353) PROCESSO CIVIL. RECURSO. TEMPESTIVIDADE. MUDANÇA DE ORIENTAÇÃO NA JURISPRUDÊNCIA DO STJ. 1. A jurisprudência desta Corte firmou-se no sentido de considerar intempestivo o recurso interposto antes da publicação da decisão no veículo oficial. 2. Entendimento que é revisto nesta oportunidade, diante da atual sistemática de publicidade das decisões, monocráticas ou colegiadas, divulgadas por meio eletrônico. 3. Alteração jurisprudencial que se amolda à modernização da sistemática da publicação via internet. 4. Agravo regimental provido. (STJ, Relator: Ministro Gilson Dipp, Data de Julgamento: 17.11.2004, CE — Corte Especial).

(354) Art. 446. Compete ao juiz em especial:

(...)

II — proceder direta e pessoalmente à colheita das provas.

> "Mas da imaterialidade do processo eletrônico decorre que o meio eletrônico não se estabiliza num meio unívoco, numa forma única de comunicação e informação, já que o milagre científico da informática permite que os registros nos autos virtuais transcendam a linguagem escrita, agregando sons, imagens e até imagens-sons em movimento."(355)

Ressalta-se também que a intermidialidade, por meio da adoção, por exemplo, da gravação visual da audiência também trará ao processo mais lealdade processual e respeito na forma de atuação em audiência, tanto pelos magistrados e membros do Ministério Público, como também pelos advogados, haja vista que a conduta de todos os atores processuais serão gravados e registrados.

A hiper-realidade, relatada por José Eduardo de Resende Chaves Júnior, consiste em uma potencialização do princípio da oralidade no processo judicial eletrônico, representando uma redução drástica da escrituração no processo. Vejamos a argumentação de seu criador:

> "Mas a oralidade tradicional sempre foi muito mitigada, pois, ao fim e ao cabo, desafiava sempre algum grau de escrituração. Já no processo eletrônico, a oralidade pode ser totalmente preservada — e até radicalizada — pois as audiências podem ser certificadas nos autos em sua pura verbalização sonora, por meio de arquivos eletrônicos de voz.
>
> Mais do que simples oralidade, pode-se pensar inclusive na plena hiper-realização dos atos processuais, hiper-realidade que acaba recriando e simulando no processo não só dados sonoros, mas também imagéticos."(356)

A hiper-realidade, portanto, seria a mitigação da necessidade de escrituração, efetivando a oralidade processual em sua plenitude. Acerca dessa transformação do princípio da oralidade no processo eletrônico Cláudio Brandão Mascarenhas:

> "No processo eletrônico o cenário é outro. Os atos poderão ser verdadeiramente orais, sem que se faça necessária sua materialização. A assinatura digital dos arquivos garante sua autenticidade e integridade do seu conteúdo; por sua vez, a possibilidade de acesso

---

(355) CHAVES JÚNIOR, José Eduardo de Resende (coord.). *Comentários à lei do processo eletrônico*. São Paulo: LTr, 2010. p. 31.
(356) *Ibidem*, p. 32.

a qualquer tempo permite a formação da memória do processo e a imediata recuperação do seu inteiro teor."[357]

Ante o exposto, pode-se afirmar que o princípio da imaterialidade é fundado em quatro pilares, qual seja, a acessibilidade ilimitada, *instantaneidade do movimento processual, a intermidialidade e a hiper-realidade.*

7.1.6.3(b) Princípio da conexão

O Princípio da Conexão, segundo José Eduardo Rezende Chaves Júnior, parte-se da premissa de que "o processo eletrônico é, sobretudo, um processo em rede, passível de conexão, de conexão do ponto de vista (i) tecnológico, como do ponto de vista (ii) social, ou seja, é um processo de conexão entre sistemas, máquinas e pessoas".[358]

Esse princípio critica a inflexibilidade do princípio da escritura, onde só pode ser considerado na convicção do juiz para a decisão da causa o que existe nos autos processuais, desconsiderado a realidade extra autos — *quod non est in actis non est in mundo.* Isso porque a informatização do processo, por meio da imaterialidade dos autos processuais, possibilita o acesso do juiz à realidade virtual, mesma realidade dos autos processuais. Nesse sentido José Eduardo Resende Chaves Júnior:

> "O chamado princípio da escritura — *quod non est actis non est in mundo* — encerrou no Código Canônico a fase da oralidade em voga desde o processo romano e até no processo germânico medieval. O princípio da escritura, então visava a dar segurança jurídica e estabilidade aos atos processuais, mas ao mesmo tempo acabava por separar os autos do mundo."[359]

Ou seja, o princípio da conexão propõe uma importante mitigação ao princípio da escritura, pois permite que o juiz verifique a existência ou circunstância de fatos relevantes para o deslinde da lide no mundo virtual, de ofício, inclusive. Foi o que ocorreu no acórdão da terceira turma do Tribunal Superior do Trabalho de n. AIRR-3981/2007-664-09-41.8.[360] Embora a ementa

---

(357) MASCARENHAS, Cláudio Brandão. Processo eletrônico na justiça do trabalho. In: CHAVES, Luciano Athayde (org.). *Curso de processo do trabalho*. 2. ed. São Paulo: LTr, 2012. p. 778.

(358) CHAVES JÚNIOR, José Eduardo de Resende (coord.). *Comentários à lei do processo eletrônico*. São Paulo: LTr, 2010. p. 28.

(359) *Idem.*

(360) AGRAVO DE INSTRUMENTO. RECURSO DE REVISTA. PRELIMINAR DE NULIDADE. NEGATIVA DE PRESTAÇÃO JURISDICIONAL. GRUPO ECONÔMICO. RESPONSABILI-

não faça referência, o referido acórdão admitiu a prova da existência de grupo econômico a partir de informações colhidas no *site* de internet da empresa recorrida. Vejamos um trecho extraído do referido acórdão, onde consta a aplicação prática do princípio da conexão:

> PRELIMINAR DE NULIDADE — NEGATIVA DE PRESTAÇÃO JURISDICIONAL Alegação(ões): — violação do(s) art(s). 5º, LV e 93, IX da CF. — divergência jurisprudencial. Sustenta que a Turma, mesmo instada a manifestar-se sobre pontos relevantes do julgado, negou-se a apreciar e esclarecer as questões colocadas, no que pertine à configuração do grupo econômico. Assevera que a Turma não enfrentou corretamente a questão posta nos embargos de declaração. De tal sorte, pugna pela declaração de nulidade total da decisão. Consta do v. Acórdão:
>
> Da página oficial da terceira Reclamada (Vivo S/A) na internet (www.vivo.com.br/portal/institucional) extrai-se que a empresa é controlada pelo grupo Portugal Telecom, que também é proprietário da segunda Reclamada (Mobitel S/A), como se verifica do *site* do grupo (...). A defesa da segunda Reclamada (Mobitel S/A) reconhece que o grupo Portugal Telecom detém ações da companhia (fl. 218).
>
> (...). Assim, observa-se que as empresas Mobitel e Vivo têm a mesma controladora, corroborando a configuração de grupo econômico. Saliente-se que a aparente autonomia de cada uma delas não descaracteriza a existência de grupo econômico trabalhista, a teor do disposto no art. 2º, § 2º, da CLT, impondo-se a responsabilidade solidária entre a segunda (Mobitel) e a terceira (Vivo, antiga Global Telecom) Reclamadas. (...)."

Em razão dessa aproximação entre os autos virtuais e o mundo virtual na busca pela verdade, o princípio da conexão trouxe uma maior preocupação ética ao processo, especialmente no que tange à lealdade processual. Isso porque muitos fatos ou circunstâncias alegadas podem ser conferidos a sua veracidade por meio de diligências virtuais do juiz. Outra modificação trazida com esse princípio foi o conceito de fatos "públicos e notórios", que a partir do princípio da conexão poderiam ser considerados como fatos passíveis de

---

DADE SOLIDÁRIA E/OU SUBSIDIÁRIA — Agravo de Instrumento a que se nega provimento, porquanto não desconstituídos os fundamentos do despacho em que se denegou seguimento ao Recurso de Revista. (TST, AIRR-3981/2007-664-09-41.8 Relator: Carlos Alberto Reis de Paula, Data de Julgamento: 18.2.2009, 3ª Turma).

verificação *on line* ou *fatos conectáveis*. Acerca da ampliação do conceito de fato *público* e *notório* Cláudio Brandão Mascarenhas pontua:

> "Como decorrência do acesso disseminado da informação propiciado pela internet, o Princípio da Conexão amplia a noção de fato público e notório cujo conhecimento pode ser utilizado pelo magistrado no curso do processo por não depender de prova (art. 13, inciso I, CPC) para alcançar todo aquele nela vinculado."[361]

O princípio da conexão tem fundamento, portanto, na visão publicista do processo, por meio do princípio inquisitivo, consagrado pelo art. 262 do CPC[362], norma repetida no art. 2º do novo CPC (Lei n. 13.105/15).[363] Essa norma impõe o dever do juiz em conduzir a movimentação do processo até a prestação jurisdicional, depois do peticionamento inicial, inclusive com poderes de diligências investigatórias na busca da verdade. Carlos Henrique Bezerra Leite[364] afirma que: "depois do ajuizamento da ação, o juiz assume o dever de prestar a jurisdição, de acordo com os poderes que o ordenamento jurídico lhe confere".

No processo do Trabalho, o princípio inquisitivo tem uma característica bem mais acentuada do que o processo civil, conforme se deduz da redação prevista no art. 765 da CLT.[365] Esse dispositivo exalta a ampla liberdade do juiz na direção do processo, concedendo poderes na determinação de quaisquer diligências necessárias ao esclarecimento da causa, razão pelo qual o princípio da conexão tem profunda compatibilidade com os princípios norteadores do processo do trabalho. Não por outra razão a aplicação do referido princípio se destaca na jurisprudência trabalhista.[366]

---

(361) MASCARENHAS, Cláudio Brandão. Processo eletrônico na justiça do trabalho. In: CHAVES, Luciano Athayde (org.). *Curso de processo do trabalho*. 2. ed. São Paulo: LTr, 2012. p. 781.

(362) Art. 262. O processo civil começa por iniciativa da parte, mas se desenvolve por impulso oficial.

(363) Art. 2º O processo começa por iniciativa da parte e se desenvolve por impulso oficial, salvo as exceções previstas em lei.

(364) LEITE, Carlos Henrique Bezerra. *Ação civil pública na perspectiva dos direitos humanos*, cit., p. 61.

(365) Art. 765. Os Juízos e Tribunais do Trabalho terão ampla liberdade na direção do processo e velarão pelo andamento rápido das causas, podendo determinar qualquer diligência necessária ao esclarecimento delas.

(366) "EMENTA: PRINCÍPIO DA CONEXÃO — OS AUTOS ESTÃO NO MUNDO VIRTUAL. Na atual era da informação em rede, na qual o 'poder dos fluxos (da rede) é mais importante que os fluxos do poder' (CASTELLS), já não pode mais vigorar o princípio da escritura, que separa os autos do mundo. A Internet funda uma nova principiologia processual, regida pelo novo princípio da conexão. O chamado princípio da escritura — *quod non est in actis non est in mundo* — encerrou no Código Canônico a fase da oralidade em voga desde o processo romano

Contudo, não se pode perder de vista que essas diligências efetuadas pelo juiz, utilizando a internet (princípio da conexão), devem passar pelo crivo do contraditório e a ampla defesa, sob pena de subverter o sentido dessa nova ferramenta processual, como bem alerta José Eduardo de Resende Chaves Júnior:

> "A virtualidade da conexão — como o hipertexto — altera profundamente os limites da busca da prova, pois como se sabe, os links permitem uma navegação indefinida pelo mundo virtual das informações, um *link* sempre conduz a outro e assim por diante (...). No mundo da internet, a escala do que seja fato de conhecimento público aumenta em proporções gigantescas, já que o decisivo não é o conhecimento do fato, mas a possibilidade de acesso a ele, da *conexão*. É certo que a doutrina, jurisprudência e legislação vão, com o passar do tempo, estabelecer os limites para a navegação virtual, sob pena de se infundir o caos no fluxo processual, mas essa regulação só indica que de fato o processo reticular coloca os atores processuais em outro mundo, em outra lógica probatória."(367)

7.1.6.3(c) Princípio da interação

O princípio da interação, proposto por José Eduardo de Resende Chaves Júnior, é um *up grade* do princípio do contraditório em decorrência das características inerentes ao processo judicial eletrônico. Segundo o referido autor esse princípio promove um aumento qualitativo no contraditório clássico que atuava no processo em papel:

> "O processo virtual nos permite superar o velho contraditório linear, segmentado e estático, em que o prazo transforma-se em cavalo de batalha, transmuta-se de tempo para defesa, em tempo para encontrar uma desculpa e esconder a verdade. Com o mundo virtual nos autos, tudo é mais instantâneo, a possibilidade de prova é mais

---

e até no processo germânico medieval. Com advento das novas tecnologias de comunicação e informação e as possibilidades ampliadas de conectividade por elas proporcionadas, rompe-se, finalmente, com a separação rígida entre o mundo do processo e o das relações sociais, porquanto o link permite a aproximação entre os autos e a verdade (real e virtual) contida na rede. O princípio da conexão torna naturalmente, por outro lado, o processo mais inquisitivo. A virtualidade da conexão altera profundamente os limites da busca da prova. As denominadas TICS passam, portanto, a ter profunda inflexão sobre a principiologia da ciência processual e redesenham a teoria geral tradicional do processo, a partir desse novo primado da conexão." (Processo 0001653-06.2011.5.03.0014, relator: Des. José Eduardo de Resende Chaves Júnior, 1ª Turma, j. 25.6.2012).

(367) CHAVES JÚNIOR, José Eduardo de Resende (coord.). *Comentários à lei do processo eletrônico*. São Paulo: LTr, 2010. p. 30.

ampla, a defesa é mais ampla, ou seja, a participação é muito mais ampla e exponencial."[368]

O contraditório constitui uma garantia constitucional prevista no art. 5º, LV, da Constituição Federal, que visa garantir a participação de forma igualitária das partes na formação da convicção do juiz. Segundo José Aparecido dos Santos, o contraditório "está na base do sistema democrático e protege a posição discursiva de ambas as partes, não apenas como uma posição reativa contra a ação da parte contrária ou do juiz, mas como um direito de manifestação e de igualdade".[369] O contraditório, assim, constitui o direito de influência e participação das partes, de forma igualitária, no elemento probatório dos autos, que pode se manifestar, por exemplo, por meio do direito de contrariar documentos ou fatos alegados pela parte contrária, como também por meio de alegações de afronta a garantias processuais durante a produção probatória, dentre outras formas de participação.

O princípio da interação, portanto, consiste em um contraditório qualificado diante da possibilidade de maior participação processual das partes. Essa maior interação das partes é viabilizada diante da instantaneidade na participação das partes no processo. O acesso ilimitado aos autos processuais e a publicidade real do processo eletrônico fortalecem o contraditório, na medida que a prática e o conhecimento de cada ato ou documento juntado pode ser acompanhado por cada parte processual instantaneamente, *on line.*

O uso da intermidialidade para a formação do convencimento do juiz alarga também o contraditório convencional, na medida em que o fornece um contato mais próximo do julgador com as provas disponibilizadas em diversas mídias, como gravações, áudios, entre outros, aumentando qualitativamente o potencial de convencimento judicial acerca da prova.

Assim, a utilização dos meios tecnológicos na busca da verdade dos fatos, bem como a maior participação processual das partes na condução do processo eletrônico, ampliam o contraditório das partes, delineando, assim, o princípio da interação.

7.1.6.3(d) Princípio da desterritorialização

Esse princípio destaca a capacidade do processo judicial eletrônico de transpor limites territoriais de circunscrições judiciais para se alcançar a maior efetividade de direitos.

---

(368) CHAVES JÚNIOR, José Eduardo de Resende (coord.). *Comentários à lei do processo eletrônico*. São Paulo: LTr, 2010. p. 20.

(369) SANTOS, José Aparecido dos. Teoria geral das provas e provas em espécie. In: CHAVES, Luciano Athayde (org.). *Curso de processo do trabalho*. 2. ed. São Paulo: LTr, 2012. p. 652.

O avanço tecnológico aplicado ao processo judicial não permite mais que a efetividade do direito seja limitada por fronteiras territoriais. A ciência tecnológica vem reduzindo o efeito da distância física entre as pessoas na sociedade contemporânea. Reuniões por videoconferências de pessoas localizadas em países diversos, transferências instantâneas de numerários entre contas bancárias efetuados por simples comando por celular, dentre tantas possibilidades de informação e comunicação que a era atual nos possibilita, são exemplos dessa mitigação de efeitos da distância física provocada pela tecnologia. O direito, por seu turno, não poderia ficar indiferente à essa realidade, sob pena de tornar-se obsoleto e ineficaz.

Assim, a informatização do processo judicial vem com essa proposta de modernizar a máquina judiciária com instrumentos tecnológicos capazes de auxiliar na efetivação de direitos. Nesse sentido, o princípio da desterritorialidade exerce importante papel, pois a ausência de limites físicos do espaço virtual viabiliza a extensão de poder estatal na busca da efetividade de direitos.

A aplicação prática desse princípio pode ser exemplificada pelo BACENJUD, RENAJUD e o INFOJUD, ferramentas eletrônicas, que, por meio da internet, conseguem efetivar comandos judiciais em qualquer lugar do país, diretamente pelo sistema eletrônico, sem a necessidade de emissão de ofícios, de carta precatória e nem de diligências por meio de oficiais de justiça. Ressalta-se, contudo, que essas não são as únicas ferramentas que possuem essas características, mas em razão da sua importância na execução trabalhista, foram utilizadas como exemplos clássicos do *princípio da desterritorialidade.*

O BACENJUD (Sistema de Atendimento das Solicitações do Poder Judiciário ao Banco Central do Brasil) é um convênio efetuado entre o Banco Central do Brasil e o Poder Judiciário, com o fim de disponibilizar aos Tribunais o acesso ao sistema de solicitações do Banco Central. Nesse sistema o juiz ou servidor cadastrado ao sistema solicita diretamente ao banco central o bloqueio do valor executado, em qualquer lugar do país em que o executado tenha conta bancária. Nesse sentido Pedro Paulo Teixeira Manus:

> "No dia 5.3.2002 foi firmado convênio de cooperação técnico-institucional entre o Banco Central do Brasil e o Tribunal Superior do Trabalho para fins de acesso ao sistema 'Bacen/Jud', que possibilita aos juízes do trabalho de todo o Brasil, por meio da adesão expressa pelos respectivos Tribunais Regionais do Trabalho, o acesso via internet ao sistema de solicitações do Poder Judiciário ao Banco Central do Brasil."[370]

---

(370) MANUS, Pedro Paulo Teixeira. *Execução de sentença no processo do trabalho.* 3. ed. São Paulo: Atlas, 2008. p. 72.

Esse sistema, portanto, substituiu com primor o sistema de penhora efetuada diretamente na agência bancária ou por meio de ofícios requisitórios ao Banco Central do país. O sistema antigo tinha pouca efetividade, uma vez que logo depois da publicação da decisão judicial que determinasse a penhora em dinheiro, o executado prontamente retirava todo o aporte pecuniário de sua conta bancária, tornando ineficaz o comando judicial. O tempo entre a decisão que impunha a penhora em dinheiro e o cumprimento da decisão, seja por oficial de justiça ou por ofício requisitório, prejudicava a efetividade da medida.

Assim, a penhora *on line*, disponibilizada pelo BACENJUD, constitui hoje uma importante ferramenta tecnológica aplicada ao processo com forte impacto na efetividade das decisões judiciais, representando um exemplo clássico do *princípio da desterritorialidade*, em razão da sua capacidade de ultrapassar circunscrições judiciais na busca da concretização do comando judicial.

Já o INFOJUD (Sistema de Informação ao Judiciário)[371] resulta da parceria entre o Conselho Nacional de Justiça e a Secretaria da Receita Federal do Brasil. Tem como objetivo atender solicitações de informações contidas no banco de dados da Receita Federal em nome do executado pelo Poder Judiciário, mediante acesso direto ao sistema da Receita Federal pelos magistrados ou por servidores autorizados por eles. Essa ferramenta solicita diretamente ao sistema da Receita Federal do Brasil informações a respeito de bens declarados em nome do executado que se encontrem em qualquer lugar do país. Essas informações são muito úteis na execução processual, pois facilita a descoberta de bens passíveis à execução, como também viabiliza descobertas de fraudes processuais.

O RENAJUD (Restrição Judicial de Veículos Automotores), por fim, constitui um convênio entre o Poder Judiciário e o Departamento Nacional de Trânsito — DENATRAN, possibilitando consultas e o envio, em tempo real, à base de dados do Registro Nacional de Veículos Automotores (RENAVAM), de ordens judiciais de restrições de veículos — inclusive registro de penhora — de pessoas condenadas em ações judiciais[372]. Da mesma forma que o BACENJUD e o INFOJUD, o RENAJUD não possui limites de circunscrições judiciais de buscas, podendo se estender por todo território brasileiro, sendo, por isso, exemplos da concretização do princípio da desterritorialidade.

7.1.6.3(e) Princípio da dupla instrumentalidade

Segundo a moderna teoria das nulidades processuais, todo ato processual é válido, independentemente de eventual defeito de forma, desde que o ob-

(371) TRIBUNAL SUPERIOR DO TRABALHO. Disponível em: <http://www.tst.jus.br/infojud-e-renajud>. Acesso em: 7.10.2015.
(372) *Idem.*

jetivo esteja alcançado. Há, portanto, uma clara subordinação hierárquica, na medida em que o instrumento deve servir ao direito (opção ideológica) e não o inverso. Otávio Pinto e Silva comenta acerca da combinação entre a opção ideológica e a técnica para se produzir um processo judicial:

> "Não se pode negar que um modelo processual nasce da combinação de opções ideológicas e de instrumentos técnicos. Michelle Taruffo demonstra que essa combinação se dá em função da variedade das opções ideológicas, que são influenciadas por valores considerados dominantes em um determinado contexto sociopolítico. A técnica serve para produzir os institutos processuais, enquanto a ideologia define os escopos que o processo deve alcançar. A técnica sem a ideologia é vazia; a ideologia sem a técnica é impotente."(373)

No processo judicial eletrônico a Tecnologia da Informação (TI) é um instrumento a serviço do processo judicial, que por sua vez também é um instrumento. Logo, a incorporação da tecnologia de informação deve servir ao processo e por sua vez ao direito.

A dupla instrumentalidade processual parte da premissa de que o meio tecnológico tem seus limites nos direitos fundamentais e garantias processuais constitucionais, como por exemplo, o acesso à justiça, devido processo legal, ampla defesa, contraditório, entre outros, e mesmo assim, quando tiver aptidão de efetivar direitos. Essa constitui a ideia básica proposta por Sebastião Tavares Pereira:

> "Pelo princípio da dupla instrumentalidade, portanto, a absorção da inovação tecnológica deve ser feita sem ferimento aos consagrados princípios do processo, ou seja, não pode importar a negação de tudo que se desenvolveu em termos de garantias processuais e, além disso, não pode, pelo aperfeiçoamento dos instrumentos processuais — o que teoricamente encontra guarida na principiologia processual — representar um avanço prejudicial aos direitos fundamentais das pessoas."(374)

Em termos práticos, a ferramenta eletrônica não pode atravancar o processo, criando obstáculos de acesso, ou criando dificuldades no exercício do contraditório ou da ampla defesa. Ao contrário, a ferramenta eletrônica deve ser utilizada para otimizar a prestação jurisdicional, desburocratizando o procedimento judicial, tornando o processo mais acessível e potencializando as garantias processuais constitucionais, sempre com o fim de tornar mais efetiva a prestação jurisdicional.

---

(373) SILVA, Otávio Pinto e. *Processo eletrônico trabalhista*. São Paulo: LTr, 2013. p. 236.

(374) PEREIRA, Sebastião Tavares. *O processo eletrônico e o princípio da dupla instrumentalidade*. Disponível em: <http://jus2.uol.com.br/doutrina/texto.asp?id=11824>. Acesso em: 20.10.2008.

Assim, a dupla instrumentalidade do processo judicial eletrônico se resume em uma trajetória hierárquica, onde no plano inferior se encontra o instrumento eletrônico, que deve servir ao processo, este, por sua vez, encontra-se no segundo plano e deverá servir ao direito. O direito está, portanto, acima hierarquicamente dos dois instrumentos — a tecnologia de informação e o processo. Essa hierarquia finalística se faz necessária para se prevenir a subversão principiológica do processo, onde o formalismo ou o meio tecnológico poderia obstaculizar a efetivação de direitos. Um exemplo prático disso seria o caso em que o sistema do processo judicial eletrônico exigisse que as petições fossem realizadas por um único programa de redação e este programa tivesse um alto custo financeiro para a sua obtenção pelo consumidor final, como o jurisdicionado e advogados. Neste caso, a ferramenta eletrônica estaria ferindo o princípio da dupla instrumentalidade, pois não se estaria observando o direito fundamental de acesso à justiça.

Sem a observância do princípio da dupla-instrumentalidade se correria o risco de se criar ou aplicar ferramentas eletrônicas em detrimento da efetividade da prestação jurisdicional, como ocorreu no caso fictício por ora analisado.

Assim, o comando de otimização do princípio da dupla instrumentalidade estipula que a tecnologia deve ser incorporada ao processo respeitando-se os princípios do processo (devido processo tomado procedimentalmente) e os fins do Direito. Alerta sobre essa subversão Sebastião Tavares Pereira:

> "O acréscimo do ferramental posto à disposição do Poder para avançar sobre, por exemplo, a vida privada das pessoas ou o seu patrimônio, exige que a reflexão jurídica, de todos os possíveis implicados, preceda e autorize a incorporação tecnológica ao procedimento. O caso da penhora on-line de numerários é outro exemplo onde a falta de consideração prévia adequada e do exato sopesar dos princípios envolvidos permitiu que se multiplicassem violações a direitos fundamentais. Basta lembrar que, no início, independentemente do valor buscado, tornavam-se indisponíveis todas as importâncias existentes em contas do réu."[375]

O princípio da dupla instrumentalidade, bem como os demais princípios peculiares ao processo eletrônico ora estudados, deverão clarear o caminho das decisões atinentes aos litígios decorrentes da incorporação de inovações tecnológicas ao processo judicial, para que se ponha a tecnologia a serviço do direito e dos homens, e não o contrário.

---

(375) PEREIRA, Sebastião Tavares. *O processo eletrônico e o princípio da dupla instrumentalidade*. Disponível em: <http://jus2.uol.com.br/doutrina/texto.asp?id=11824>. Acesso em: 20.10.2008.

7.1.6.4. Fase de transição

Durante todo o tópico sobre a informatização do processo judicial, observou-se a potencialidade que a incorporação de tecnologias ao processo pode proporcionar para a efetivação de direitos, como também foram noticiados riscos de graves violações a direitos fundamentais decorrentes do mal-uso dessas ferramentas eletrônicas. São exemplos desses riscos o excesso de publicidade de dados ou documentos processuais, ocasionando ofensa à imagem, privacidade ou honra do jurisdicionado; ativismo judicial exagerado sem observância das garantias constitucionais, entre tantas possíveis violações a direitos.

Depreende-se, entretanto, que os benefícios adquiridos pela informatização do processo judicial são exponencialmente maiores do que os riscos pela falha em sua utilização.

A efetividade na prestação jurisdicional proporcionada pela agilidade e rapidez das ferramentas eletrônicas como o BACENJUD, por exemplo, vem reduzindo a aplicação do infeliz provérbio popular que há muito tempo representava a ineficiência das decisões judiciais, de que "na Justiça se ganha o direito, mas não se leva". As decisões judiciais a partir dessas ferramentas recuperaram o necessário temor de ser acionado judicialmente, medida que previne novas condutas ilícitas.

Além das ferramentas eletrônicas, a viabilidade de utilização de várias mídias no processo, como, por exemplo, gravações audiovisuais de audiências, ou a possibilidade de verificação de fatos alegados pela mera consulta ao mundo virtual, sempre observando o contraditório e ampla defesa, ampliam o caminho na busca da verdade dos fatos no processo, trazendo mais lealdade processual ao processo.

O acesso ilimitado aos autos processuais, inclusive de forma instantânea, potencializa o contraditório e reduz distâncias físicas, que antes eram obstáculos ao acesso à justiça.

Enfim, as vantagens advindas com a utilização da tecnologia a serviço do processo judicial são incontáveis e tendem a crescer conjuntamente com o crescimento tecnológico. Crescimento este inevitável e de alcance imprevisível, diante da grandeza da inteligência humana.

Acontece, entretanto, que o desgaste trazido pelo esforço na adaptação a uma nova rotina processual, bem como a necessidade crescente de conhecimentos técnicos extrajurídicos no manuseio do processo, são fatores estressantes dos profissionais de direito, que muitas vezes ignoram toda essa potencialidade de progresso na prestação jurisdicional, apresentando uma visão pessimista acerca da adoção do processo judicial eletrônico.

Não se está aqui minimizando as dificuldades técnicas que a implantação do processo judicial eletrônico vem experimentando, mas apenas situando que essa fase de testes e erros, comum a toda mudança procedimental, não será um fardo permanente. Ao contrário, essa fase por que passamos constitui um trecho transitório no caminho do aperfeiçoamento da prestação jurisdicional.

O momento contemporâneo foi propício para a implantação do processo eletrônico, pois já contávamos com a experiência da informatização da Justiça Eleitoral, como também juridicamente já estávamos amadurecidos, na medida em que possuímos uma Carta de Direitos consolidada, nos fornecendo todos os alicerces necessários para preservá-la de eventual subversão de valores provenientes da informatização no processo.

Não obstante a tempestividade da mudança procedimental, percebe-se que nós — operadores jurídicos — nascemos no tempo errado. Ou melhor dizendo, nascemos no momento da crise de transição. Nossa geração de profissionais do direito tem o dissabor de experimentar o medo da mudança, a insegurança jurídica acerca dos procedimentos judiciais, a extinção da cultura do papel e a dificuldade de adaptação ao novo, os naturais equívocos e as alterações procedimentais decorrentes da fase de implantação de um novo sistema.

Toda implantação de um novo procedimento é mais vulnerável a erros e produz a sensação de medo e insegurança. Cabe à doutrina e à jurisprudência, neste momento, aparar os excessos, buscando sempre resguardar nessa nova racionalidade do processo judicial os direitos e garantias processuais fundamentais conquistadas a custo de muito trabalho, suor e sangue ao longo dos anos. Eis o grande desafio e a oportunidade dessa geração de profissionais: preparar o terreno jurídico diante da implantação do processo judicial eletrônico, abrindo caminho para criações doutrinárias e jurisprudenciais inovadoras, que auxiliarão ultrapassar com maior rapidez a fase de transição para a fase de consolidação de um novo modelo ideológico do processo.

Certamente apenas a próxima geração colherá os frutos jurídicos consolidados da implantação do processo eletrônico, sem os efeitos colaterais da fase de transição. Os frutos da informatização do processo já colhidos por nossa geração, ou seja, todas as vantagens já observadas na utilização da tecnologia ao processo constituem apenas um apêndice da potencialidade de aperfeiçoamento da prestação jurisdicional como um todo, o que reflete diretamente na efetivação da terceira onda renovatória de acesso à justiça, qual seja, o aperfeiçoamento da máquina judiciária.

Para finalizar esse tópico, uma passagem extraída do prefácio da obra "Entre o passado e o futuro" de Hannah Arendt, onde se descreve uma parábola de Franz Kafka intitulada de "He". Essa parábola traduz perfeitamente essa fase atual de transição decorrente da implantação do processo eletrônico. Vejamos a transcrição:

"Ele tem dois adversários: o primeiro acossa-o por trás, da origem. O segundo bloqueia-lhe o caminho à frente. Ele luta com ambos. Na verdade, o primeiro ajuda-o na luta contra o segundo, pois quer empurrá-lo para frente, e do mesmo modo, o segundo o auxilia na luta contra o primeiro, uma vez que o empurra para trás. Mas isso é assim apenas teoricamente. Pois não há ali apenas os dois adversários, mas também ele mesmo, e quem sabe realmente de suas intenções? Seu sonho, porém, é em alguma ocasião, num momento imprevisto — e isso exigiria uma noite mais escura do que jamais o foi nenhuma noite —, saltar fora da linha de combate e ser alçado, por conta de sua experiência de luta, à posição de juiz sobre o adversário que lutam entre si."[376]

Esse combate que o homem enfrenta em momentos de mudança entre as forças do passado (força advinda da origem) e do futuro (força em sentido contrário) revelam simbolicamente a crise de adaptação ao novo procedimento judicial eletrônico.

Percebe-se que a inserção de novas tecnologias ao processo (força do futuro) sempre nos remete aos valores adquiridos no passado, impondo a observância na preservação de direitos e garantias consolidados durante o transcurso do tempo. Da mesma forma, que o progresso não permite que o homem permaneça estático em uma realidade imutável.

Assim, ante o movimento inevitável e perene do progresso humano, o homem não consegue se subtrair à realidade da crise diante da mudança (pular da linha de combate), motivo pelo qual o homem e a sociedade se encontram permanentemente em plena atividade de luta, de criação, adaptação e progresso contínuo.

---

(376) ARENDT, Hannah. *Entre o passado e o futuro*. 7. ed. 1. reimp. Tradução Mauro W. Barbosa. São Paulo: Perspectiva, 2013.

Conclusão

Durante o percurso desta obra percebeu-se que o desenvolvimento do direito material deve caminhar de "mãos dadas" com o desenvolvimento processual, para que se possa efetivar os efeitos pretendidos pelo direito material. De nada bastaria uma requintada Carta de Direitos se não houvesse instrumentos processuais hábeis a torná-la exequível. Dessa necessidade de concretização de direitos nasce o anseio pela efetividade do acesso à justiça e, por conseguinte, se desenvolve a construção doutrinária das ondas renovatórias do acesso à justiça.

Observou-se durante o estudo uma sincronização entre o movimento das ondas renovatórias do acesso à justiça e o reconhecimento das dimensões dos direitos fundamentais, demonstrando, assim, uma ligação dinâmica do acesso à justiça com as transformações sociais.

Esse movimento dinâmico justifica, apropriadamente, a utilização do termo "ondas", para demonstrar a continuidade do movimento das implementações do acesso à justiça de acordo com as novas e crescentes necessidades sociais. Essas implementações, da mesma forma que as ondas do mar, estão em contínuo desenvolvimento, inexistindo limites para delimitação de seu termo final, fato que nos direciona para a possibilidade próxima do surgimento de novas ondas renovatórias.

Entre as ondas de acesso à justiça não há uma relação de superação, mas tão somente de complementariedade. Assim, a cada onda renovatória se implementam posturas, estruturas ou modificações processuais que ampliam cada vez mais o acesso à justiça. Ou seja, as implementações da primeira onda renovatória, nascidas das necessidades sociais do início do século XX, são ainda de extrema importância para o processo judicial contemporâneo, não podendo serem descartadas ou substituídas, mas apenas complementadas pelas demais ondas renovatórias.

Ocorre, contudo, que a implementação efetiva do acesso à justiça não constitui um problema exclusivamente jurídico. O analfabetismo, inclusive o digital, a pobreza, a desigualdade social, a cultura da judicialização, dentre outros fatores extrajurídicos, acabam por interferir na efetividade do acesso à justiça. Em razão disso, implementações exclusivamente na área jurídica por mais adequadas e efetivas, dificilmente resolverão, sozinhas, o desafio da efetividade do acesso à justiça. As implementações jurídicas, devidamente orquestradas no aspecto material e processual, devem vir acompanhadas pelo desenvolvimento cultural e social correspondentes, para que, assim, seja possível a irradiação plena dos efeitos da efetividade.

O caminhar histórico da Justiça do Trabalho demonstra a sua aptidão para a absorção de todas as ondas renovatórias do acesso à justiça em seu processo judicial, adaptando essas implementações às suas peculiaridades. Não passaram despercebidas pelo processo laboral as implementações no que tange à assistência judiciária e demais instrumentos pertinentes à primeira onda renovatória, nem tampouco restou abandonada a preocupação acerca da representatividade dos interesses metaindividuais, característica da segunda onda renovatória. Os valores da conciliação, da simplificação, da especialização e da informalidade no processo, trazidos pela terceira onda renovatória do acesso à justiça, são diretrizes norteadores da Justiça do Trabalho, demonstrando a forte assimilação do "enfoque ao acesso à justiça" na própria estrutura da Justiça do Trabalho. Ressalta-se, inclusive, que a terceira onda de acesso à justiça, além dos valores acima assimilados, também trouxe para a Justiça do Trabalho novas vertentes e possibilidades de aperfeiçoamento da prestação jurisdicional, por meio do processo judicial eletrônico.

O processo judicial eletrônico viabiliza a mudança de concepção processual, por meio do abandono da visão tímida e equivocada de que o processo judicial eletrônico se reduziria a mera digitalização dos autos processuais. Amplia-se, desta forma, o horizonte jurídico, por meio de uma mudança profunda, não apenas na rotina judiciária, mas principalmente na forma de concepção ideológica do processo, para que a inserção da tecnologia no processo judicial seja instrumento de aperfeiçoamento da prestação jurisdicional, e não apenas a manutenção da ineficiência judicial em meio eletrônico.

Assim, o acesso à justiça, por meio das consolidações de implementações trazidas pelas ondas renovatórias, acrescido da potencialidade de repercussão social do processo judicial eletrônico, possui uma grande expectativa de se afastar de seu conceito meramente utópico, aproximando-se de sua concretização, dentro das possibilidades processuais, especialmente na Justiça do Trabalho.

Referências Bibliográficas

ALEXY, Robert. *Teoría de los derechos fundamentales*. Madrid: Centro de Estúdios Políticos y Constitucionales, 2001.

ARENDT, Hannah. *Entre o passado e o futuro*. 7. ed. 1. reimp. Tradução Mauro W. Barbosa. São Paulo: Perspectiva, 2013.

ATHENIENSE, Alexandre. Comentários à Instrução Normativa n. 30/2007 do TST. In: CHAVES JÚNIOR, José Eduardo de Resende (coord.). *Comentários à lei do processo eletrônico*. São Paulo: LTr, 2010.

BARBOSA MOREIRA, José Carlos. Ação popular do direito brasileiro como instrumento de tutela jurisdicional dos chamados "direitos difusos". *Revista de Processo*, São Paulo, ano 28, n. 10, out. 1982.

______. Tutela jurisdicional dos interesses coletivos ou difusos. In: GRINOVER, Ada Pellegrini *et al.* (coords.). *Processo coletivo*: do surgimento à atualidade. São Paulo: Revista dos Tribunais, 2014.

BARROS, Alice Monteiro de. *Curso de direito do trabalho*. 4. ed. rev. e ampl. São Paulo: LTr, 2008.

BARROSO, Luís Roberto. A proteção coletiva dos direitos no Brasil e alguns aspectos da *class action* norte-americana. *Revista de Processo*, São Paulo, v. 130, dez. 2005.

BENJAMIN, Antônio Herman V. A insurreição da aldeia global contra o processo civil clássico: apontamentos sobre a opressão e a libertação judiciais do meio ambiente e do consumidor. In: GRINOVER, Ada Pellegrini *et al.* (coords.). *Processo coletivo*: do surgimento à atualidade. São Paulo: Revista dos Tribunais, 2014.

BOBBIO, Norberto. *A era dos direitos*. Tradução de Carlos Nelson Coutinho; apresentação de Celso Lafer. Nova ed. Rio de Janeiro: Elsevier, 2004.

BONAVIDES, Paulo. *Curso de direito constitucional*. 30. ed. São Paulo: Malheiros, 2015.

CAPPELLETTI, Mauro. Os métodos alternativos de solução de conflitos no quadro do movimento universal de acesso à justiça. *Revista de Processo*, São Paulo, n. 74, abr./jun. 1994.

CAPPELLETTI, Mauro; GARTH, Bryant. *Acesso à justiça*. Tradução de Ellen Gracie Northfleet. reimpr. 2012. Porto Alegre: Fabris, 1988.

CHAVES, Luciano Athayde. Higidez do trabalhador. É preciso debater a perícia na justiça do trabalho. *Conjur*, São Paulo, 2 jul. 2013. Disponível em: <http://www.conjur.com.br/2013-jul-02/luciano-athayde-preciso-debater-prova-pericial-justica-trabalho>. Acesso em: 26.8.2015.

CHAVES, Luciano Athayde (org.). *Curso de processo do trabalho*. 2. ed. São Paulo: LTr, 2012.

CHAVES JÚNIOR, José Eduardo de Resende (coord.). *Comentários à lei do processo eletrônico*. São Paulo: LTr, 2010.

CHEDID, Antônio Carlos Facioli. Custas processuais — valoração histórica — legislativa — ausência de limitação — garantia constitucional de acesso à jurisdição — princípio da isonomia e da igualdade tributária. *Revista LTr*, São Paulo, ano 75, n. 1, jan. 2011.

DELGADO, Mauricio Godinho. *Direito coletivo do trabalho*. 3. ed. São Paulo: LTr, 2008.

DIDIER JR., Fredie. *Curso de direito processual civil*: processo coletivo. 7. ed. Salvador: Juspodivm, 2012.

DINAMARCO, Cândido Rangel. *Instituições de direito processual civil*. 5. ed. São Paulo: Malheiros, 2005. v. 2.

DOS REIS, Sérgio Cabral. Da recepção do sistema de precedentes do CPC/2015 ao fortalecimento de ações coletivas rumo a uma tutela jurisdicional eficaz: encontros e desencontros dos sistemas de resolução de litigância de massa no Brasil. In: DIDIER JR., Fredie (coord.). *Repercussões do novo CPC*. Salvador: Juspodivm, 2015. v. 4.

FAVA, Marcos Neves. Ações coletivas no processo do trabalho. In: CHAVES, Luciano Athayde (org.). *Curso de processo do trabalho*. 2. ed. São Paulo: LTr, 2012.

FERRARI, Irany; NASCIMENTO, Amauri Mascaro; MARTINS FILHO, Ives Gandra da Silva (orgs.). *História do trabalho, do direito do trabalho e da justiça do trabalho*. 3. ed. São Paulo: LTr, 2011.

GRINOVER, Ada Pellegrini. Da *class action for damages* à ação de classe brasileira: os requisitos de admissibilidade. In: GRINOVER, Ada Pellegrini *et al.* (coords.). *Processo coletivo*: do surgimento à atualidade. São Paulo: Revista dos Tribunais, 2014.

______. Direito processual coletivo. In: LUCON, Paulo Henrique dos Santos (org.). *Tutela coletiva*: 20 anos da LACP e do fundo de defesa de direitos difusos. São Paulo: Atlas, 2006.

______. A tutela jurisdicional dos interesses difusos. In: GRINOVER, Ada Pellegrini *et al.* (coords.). *Processo coletivo*: do surgimento à atualidade. São Paulo: Revista dos Tribunais, 2014.

LEITE, Carlos Henrique Bezerra. *Ação civil pública na perspectiva dos direitos humanos*. 2. ed. São Paulo: LTr, 2008.

______. *Curso de direito processual do trabalho*. 5. ed. São Paulo: LTr, 2007.

MACHADO, Antônio Cláudio da Costa. *Código de processo civil interpretado*: artigo por artigo, parágrafo por parágrafo. 8. ed. rev. e atual. Barueri: Manole, 2009.

MANUS, Pedro Paulo Teixeira. *Execução de sentença no processo do trabalho*. 3. ed. São Paulo: Atlas, 2008.

MARINONI, Luiz Guilherme; ARENHART, Sérgio Cruz. *Processo de conhecimento*. 7. ed. rev. e atual. São Paulo: Revista dos Tribunais, 2008. v. 2: Curso de processo civil.

MARTINEZ, Luciano. *Curso de direito do trabalho:* relações individuais, sindicais e coletivas do trabalho Luciano Martinez. 7. ed. São Paulo: Saraiva, 2016.

MASCARENHAS, Cláudio Brandão. Processo eletrônico na justiça do trabalho. In: CHAVES, Luciano Athayde (org.). *Curso de processo do trabalho*. 2. ed. São Paulo: LTr, 2012.

MELO, Raimundo Simão de. *Processo coletivo do trabalho*: dissídios coletivos, ação de cumprimento, ação anulatória. 3. ed. São Paulo: LTr, 2013.

NASCIMENTO, Amauri Mascaro. *Compêndio de direito sindical*. 7. ed. São Paulo: LTr, 2012.

PAROSKI, Mauro Vasni. *Gratuidade e honorários de advogado na justiça do trabalho*: elementos teóricos e práticos para uma reflexão crítica da perspectiva do acesso à justiça. São Paulo: LTr, 2010.

PEREIRA, José de Lima Ramos. Atos, forma, prazos, termos, comunicação e despesas processuais. In: CHAVES, Luciano Athayde (org.). *Curso de processo do trabalho*. 2. ed. São Paulo: LTr, 2012.

PEREIRA, Sebastião Tavares. *O processo eletrônico e o princípio da dupla instrumentalidade*. Disponível em: <http://jus2.uol.com.br/doutrina/texto.asp?id=11824>. Acesso em: 20.10.2008.

PIOVESAN, Flávia. *Temas de direitos humanos*. 7. ed. São Paulo: Saraiva, 2014.

POSSE na Presidência do Supremo Tribunal Federal. Sessão solene realizada em 27 de abril de 2006. Disponível em: <http://www.stf.jus.br/arquivo/cms/publicacaoPublicacaoInstitucionalPossePresidencial/anexo/plaquetaPosseMinistraEllenGraciePresidencia.pdf>. Acesso em: 21.7.2015.

PRESIDÊNCIA DA REPÚBLICA. *Lei Complementar n. 80, de 12 de janeiro de 1994*. Disponível em: <http://www.planalto.gov.br/ccivil>. Acesso em: 11.5.2015.

ROMAR, Carla Teresa Martins; SOUSA, Otávio Augusto Reis de (coords.). *Temas relevantes de direito material e processual do trabalho*. São Paulo: LTr, 2000.

SANTOS, José Aparecido dos. Teoria geral das provas e provas em espécie. In: CHAVES, Luciano Athayde (org.). *Curso de processo do trabalho*. 2. ed. São Paulo: LTr, 2012.

SANTOS, Ronaldo Lima dos. *Sindicatos e ações coletivas*. 4. ed. São Paulo: LTr, 2014.

SARLET, Ingo Wolfgang. *A eficácia dos diretos fundamentais*: uma teoria geral dos direitos fundamentais na perspectiva constitucional. 11. ed. rev. atual. Porto Alegre: Livraria do Advogado, 2012.

SARLET, Ingo Wolfgang (org.). *Constituição, direitos fundamentais e direito privado*. 3. ed. rev. e ampl. Porto Alegre: Livraria do Advogado, 2010.

SHIMURA, Sérgio. *Tutela coletiva e sua efetividade*. São Paulo: Método, 2006.

SILVA, Antônio Álvares da. Honorários advocatícios obrigacionais. *Revista LTr*, São Paulo, v. 74, n. 1, p. 7-128, jan. 2010.

SILVA, José Afonso da. *Curso de direito constitucional positivo*. 30. ed. São Paulo: Malheiros, 2008.

SILVA, Otávio Pinto e. *Processo eletrônico trabalhista*. São Paulo: LTr, 2013.

SIMÕES, José Ivanildo. *Processo virtual trabalhista*. São Paulo: LTr, 2010.

TARUFFO, Michele. *Uma simples verdade*: o juiz e a construção dos fatos. Tradução Vitor de Paula Ramos. Madrid; São Paulo: Marcial Pons, 2012.

TEIXEIRA FILHO, Manoel Antônio. *Mandado de segurança na justiça do trabalho*: individual e coletivo. 3. ed. São Paulo: LTr, 2010.

TRIBUNAL SUPERIOR DO TRABALHO. Disponível em: <http://www.tst.jus.br/infojud-e-renajud>. Acesso em: 7.10.2015.

WATANABE, Kazuo. Mediação como política pública social e judiciária. *Revista do Advogado*, São Paulo, v. 34, n. 123, p. 35-39, ago. 2014.

______. Tutela jurisdicional dos interesses difusos: a legitimação para agir. In: GRINOVER, Ada Pellegrini *et al.* (coords.). *Processo coletivo*: do surgimento à atualidade. São Paulo: Revista dos Tribunais, 2014.